# 贵州省国土资源与可持续发展研究

## （下册　专论）

朱立军等　著

科学出版社

北京

# 内 容 简 介

本书分上、中、下三册,在分析贵州省可持续发展战略环境的基础上,系统总结了贵州省可持续发展的国土资源基础,在新发展理念的指导下,全面阐述、分析了贵州省土地资源、矿产资源、煤炭、煤层气、页岩气以及地质环境等国土资源要素与测绘地理信息等基础支撑体系的可持续发展战略。围绕贵州省三大战略,重点论述了贵州省实践国土资源大扶贫、大数据、大生态战略的行动。

本书可为从事国土资源规划、土地、矿产资源、地质环境、测绘地理信息管理的政府部门、管理人员等提供参考,也可供从事国土资源研究的学者、教学人员等参考。

**图书在版编目(CIP)数据**

贵州省国土资源与可持续发展研究:全3册/朱立军等著. —北京:科学出版社,2019.6

ISBN 978-7-03-061488-9

Ⅰ. ①贵… Ⅱ. ①朱… Ⅲ. ①国土资源–可持续发展–研究–贵州 Ⅳ. ①F129.973

中国版本图书馆 CIP 数据核字(2019)第 111904 号

责任编辑:刘 超/责任校对:樊雅琼
责任印制:吴兆东/封面设计:无极书装

科学出版社 出版
北京东黄城根北街 16 号
邮政编码:100717
http://www.sciencep.com

北京虎彩文化传播有限公司 印刷
科学出版社发行 各地新华书店经销
*
2019 年 6 月第 一 版 开本:787×1092 1/16
2019 年 6 月第一次印刷 印张:39 1/2 插页:17
字数:936 000
定价:600.00 元(全三册)
(如有印装质量问题,我社负责调换)

# 目　　录

## （上册　总论）

（中册 各论）

## （下册　专论）

# 第十五章 贵州省国土资源大扶贫战略行动

## 第一节 贵州省国土资源大扶贫战略的时代背景

### 一、可持续发展与反贫困国际背景

可持续发展的根本任务之一就是反对贫困，消除贫困。目前，贫困人口为解决温饱而造成土地过度开发利用，已经使全球约 70% 的山地、40% 的旱地和 30% 的水浇地出现土壤退化，超过 1/4 陆地面积受到荒漠化、石漠化影响；资源过度开发和环境恶化，又反过来致使贫困人口健康恶化、寿命减短和贫困加剧，一方水土难以养活一方人，进而对可持续发展施加负面影响。

贫困是影响和制约世界和平与发展的重要因素之一。贫困问题被联合国列为影响世界发展的首要全球性问题。20 世纪初期，由于帝国主义的殖民侵略，广大落后国家长期饱受剥削和奴役，民众生活贫困。第二次世界大战后殖民体系瓦解，亚非拉国家先后独立并走上发展之路。但由于国家基础薄弱，大量资源被殖民者掠夺，经济发展十分缓慢，贫困现象较为严重。1990 年，全球极端贫困人口仍然有 19 亿人。2015 年 7 月，联合国发布的《千年发展目标报告（2015 年）》显示，全球生活在极端贫困中的人口数量从 1990 年的 19 亿人降至 2015 年的 8.36 亿人。虽然全球总体上实现了千年发展目标的减贫目标，但是世界减贫速度和程度并不平衡。全球贫困现象表现出贫困分化日益严峻、贫困状况恶化、落后地区人口增速较快、绝对贫困和相对贫困并存等特点。国际社会高度重视全球反贫困。联合国开发计划署、世界银行、亚洲开发银行等国际组织成立伊始就关注人类贫困问题。历年的世界银行"世界发展报告"、联合国开发计划署"人类发展报告"等文件都对贫困问题进行详细阐释。2000 年，联合国大会通过了千年发展目标。2013 年 4 月，世界银行和国际货币基金组织一起设定目标，即希望在 2030 年前基本消除全球绝对贫困。联合国发展峰会通过并在 2016 年我国二十国集团领导人杭州峰会上得到积极响应的《变革我们的世界——2030 年可持续发展议程》，开篇就提到"我们认识到，消除一切形式和表现的贫困，包括消除极端贫困，是世界最大的挑战，也是实现可持续发展必不可少的要求"，将消除贫困作为 2030 年可持续发展的首要目标。

## 二、消除贫困的中国贡献与目标

"贫穷不是社会主义，社会主义要消灭贫穷"。消除贫困、改善民生、逐步实现共同富裕，是社会主义的本质要求，是全面深化改革的重要内容，是中国共产党的重要使命。回顾历史，贫困曾是困扰中国的重大问题。1949 年，我国处于普遍贫困的状态，人均国民收入为 27 美元，不足整个亚洲平均水平（44 美元）的 2/3，不足印度（57 美元）的 1/2。20 世纪 70 年代，我国乡村大约有 2/3 的人口得不到食品保障。我国大规模减少贫困的成就，得益于以共同富裕为终极理想的社会制度，得益于 1978 年以来的社会稳定和经济增长，得益于中国政府实施的有组织、有计划、大规模扶贫开发。我国先后出台了《国家八七扶贫攻坚计划（1994—2000 年）》、《中国农村扶贫开发纲要（2001—2010 年）》和《中国农村扶贫开发纲要（2011—2020 年）》等重大消除贫困的专门文件，并同时不断提高扶贫标准。在 2008 年前有两个扶贫标准，第一个是 1986 年制定的 206 元的绝对贫困标准，该标准以每人每日 2100 大卡热量的最低营养需求为基准，再根据最低收入人群的消费结构来进行测定。后来此标准随物价调整，到 2007 年时为 785 元。第二个是 2000 年制定的 865 元的低收入标准，到 2007 年底，调整为 1067 元。2008 年，绝对贫困标准和低收入标准合一，统一使用 1067 元作为扶贫标准。此后，随着消费价格指数等相关因素的变化，2009 年和 2010 年标准进一步上调至 1196 元和 1274 元。2011 年 11 月，中共中央根据每人每天 1 美元的国际标准，将农村贫困标提高至 2300 元，该标准较之前的标准提高了 80%，使全国贫困人口数量由 2010 年的 2688 万人扩大至 1.28 亿人，占农村户籍人口的比例约为 13.4%。标准的提高，一方面体现了中国在消除贫困上的决心和能力，另一方面也是党和国家对全国人民的庄严承诺，让面临贫困困扰的人民群众不仅可以巩固温饱成果，还能加快脱贫致富、改善生态环境、提高发展能力、缩小发展差距；到 2020 年要稳定实现扶贫对象不愁吃、不愁穿，保障其义务教育、基本医疗和住房。根据世界银行提供的资料，按照世界银行向联合国推荐的标准，1981～2008 年，中国的扶贫人口减少了 6.76 亿人；世界银行研究表明，1990 年以来全球减贫成绩的 70% 左右来自中国，可以说中国在消除贫困、推动可持续发展方面成绩斐然。

从总体上看，1978 年以来，我国农村贫困人口和贫困发生率都呈现持续下降的趋势。其中，按国内贫困标准划定的贫困人口由 1978 年的 2.5 亿人减少到 2010 年的 2688 万人，贫困发生率由 1978 年的 30.7% 下降到 2010 年的 2.8%；按每天生活消费支出低于 1 美元的国际标准划定的贫困人口由 1981 年的 6.34 亿人减少到 2010 年的 1.28 亿人，贫困发生率由 1981 年的 61.0% 下降到 2010 年的 10.4%。分阶段的观察表明，无论按国内贫困标准（1 天收入不超过按购买力平价计算的 0.66 美元）还是按国际标准（1 天生活消费支出不超过按购买力平价计算的 1 美元）计量，中国的贫困人口和贫困发生率最初都有一个快速下降阶段。其中，按国内标准计量的贫困人口由 1978 年的 2.5 亿人减少到 1984 年的 1.28 亿人，在 6 年内减少了将近 50%；按国际标准计量的贫困人口由 1981 年的 6.34 亿人减少到 1987 年的 3.08 亿人，在 6 年内减少了一半以上。可以说这一时期农业家庭联产承包责任制的普遍推行为消除农村贫困做出了巨大贡献。1984年这项改革完成之后由于没有后继的制度变革和技术创新的支持，农业和农民收入增速减缓，贫困发生率的下降也明显减慢。2001~2010年，随着新世纪的到来和我国脱贫贡献力度增大，各种脱贫政策的实施，使得我国进入贫困人口减少的新时期。数据表明，按当前执行的2300元的最新标准，贫困人口从2000年的4.62亿人减少至2010年的1.28亿人，减少了3.34亿人，减少72.3%。

党的十八大以来，以习近平同志为核心的党中央把坚决打赢脱贫攻坚战提升到事关全面建成小康社会奋斗目标的新高度，出台了一系列重大政策措施，举全党全国之力推进脱贫攻坚，极大地拓展了中国特色扶贫开发道路，脱贫攻坚取得了新的显著成就，实现扶贫开发重大理论创新。

一是将扶贫上升为新时代治国理政主要组成部分。以习近平为代表的新一代领导核心从国家层面就扶贫开发工作发表了一系列重要讲话，深刻阐明了新时期我国扶贫开发的重大理论和实践问题，形成了内涵丰富、思想深刻、体系完整的扶贫开发战略思想。习近平同志扶贫开发战略思想是中国共产党在新时代治国理政新理念新思想新战略的重要组成部分，是中国共产党党关于扶贫开发的重大理论创新，是打赢脱贫攻坚战的思想指南和行动遵循。

二是充分体现以人民为中心的发展思想。做好扶贫开发工作，支持困难群众摆脱贫困，使发展成果更多更公平惠及全体人民。注重扶贫同扶志、扶智相结合，把贫困群众积极性和主动性充分调动起来，发挥人民群众主动性。引导贫困群众树立主体意识，发扬自力更生精神，激发改变贫困面貌的干劲和决心，变"要我脱贫"为"我要脱贫"，靠自己的努力改变命运。

三是积极开展精准扶贫精准脱贫方略。在新时代，中国提出了"扶持谁、谁来扶、怎么扶、如何退"等问题，以绣花功夫实现全过程精准。在精准识别方面，通过建档立卡建立起全国统一的扶贫开发信息系统，使我国贫困数据第一次实现了到村到户到人，为中央出台政策措施提供了重要参考，为精准帮扶、"靶向治疗"奠定了基础。在精准帮扶方面，各地各部门按照"五个一批"的帮扶思路，因村因户因人精准施策。在精准退出方面，建立了反映客观实际的贫困退出机制，对贫困人口、贫困村、贫困县退出的标准和程序做出了明确规定，并对贯彻落实情况进行严格的督查巡查。在精准考评方面，中央出台省级党委和政府扶贫开发工作成效考核办法，通过较真碰硬的考核，树导向、严规矩、压责任，确保脱贫质量。

2015年中共中央召开扶贫开发工作会议，印发《中共中央　国务院关于打赢脱贫攻坚战的决定》。国家相继出台12个配套文件，中央和国家机关各部门共出台173个政策文件或实施方案，各地也相继出台和完善了"1+N"的脱贫攻坚政策文件，内容涉及产业扶贫、易地扶贫搬迁、劳务输出扶贫、交通扶贫、水利扶贫、教育扶贫、健康扶贫、金融扶贫、生态建设扶贫、资产收益扶贫和农村危房改造等，很多"老大难"问题有了针对性强的解决措施。2013~2017年，中央财政专项扶贫资金投入年均增长22.7%，省市县财政扶贫资金投入也大幅度增长。金融、土地政策都向脱贫攻坚倾斜，脱贫攻坚供给侧结构性改革扎实推进。在一系列政策和各级政府的共同努力下，取得了6000多万贫困人口稳定脱贫，贫困发生率从 10.2% 下降到 4% 以下的好成绩。根据我国政府向世界的庄严承诺，到 2020 年，全国贫困人口将全部脱贫，830 个贫困县全部摘帽。

# 三、贵州省贫困问题现状与脱贫目标

贵州省作为我国典型西部省份，地处中国南方喀斯特中心地带，生态环境脆弱，尤其是石漠化问题严重，并与贫困问题高度重叠。贫困人口为维持自身生存的基本需求，就必须对周围的自然生态环境表现出更高的依存度；据国家统计局贫困监测数据，2001～2009 年，西部地区贫困人口比例从 61% 增加到 66%，增长 5 个百分点，而贵州省则从 29% 增加到 41%，增长 12 个百分点。党的十八大以来，贵州省委省政府努力攻坚，五年时间减少农村贫困人口 700 多万人。另外，作为典型山区省份，贵州省贫困地区遭受严重自然灾害的概率要远高于其他地区，防灾抗灾能力不足导致许多生态环境脆弱区经济社会发展滞后，农牧业生产受灾害威胁十分严重。

相比其他省份，贵州省脱贫攻坚任务十分艰巨。贵州省是全国脱贫攻坚主战场，是乌蒙山、武陵山、滇黔桂石漠化区三大连片特困地区交汇地区；全省共有 66 个贫困县（其中，国家级有 50 个，省级有 16 个），占全省 88 个县市区的 75%，除贵阳市外各市（州）均有贫困县分布；共有 934 个重点脱贫乡镇，9000 个贫困村。截至 2017 年，依然有 372 万贫困人口需要脱贫，是全国脱贫攻坚任务最重、压力最大的省份。

对比世界 78 个国家与国内各省份贫困指数发现，贵州省与 78 个国家中的倒数第 5 的国家相当。喀斯特山区石漠化与贫困化具有极强的地理耦合，且两者互为因果，凡是石漠化严重的地方，都较为贫困落后；在没有外部经济资源注入情况下形成"食物不能满足—开垦更多土地—破坏生态环境—食物不能满足—开垦更多土地—破坏生态环境……"的地区贫困和生态环境恶性循环怪圈。

为进一步实现对全省贫困问题的精细化分析，以村为单元对全省贫困及其土地利用情况进行分析。全省共有 9000 个贫困村，其中，一类贫困村有 5054 个，包括 81.6 万贫困户、262.2 万贫困人口；二类贫困村有 2183 个，包括 30.4 万贫困户、92.5 万贫困人口；三类贫困村有 1763 个，包括 22.9 万贫困户、69.7 万贫困人口。通过对贫困村的空间热点分析，可以进一步揭示全省贫困村空间分布格局（图 15-1）。

从全省而言，毕节-六盘水、遵义北部-铜仁、黔东南三大地区是全省贫困村集中分布地区；而贵阳-遵义、贵阳-安顺是贫困村较少地区。这一格局与全省城镇化布局基本一致。即黔中城市群、贵阳核心区、贵阳-安顺都市圈、遵义都市圈是贫困村较少地区，说明城镇化的发展对解决贫困问题至关重要。

采用样带分析方法进一步揭示土地利用与贫困的关系（图 15-2）。以赫章县珠市乡韭菜坪-黎平县地坪乡水口河出省界处为样带，分析行政村的贫困问题与耕地质量及地形的关系。该样带既是贵州省海拔最高峰到最低处的样带（韭菜坪海拔为 2900.6m，水口河出省界处海拔为 147.8m），也是全省贫困村空间集集聚变化的样带，还是全省经济社会变化较为明显的样带，具有代表性。

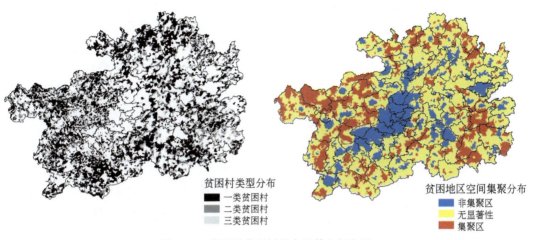

图 15-1 贵州省贫困村分布及其空间集聚

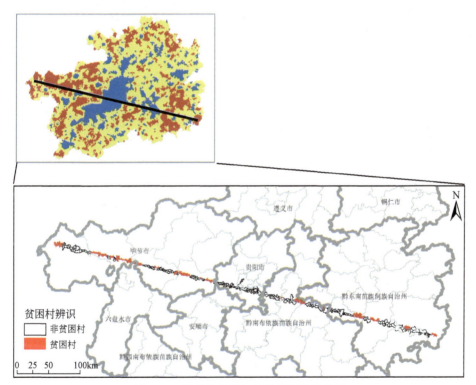

图 15-2 贵州省贫困与土地利用样带分析

　　该样带涉及行政村 282 个，其中，一类贫困村有 47 个，二类贫困村有 26 个，三类贫困村有 30 个。以贫困村集聚程度分别与各村的平均耕地质量、地形变化幅度及交通通达性进行对比分析。贫困村集聚采用热点分析的 $Z$ 值表示，该值<0 时集聚程度不显著，且值越小集聚程度越不显著；该值>0 时集聚程度显著，值越大集聚程度越显著。平均耕地质量采用各村耕地的面积加权耕地质量表示。地形变化采用各村坡度数值的方差表示，值越大，说明地形变化越显著。交通通达性以各村交通运输用地比重表示。

从耕地质量角度看，随着耕地质量的下降，贫困村集聚程度呈现增加的趋势，且耕地质量越低，贫困村集聚的程度越明显（图15-3）。说明贵州省耕地质量差与贫困在存在空间上明显的叠合。由于贵州省贫困地区人口大都以农业收入为主要生计来源，对其而言，提升耕地质量对消除贫困具有重要意义。

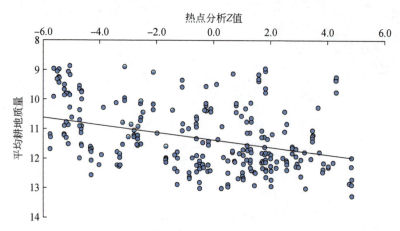

图 15-3　贫困村集聚程度与平均耕地质量关系

坡度变化采用各村坡度的标准差表示，该值反映了各村辖区内坡度的变化程度。值越大，说明地形起伏程度越明显。从坡度变化角度看，随各村坡度变化程度的增加，贫困村集聚程度呈现增加的趋势，且坡度变化越明显，贫困村集聚的程度越明显（图15-4）。这一结果表明对贵州省这样一个山地省份而言，地形起伏变化增加了贫困地区与外界联系的困难程度，严重制约了各项基础设施的建设，是导致贫困的一项重要因素。消除地形影响是解决贫困的一项重要因素。

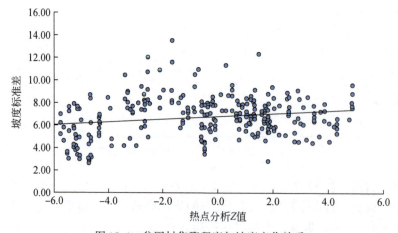

图 15-4　贫困村集聚程度与坡度变化关系

交通通达性反映了各行政村对外联系能力。从交通通达性看，随各村通达性的降低，贫困村集聚程度呈现增加的趋势，说明交通通达性是导致贫困的一项重要因素（图15-5）。要想消除贫困，提升交通用地保障是一项必要举措。

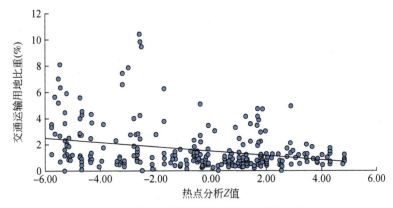

图 15-5　贫困村集聚程度与交通运输用地关系

综合上述分析可以看出，土地利用与消除贫困间存在着明显的关系，提升耕地质量、改变贫困人口生存环境和对外联系程度等，都是通过土地利用消除贫困的重要措施。从提升耕地质量而言，应有侧重地在贫困地区落实土地整治工程，提升耕地质量；从改变贫困人口生存环境和对外联系程度而言，可以有两种策略：一种是将贫困人口搬迁至生存环境更好、交通更便利的地区，可以采取易地扶贫搬迁的策略；另一种则是改善生存环境和交通通达性，可以采取巩固地质环境，降低地质灾害隐患，实现"村村通"、"组组通"、网络进村入户、通水通电等基础设施保障能力提升等策略。而采取何种策略则应根据各地实际情况及村民意愿来综合确定。

## 第二节　贵州省国土资源大扶贫战略总体思路

早在春秋时期，管子就提出了"地者，政之本也！辩于土而民可富"的思想，土地资源是农民赖以生存的物质保证，是生活生产中不可或缺的重要组成部分。土地政策更是盘活土地资源、带领农民脱贫致富的保证，是精准扶贫工作稳步前行，各项政策落地的物质保障。根据国土资源部门职能，综合相关法律法规，贵州省国土资源主管部门切实开展大扶贫战略行动，通过构建土地政策集释放土地红利，推动扶贫工作。其出发点是围绕农民增收，农村土地增值，农村基础设施完善进行政策打造和利用。通过增减挂钩、土地整治、重点乡镇用地支持、易地搬迁、基础设施建设等措施，一方面让城镇资本汇集农村，另一方面通过村民自建开展各类土地整治工程，不仅提升农地价值，还可以通过村民自建等方式为贫困人口带来额外收益。同时进一步将土地政策与"三变"等政策相结合，通过壮大集体经济组织、资源变资产、引入社会资本等方式实现脱贫致富。贵州省国土资源大扶贫战略思路框架如图15-6所示。

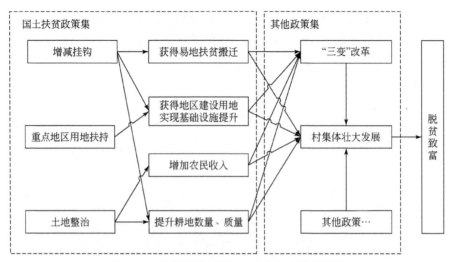

图 15-6　贵州省国土资源大扶贫战略思路框架

为切实落实推动全省扶贫攻坚行动，省国土资源厅制定了《贵州省国土资源政策支持深度贫困地区脱贫攻坚行动实施方案》，切实从以下三点保障全省大扶贫战略行动的落地实施。一是创新多项脱贫攻坚政策举措。加大在贫困地区和 14 个深度贫困县开展土地利用总体规划评估调整，统筹各类建设用地规模、布局和时序，加大脱贫攻坚用地前置条件支持力度；对国家扶贫开发重点县，每年专项安排至少 600 亩新增耕地建设用地指标，保障脱贫攻坚用地指标需求；制定了《贵州省城乡建设用地增减挂钩支持易地扶贫搬迁实施办法》，促进增减挂钩指标在省域范围内流转，力保 200 亿易地扶贫搬迁资金实现；用好用足国土资源部对乌蒙山连片特困地区"十五条"支持政策；督促实施好《贵州省地质灾害三年综合治理行动计划（2015—2017 年)》，推进贫困地区和深度贫困县实施地质灾害防治省级项目；加强贫困地区地质遗迹保护，支持贫困地区开发利用保护地质遗迹和地质公园，促进发展地质旅游扶贫产业。二是抓实国土资源扶贫项目措施。编制贵州省乌蒙山连片特困地区山水林田湖生态保护修复重大工程实施方案，确保山水林田湖生态保护修复重大工程落地；以土地整治为平台大力推进贫困地区高标准基本农田建设；探索"地质调查+"特色扶贫模式；进一步保障深度贫困县发展旅游、文化、休闲农业等产业项目用地需求；大力开展全省精品水果航拍项目；加大力度夯实深度贫困县国土资源基础工作。三是落实定点扶贫和片区牵头联系职责。抓好对口帮扶，建立健全厅领导带头、全系统、全体党员共同参与的帮扶机制，实施精细化对口帮扶，脱贫工作联村包户，层层落实，力争党建扶贫、对口帮扶对象提前精准脱贫。

# 第三节　贵州省国土资源大扶贫战略行动

## 1. 城乡建设用地增减挂钩助推扶贫搬迁

贵州省作为扶贫攻坚的主战场，是全国易地扶贫搬迁任务最重的省份之一，"十三五"

时期实施易地扶贫搬迁 162 万人，其中，建档立卡贫困人口 130 万人。据测算，需易地扶贫搬迁资金 1000 亿元以上，除可调用资金外，仍有 200 亿元以上的缺口。为了完成任务，贵州省国土资源厅充分发挥国土资源增减挂钩政策对易地扶贫搬迁的支持促进作用，在对国土资源部 2006 年以来施行的增减挂钩政策反复研究及全省增减挂钩试点政策实践的基础上，结合贵州实际，对增减挂钩政策进行了创新性设计，通过增减挂钩节余指标流转和有关费用减免、指标分开备案等制度创新，实现为易地扶贫搬迁工程筹集资金 200 亿元以上资金，同时为全省经济社会发展、城镇化建设提供用地保障。出台了《关于用好用活增减挂钩政策积极支持易地扶贫搬迁的实施意见》。

1）目标任务。全省易地扶贫搬迁总任务约为 160 万人（含整村搬迁的非贫困户）、38 万户。2009 年以来，贵州省共实施增减挂钩指标 8.4 万亩，经反复测算，平均每亩级差收益约为 15 万元，户均可复垦耕地 0.7 亩，安置使用 0.3 亩，产生节余指标 0.4 亩。按 38 万户计算，可复垦耕地 26.6 万亩，产生节余指标 15.2 万亩；按级差收益 15 万元/亩计算，可筹集资金约 225 亿元。

2）增减挂钩指标申报和分配。通过向国土资源部积极争取，国土资源部同意根据贵州省易地扶贫搬迁任务需要，全额安排增减挂钩指标。根据国土资源部安排的指标量，优先配置给三大集中连片贫困地区和国家级贫困县，并根据各地易地扶贫搬迁任务，采取一次性申报，按年度分批次下达增减挂钩指标。

3）激励约束政策。为鼓励各地用好用活用足增减挂钩指标政策，按照中央有关部委文件规定，《关于用好用活增减挂钩政策积极支持易地扶贫搬迁的实施意见》明确了五条激励政策。一是拓展交易范围，让指标"流"起来。实施意见明确节余指标可在省域范围流转交易使用，大大拓展了节余指标交易范围，使贫困地区农村建设用地资源得到充分利用，土地级差收益得到充分体现。节余指标易地流转实质是土地级差收益和发展机会权的让渡，相对经济发展滞后的地方通过增减挂钩节余指标流转到相对发达的地区获取收益，解决发展资金缺乏的问题，而相对发达的地区获得节余指标解决发展用地指标不足的问题，实现了节余指标、资金的顺畅流动和流转价款的增值。二是改革使用方式，让指标"飘"起来。实施意见对增减挂钩试点政策进行了改革创新，规定产生节余指标的地方和使用节余指标的地方可分别备案，一地产生的节余指标可分割在全省多地多时段分别使用，让节余指标在空中"飘"一段时间，等待合适的买方和价格后进行流转交易，真正体现了市场配置资源的原则。三是制定优惠政策，让市场"活"起来。以前节余指标在县域内使用，不征收耕地占用税，不缴纳新增建设用地土地有偿使用费、耕地开垦费。贵州省将减免的范围从"本县指标本县用"扩展到"全省跨区域使用"，培育和激活了节余指标交易市场。四是建成流转平台，把交易"管"起来。全省建成了全国首个城乡建设用地增减挂钩节余指标网上流转交易平台，使节余指标交易有场所，流转有秩序，流转价格公开公平公正。制作了"节余指标交易证"，并作为建设用地申报的必要附件。此外，贵州省制定了交易指导价，节余指标交易价不得低于指导价。指导价为 20 万元/亩，同时也可根据节余指标易地流转的实际情况，对指导价进行适时调整。五是完善角色功能，变指标"多"起来。该实施意见同时还鼓励：对易地扶贫搬迁新建安置点和增减挂钩流入地使用节余指标的建新区，在建设用地报批中，建新地块可布置在本级《土地利用总体规划》确定的有条件建设区，不占用规划空间规模对25°以下的损毁建设用地（含未利用地），通过土地整治为园地或林地的，可视为新增耕地，纳入占补平衡指标统一管理；明确将耕地保有量和基本农田面积核减、年度新增建设用地指标分配、建设用地审批、经营项目用地等与增减挂钩节余指标使用情况挂钩。一系列的政策措施，都是确保增减挂钩政策能够更好地支持易地扶贫搬迁。

另外，根据国土资源部落实中共中央办公厅、国务院办公厅《关于支持深度贫困地区脱贫攻坚的实施意见》的举措，贵州省将在乌蒙山地区开展城乡建设用地增减挂钩跨省域流动试点，可不受指标规模限制，增减挂钩节余指标可在东西部扶贫协作和对口支援省市范围内流转，从而有效地解决扶贫资金问题。

### 2. 土地整治

（1）国家土地整治政策新变化

在新的历史时期，国家层面对土地整治提出了新的政策，主要有三个方面。

一是各类资金实施的土地整治项目新增耕地，均可用于建设占用耕地占补平衡，对资金渠道不再作限制。《中共中央　国务院关于加强耕地保护和改进占补平衡的意见》（中发〔2017〕4号）明确"拓展补充耕地途径，统筹实施土地整治、高标准农田建设、城乡建设用地增减挂钩、历史遗留工矿废弃地复垦等，新增耕地经核定后可用于落实补充耕地任务"，"鼓励地方统筹使用相关资金实施土地整治和高标准农田建设。充分发挥财政资金作用，鼓励采取政府和社会资本合作（PPP）模式、以奖代补等方式，引导农村集体经济组织、农民和新型农业经营主体等，根据土地整治规划投资或参与土地整治项目，多渠道落实补充耕地任务"。

二是补改结合落实占补平衡。针对受资源条件限制，新开垦的耕地质量等级低、水田少，难以做到占优补优、占水田补水田的问题，国家提出，单独选址建设项目建设占用耕地的，可安排对应的补充耕地项目和提质改造项目，即"1+1"的补改结合方式，做到补充耕地数量占一补一，耕地质量等级相当，水田面积不减少。《国土资源部关于补足耕地数量与提升耕地质量相结合落实占补平衡的指导意见》（国土资规〔2016〕8号）明确"规范开展提升现有耕地质量、将旱地改造为水田（简称'提质改造'），以补充耕地和提质改造耕地相结合方式（简称'补改结合'）落实占补平衡工作"，"单独选址建设项目涉及占用耕地，受资源条件限制，难以做到占优补优、占水田补水田的，可通过补改结合方式，在确保补足耕地数量基础上，结合实施现有耕地提质改造，落实耕地占优补优、占水田补水田"。但要求："各类城市建设涉及占用耕地的，必须落实先补后占和直接补充优质耕地或水田要求，实现耕地占补平衡，充分发挥耕地占补平衡制度约束作用，倒逼城市挖潜利用存量土地、节约集约用地"。

三是建设占用耕地耕作层剥离相关费用列入建设项目投资预算。《中共中央　国务院关于加强耕地保护和改进占补平衡的意见》中发〔2017〕4号明确"全面推进建设占用耕地耕作层剥离再利用，市县政府要切实督促建设单位落实责任，将相关费用列入建设项目投资预算，提高补充耕地质量"。解决了耕作层剥离再利用费用出处问题，明确了剥离的耕作层要与高标准农田建设相结合，提高补充耕地的质量。

这三个方面的政策，拓宽了用于占补平衡的新增耕地资金渠道，缓解了财政资金压力，有利于破解贵州省耕地后备资源不足，耕地占补平衡难度日趋增大的难题。既可以确保全省特别是贫困地区建设占用耕地占一补一、占优补优、占水田补水田，确保耕地占补平衡数量质量双到位，又可以确保工业化、城镇化用地需要，支持稳增长重点建设项目及时落地，为经济社会发展提供用地服务和保障。

（2）贵州省土地整治助力大扶贫的主要政策措施

2016 年，贵州省国土资源厅会同省财政厅出台了《贵州省国土资源厅和贵州省财政厅关于贵州省土地整治服务就地脱贫工作的指导意见》（黔国土资发〔2016〕25 号），明确"项目布局以'大扶贫'战略为导向，以建档立卡的贫困人口耕地相对集中区域、因地制宜选择项目实施靶区，并综合运用增减挂钩等各类政策，整合涉农资金，形成合力助推脱贫攻坚工作"，调整了"十二五"期间土地整治项目的布局方向。同时还明确"项目原则采取'村民自建'方式实施""项目建设内容、工程布局及用工等向贫困人口倾斜，让就地脱贫农民有实际获得感"。

为指导采取"村民自建"方式实施好土地整治项目，做到项目选择精准、项目设计精准、施工安排精准、资金使用精准、责任到人精准、治理成效精准"六个精准"要求，让贫困农民有更多实实在在的"获得感"，《贵州省土整治服务就地脱贫工作的指导意见》明确"县级负责项目审批和实施方案的组织编制"，将项目审批权下放到县。明确"项目工程预算原则上控制在 200 万元以下"与《贵州省大扶贫条例》关于"利用扶贫资金在贫困村实施的 200 万元以下的农村基础设施建设项目，经村民代表会议讨论决定可以不实行招标投标"的要求一致。明确"乡（镇）人民政府是项目的实施主体，应对项目施工进行监督管理；农村集体经济组织或村民委员会是项目的施工主体，负责项目的工程施工"。为精简项目设计和解决部分村技术力量不足的问题，贵州省国土资源厅组织编制并下发了《贵州省"村民自建"土地整治工程设计标准化图集》，并明确"实施方案和施工预算可以土地利用现状图、近期影像图为基础，根据贵州省村民自建土地整治工程设计标准化图集编制，并可作为工程施工、竣工决算及审计等的依据"，还明确"各级国土资源部门和财政部门要加强村民自建土地整治项目的技术服务指导。村民自建土地整治项目在组织实施中，可以委托国土资源部门从事土地整治的直属事业单位，也可以委托具有相关设计、施工、监理资质的技术单位或聘请工程技术专业人员开展技术服务"。《贵州省土整治服务就地脱贫工作的指导意见》是在广泛调研形成初稿并多次征求意见的基础上形成的，对土地整治助力脱贫攻坚具有较强的政策指导作用。

同时，开展统筹整合使用财政涉农资金试点工作以来，投入土地整治的资金渠道较多，为避免重复建设和过度建设，省国土资源厅出台《关于加快推进省级土地整治项目竣工验收工作的通知》（黔国土资发〔2016〕33 号）并明确，"对项目规划设计的部分工程由其他资金实施的，根据涉农资金整合的要求，属整合实施，按完成工程统计（需单列统计，其资金不得计入土地整治项目工程决算），其工程认定、审计、验收等由相应主管部门负责。不得以其他资金已实施部分工程为由，申请设计变更，新增工程内容"。

另外，贵州省出台相关文件，确保土地整治项目竣工后的结余资金不收回省级财政而是直接利用。例如，《贵州省土地整治项目管理办法》（黔国土资发〔2014〕35 号）中明确"竣工项目结余资金由同级财政部门按土地整治有关规定安排使用"，《贵州省土整治服务就地脱贫工作的指导意见》中也明确"已竣工验收或实施完工的土地整治项目，经审计后结余资金可结转用于实施新的精准扶贫土地整治项目"。相关制度设计，确保了土地整治项目资金的充裕和快速利用，降低了资金时间成本，提高了资金利用效率。

（3）土地整治扶贫实现"三个获得感"

2016 年，贵州省易地流转指标 9890 亩，筹集资金 23.73 亿元，为全省易地扶贫搬迁工作筹集了大量资金。通过实施土地整治项目实现了"为全省 50 万就地脱贫人口每人整治 1 亩优质农田"的目标任务。土地整治项目重点布局在建档立卡的贫困人口耕地相对集中区域，鼓励项目以"村民自建"方式实施，劳务用工优先安排贫困户，在资金分配上，加大贫困因素分配权重，向贫困地区倾斜。同时，贵州省还出台了《贵州省土整治服务就地脱贫工作的指导意见》，编制了《贵州省"村民自建"土地整治工程设计标准化图集》，将土地整治项目审批权下放到县，指导各地采取"村民自建"方式实施土地整治项目，共投入资金 19.41 亿元，为 10.28 万贫困人口整治优质耕地 13.76 万亩。一系列围绕"土地整治"推进的扶贫政策，使得项目区贫困农民有三个获得感，即"获得优质耕地增产出、获得劳务收入鼓腰包、获得资源资产变股东"。

### 3. 地质灾害防治服务极贫困乡扶贫工作

（1）贵州省关于极贫乡地质灾害防治措施

为切实做好全省 20 个极贫乡地质灾害防治工作，贵州省实施了"整乡推进、全额补助"极贫困乡镇地质灾害综合治理工程。"整乡推进"：即对全省 20 个极贫困乡的所有地质灾害隐患点，不分大小、不按规模，该治理的治理、该搬迁的搬迁，一次性全部实施。"全额补助"：即由省级财政全部承担治理或搬迁经费。此前，地质灾害防治项目资金省、市、县三级财政按照 35%、35%、30% 比例承担，在地质灾害三年综合治理行动计划中，也是按照 50%、30%、20% 比例由各级负责。在此需要说明的是，地质灾害防治搬迁标准为每户 3.6 万元。目前，已完成威宁县石门乡、纳雍县董地乡、从江县加勉乡、晴隆县三宝彝族乡、望谟县郊纳镇 5 个极贫困乡地质灾害综合治理立项，共计下拨省级资金 2100万元。其中，威宁县石门乡地质灾害综合治理项目已基本实施完毕。

（2）地质灾害整治"六个精准"

贵州省各级党委和政府高度重视极贫乡脱贫攻坚，实施过程中落实了地方政府主体责任，严格招投标程序，严把质量关，全程跟踪管理，把地质灾害防治工程"六个精准"要求落到实处。"六个精准"：一是项目选择精准，按照"危险程度高、危害性较大"的原则，精准安排项目，打捆申报，有计划、有步骤地实施；二是项目设计精准，对所有地质灾害项目立项批准前，组织专家进行现场踏勘、审核和质询，达到勘察到位、设计到位、预算到位；三是施工安排精准，按照项目施工管理原则，将地质灾害治理项目纳入市

（州）级公共资源交易平台进行招投标，择优选择信誉良好的施工队伍，盯紧重点环节，看清重点部位，对施工过程，特别是隐蔽性工程，实行全过程监理，并建立影像或视频资料；四是资金使用精准，按照设计预算或项目合同，确保资金安全、廉洁、有效，将有限资金用在急需的地方；五是责任到人精准，实行"审计制、评优制、黑名单制"，在项目竣工后，评选出优质工程，对验收不合格的项目实施单位，列入黑名单；六是治理成效精准，既保证项目质量，又不过度治理。把生态环境保护纳入施工设计范畴，采取切实可行的保护措施，严防过度治理破坏生态环境。

### 4. 扶贫攻坚挂图作战

2015 年，习近平总书记在贵州省考察时首次提出扶贫工作"6 个精准"：扶贫对象精准、项目安排精准、资金使用精准、措施到户精准、因村派人精准、脱贫成效精准。贵州省国土资源部门以大数据为支撑，以地理信息技术为手段，在总书记提出的"6 个精准"基础上，依托地理国情普查成果，利用现代测绘地理信息技术和高分辨率卫星影像，把扶贫工作"6 个精准"精确空间定位，落到实地，制作了国土资源云精准扶贫挂图作战系统，形成了"一总两专"精准扶贫作战图构架。一总是全省的贫困县、贫困人口情况总体分布图；两专分别是增减挂钩易地扶贫专项作战图和土地整治就地扶贫专项作战图。

同时，省国土资源主管部门有针对性地开展重点支持工作，对 20 个极贫乡精细化的精准扶贫挂图作战系统建设。在对 20 个极贫乡所有贫困户、搬迁点、安置点进行空间定位和图片采集核实基础上，调查收集该乡土地资源、矿产资源、旅游资源等自然资源禀赋情况、地质灾害隐患点分布、国情要素、特色农产品、传统优势项目，进行数据定位、分析处理后，形成各乡镇专题报告，按照统一内容、统一格式、统一精度、统一技术标准，录入加载到高分遥感影像图上，制作出精细化的精准扶贫作战图，为了方便各级领导在没有通信信号情况下使用，开发了离线版的平版系统，编制了在线版和离线版用户操作手册。

国土资源云"一总两专"扶贫攻坚系列作战图，做到了直观、真实展示扶贫工作的现状，可以辅助扶贫攻坚决策指挥，又能用于扶贫项目的进度追踪和扶贫成效的考核。形成"一统八图八准四精"的特点。一统：一个统一的指挥系统；八图：贫困人口分布图、贫困人口致贫原因图、易地扶贫增减挂钩图、就地扶贫土地整治图、地质灾害致贫分布图、脱贫目标任务图、贫困户进出动态图、扶贫成效考核图；八准：对象识别准、空间定位准、住房现状准、致贫原因准、家庭收支准、扶贫措施准、扶贫监测准、脱贫成效准；四精：精确数据、精致底图、精准施策、精细管理。真正实现"人在干、天在看、云在算"。

# 第十六章　贵州省国土资源大数据战略行动

## 第一节　贵州省国土大数据战略背景

### 一、大数据时代

**1. 大数据的概念、特征与内涵**

大数据是数字化生存时代的新型战略资源，是驱动创新的重要因素，正在改变人类的生产和生活方式。大数据是无法在可容忍时间内用传统 IT 技术和工具对其进行感知、获取、管理、处理和服务的数据集合，是来源众多、类型多样、大而复杂、具有潜在价值，但难以在期望时间内处理和分析的数据集。

通常，人们认为大数据具有"4V"特征，即数据量大（volume）、类型多（variety）、快速性（velocity）和价值性（value）。

数据量大。大数据的特征首先体现为数据量大。随着信息技术的高速发展，特别是对地观测、地基监测、深部探测、社交网络、移动智能手机、移动通信等技术的发展，数据采集方式越来越多样化、采集手段越来越简便，数据开始爆发性增长。从过去的 GB 到 TB，直至 PB、EB。互联网数据中心（IDC）2009 年报告指出，互联网上每 18 个月数据量上涨一倍；一台高性能 DNA 测序仪每天可读取约 260 亿个人类基因码，产生的数据流堪比 20 个美国国会图书馆一年的数据量；在对地观测领域，预计到 2020 年，仅欧洲空间局（European Space Agency，ESA）对地观测卫星数据存储量将超过 20 000TB；淘宝网近 4 亿的会员每天产生的商品交易数据约 20TB；脸书约 10 亿的用户每天产生的日志数据超过 300TB。

类型多。广泛的数据来源（观测监测、调查统计、模拟计算、社交网络等），决定了大数据类型的多样性。大数据大体可分为三类：一是结构化数据，如土地权属调查数据、气象监测数据、社会经济统计数据等；二是非结构化数据，通常包括视频、图片、音频等；三是半结构化数据，如 HTML 文档、邮件、网页等。每一类数据都有众多的数据格式，如结构化数据就包括表格数据（Excel、Access、Oracle、SQLServer、MySQL 等数据库格式）、矢量空间数据（ArcGIS、SuperMap、MapGIS、GML、GeoJSON 等格式）、栅格空间数据（BSQ、BIP、HDF、GeoTiff、IMG 等格式）等。

快速性。大数据的快速增长和高速处理是大数据快速性的重要体现。一是数据产生得快：借助于现代信息技术，特别是移动互联网、智能终端等设备、社交网络等新传媒和志愿数据采集等新模式，大数据产生得非常快。有的数据是爆发式快速产生的，如欧洲核子研究中心（CERN）的大型强子对撞机在工作状态下每秒产生 PB 级的数据；而大部分数据则是按一定的频率和周期产生，但由于用户众多，数据增长依然非常快速，如 GPS 全球定位和导航信息、射频识别数据等。二是数据处理得快：大规模、快速产生的数据资源迫切需要智能的算法、强大的数据处理平台和新的数据处理技术，对其进行实时处理、统计分析和模拟预测等。例如，清华领衔的研究团队对 1976 年唐山大地震发生过程进行的模拟中，利用国产"神威·太湖之光"超级计算机，实现了高达 18.9 PFlops 的非线性、高分辨率精确模拟。

价值性。个体或部分数据呈现低价值而数据整体呈现高价值的特点。现实世界所产生的数据中，有价值的数据所占比例很小。相比于传统的小数据，大数据最大的价值在于通过从大量不相关的各种类型的数据中，挖掘出对未来趋势与模式预测分析有价值的数据，并通过机器学习方法、人工智能方法或数据挖掘方法深度分析，发现新规律和新知识，并运用于农业、金融、医疗等各个领域，从而最终达到改善社会治理、提高生产效率、推进科学研究的效果。

大数据直接带来三个思维模式的转变：

1）数据分析不是依靠少量的随机样本，而是全体数据。在小数据时代，人们采用随机抽样的方式对样本进行采样收集，分析结果的精确性与采样的随机性有关，其随机性越强，结果则越精确。在大数据时代，由于采用全数据模式，可以更准确地抓住事物的细节，并且是所有的、全部的细节，这样的样本分析具有更开阔的视野。在小数据时代，运用简单的因果关系和部分到整体的逻辑处理问题，永远无法达到样本等于总体的高度，忽略对细节的观察，而在大数据时代，有能力"以大见小"，收集全部数据与信息。在大数据时代中，将变革以往基于整体与部分关系的"以小见大"的思维方式，转而关注细节，研究各种零碎的、看似无关系的事物之间的联系，从而发现更多被隐藏的科学规律和商业价值。

2）允许数据不精确性和混杂性。在小数据时代，需要极力保证收集的数据的质量，不允许错误率，极力追求精确性、准确性，这样才能利用样本容量低的数据来分析问题。在大数据时代，在庞大规模的数据量情景下，想要追求所有数据的精确性是不可能的。在海量数据的冲刷下，小部分错误数据对结果的影响可能微乎其微。因此，不仅要求数据库和算法容忍错误，对精确性做出让步，还要接受混杂，用概率说话。混杂是数据规模巨大情况下的代价和逻辑前提。大数据时代是接受混杂的，这种混杂不仅意味着繁多的种类，也意味着高容错率。维克多·迈尔·舍恩伯格指出，"只有 5% 的数据是结构化且能适用于传统数据库的。如果不接受混乱，剩下的 95% 的非结构化数据都无法使用，如网页和视频资源。通过接受不精确性，打开了一个从未涉足的世界的窗户。"因此，在大数据时代，应当重新审视精确性的优劣，避免小数据时代无限追求精确性的思维方式，学会用概率说话，接受纷繁的数据并从中受益。从过去的追求精确性到如今站在更高的高度来操控全局，接受混杂是标准途径，也是通向未来的重要一步。

3）关注数据间的相关关系而不是因果关系。大数据最大的转变就是关注和挖掘相关关系的价值，即关注"是什么"而不过分强调和追究"为什么"。一方面，在大数据时代，由于大数据中的"大"不局限于某一个整体或是某一个系统，而是包含与某一整体或系统有相关关系的全部数据。因此，看待事物的视野也超越一个局限的环境，看到更多与此环境具有相关关系的事物，虽然可能这些事物之间没有因果关系，但透过相关关系，可能发现以往发现不到的更有价值的东西。另一方面，探寻相关关系是一种认识世界的新途径，不必再通过因果关系来发现事物内在规律，而是直接通过相关关系得到想要的结果。例如，乘客不需要了解航空公司怎样给机票定价，只需关注飞机票的价格是否会飞涨即可。因而，在大数据时代，要更加关注挖掘相关关系的潜力，转变以往的思维方式，利用相关关系从新的视角去发现数据更多的价值。

### 2. 国外主要发达国家大数据战略

大数据一经提出便受到世界各国的广泛关注，特别是美国、英国、法国、澳大利亚、日本等世界发达国家制定推出了一系列战略政策与行动计划。

（1）美国

美国认为大数据是"未来的新石油"，将大数据视为强化国家竞争力的关键因素，把大数据研究和生产提高到国家战略和意志层面，启动和实施了一系列计划和项目。

2009 年，美国政府推出 Data. gov 政府开放数据网站，增加政府资料的透明度。截至 2012 年 11 月，Data. gov 共开放了超过 40 万项原始数据和地理数据，涵盖大约 50 个门类。为方便公众使用和分析政府开放数据，Data. gov 还加入了数据的分级评定、高级搜索、用户交流及社交网站互动等新功能，汇集了 1264 个应用程序和软件工具、103 个手机应用插件。通过开放 API 接口，开发者能够利用政府开放数据，开发新的应用提供公共服务或者进行盈利。

2012 年 3 月，奥巴马宣布美国政府投资 2 亿美元启动《大数据研究和发展计划》（*big data research and development initiative*）。该计划旨在对海量和复杂的数字资料进行收集、整理，增强联邦政府收集海量数据、分析萃取信息的能力，提升对社会经济发展的预测能力。美国国家科学基金会、国家卫生研究院、国防部、能源部、国防高级研究计划局、地质勘探局 6 个联邦部门和机构随即宣布提高从大量数据中访问、组织、收集发现信息的工具和技术水平。

2013 年 11 月，美国信息技术与创新基金会发布了《支持数据驱动型创新的技术与政策》报告。报告指出："数据驱动型创新"是一个崭新的命题，其中最主要的包括"大数据"、"开放数据"、"数据科学"和"云计算"。报告就政府如何支持数据型驱动的创新提出了建议：一是政府应大力培养所需的有技能的劳动力，二是政府要推动数据相关技术的研发，三是政府不仅要收集和提供数据，还要制定推动数据共享的法律框架，并提高公众对数据共享的重大意义的认识。

2014 年 5 月美国发布《大数据：把握机遇，守护价值》白皮书，对美国大数据应用与管理现状、政策框架和改进建议进行了集中阐述。该白皮书表示，在大数据发挥正面价值的同时，应该警惕大数据应用对隐私、公平等长远价值带来的负面影响。从白皮书所代表的价值判断来看，美国政府更为看重大数据为经济社会发展所带来的创新动力，对可能与隐私权产生的冲突，则以解决问题的态度来处理。报告提出六点建议：推进消费者隐私法案，通过全国数据泄漏立法，将隐私保护对象扩展到非美国公民，对在校学生的数据采集仅应用于教育目的，在反歧视方面投入更多专家资源，修订《电子通信隐私法案》。

（2）英国

从 2011 年开始，英国政府对大数据进行了持续的专项资金投入，推动政府数据公开，积极促进大数据技术从科研向应用领域转化，大力支持大数据在医疗、农业、商业、学术研究等领域的发展。

与美国类似，英国政府也建立政府数据开放网站 data. gov. uk。通过这个公开平台发布政府的公开政务信息，为公众提供一个方便进行检索、调用、验证政府数据信息的官方出口。同时，英国民众还可以在这个平台上对政府的财政政策、开支方案提出意见建议。英国政府希望通过完全公布政府数据，去进一步支持大数据技术在科技、商业、农业等领域的发展。

2011 年，英国商业、创新和技能部宣布，注资 6 亿英镑发展 8 类高新技术，其中 1.89 亿英镑用来发展大数据技术，加强计算基础设施、数据采集和分析等。

2012 年 5 月，英国建立了世界上首个开放式数据研究所（The Open Data Institute，ODI）。ODI 把人们感兴趣的所有数据融会贯通在一起，通过利用和挖掘公开数据的商业潜力，为英国公共部门、学术机构等方面的创新发展提供"孵化环境"，同时为国家可持续发展政策提供进一步的帮助。

2013 年 8 月，英国政府发布《英国农业技术战略》。该战略指出，英国今后对农业技术的投资将集中在大数据上，目标是将英国的农业科技商业化。在该战略的指导下成立了第一家"农业技术创新中心"，重点开展大数据研究，旨在将英国打造成农业信息学世界级强国。

2014 年，英国政府投入 7300 万英镑进行大数据技术的开发，包括在 55 个政府数据分析项目中展开大数据技术的应用；以高等学府为依托投资兴办大数据研究中心；积极带动牛津大学、伦敦大学等著名高校开设以大数据为核心的专业等。

（3）法国

2011 年 7 月，法国启动了 Open Data Proxima Mobile 项目，希望交通、文化、旅游和环境等领域的公共数据能够在移动终端上使用，从而最大限度地挖掘公共数据的应用价值。项目完成后所有法国公民及在法国旅游的欧洲公民都能通过个人移动终端免费使用法国公共数据，不仅有利于大众共享公共数据，还为私人企业提供了很多商机。

2011 年 12 月，法国政府推出了公开信息线上共享平台 data. gouv. fr，以便公民自由查询和下载公共数据。上线当天发布的第一批资源就达 352 000 组数据，包括国家财政支出、空气质量、法国国家图书馆资源等。

2013 年 2 月，法国政府发布了《数字化路线图》，明确大数据是未来要大力支持的战略性高新技术。2013 年 4 月，法国经济、财政和工业部投入 1150 万欧元用于推动大数据技术发展，希望通过发展创新性解决方案，来促进法国在大数据领域的发展。法国软件编辑联盟号召政府部门和私人企业共同合作，投入 3 亿欧元用于推动大数据发展。

（4）澳大利亚

澳大利亚建设有政府开放数据网站 Data. gov. au，用户可以在该网站上简便地搜索、浏览和利用澳大利亚国家和地方政府的公共数据。该网站包括 114 个部门的 1103 个数据库和 18 个应用软件，并提供其他数据目录或资源的链接。

2013 年 8 月，澳大利亚政府发布了公共服务大数据战略。该战略提出了大数据分析的实践指南，希望通过大数据分析系统提升公共服务质量，增加服务种类，并为公共服务提供更好的政策指导，保护公民隐私，使澳大利亚在该领域跻身全球领先水平。澳大利亚政府希望在大数据分析的运用、提高效率、与其他政策和技术协同以及为公共服务领域带来变革等方面，能够领先全球其他国家。

（5）日本

2012 年 6 月，日本 IT 战略本部发布了"电子政务开放数据战略草案"，迈出了政府数据公开的关键性一步。2012 年 7 月，日本推出了《面向 2020 年的 ICT 综合战略》，提出"活跃在 ICT 领域的日本"目标，重点关注大数据应用。该战略聚焦大数据应用所需的社会化媒体等智能技术开发、传统产业 IT 创新，以及在新医疗技术开发、缓解交通拥堵等公共领域的应用。

2013 年 6 月，日本公布了新 IT 战略——"创建最尖端 IT 国家宣言"。宣言阐述了 2013～2020 年以发展开放公共数据为核心的日本新 IT 国家战略，提出要把日本建设成为一个"具有世界最高水准的广泛运用信息产业技术的社会"。2013 年 7 月 27 日，日本三菱综合研究所牵头成立了"开放数据流通推进联盟"，旨在通过产政学联合，促进日本公共数据的开放应用。

### 3. 我国大数据国家战略

我国高度重视大数据发展，2015 年 10 月党的十八届五中全会提出要实施"国家大数据战略"，从国家层面推动着大数据的迅速发展与高效应用。

2015 年，国务院下发了《国务院关于印发促进大数据发展行动纲要的通知》，要求通过促进大数据发展，加快建设数据强国，释放技术红利、制度红利和创新红利，提升政府治理能力，推动经济转型升级。打造精准治理、多方协作的社会治理新模式，建立运行平稳、安全高效的经济运行新机制，构建以人为本、惠及全民的民生服务新体系，开启大众创业、万众创新的创新驱动新格局，培育高端智能、新兴繁荣的产业发展新生态，构建形成政产学研用多方联动、协调发展的大数据产业生态体系。

2015 年，国务院办公厅下发了《国务院办公厅关于运用大数据加强对市场主体服务和监管的若干意见》，提出要运用大数据先进理念、技术和资源，加强对市场主体的服务和监管，推进简政放权和政府职能转变，提高政府治理能力。以社会信用体系建设和政府信息公开、数据开放为抓手，充分运用大数据、云计算等现代信息技术，提高政府服务水平，加强事中事后监管，维护市场正常秩序，促进市场公平竞争，释放市场主体活力，进一步优化发展环境。

2016 年国务院下发了《国务院关于印发政务信息资源共享管理暂行办法的通知》，要求加快推动政务信息系统互联和公共数据共享，增强政府公信力，提高行政效率，提升服务水平，充分发挥政务信息资源共享在深化改革、转变职能、创新管理中的重要作用。以共享为原则，不共享为例外，各政务部门形成的政务信息资源原则上应予共享，涉及国家秘密和安全的，按相关法律法规执行。坚持"一数一源"、进行多元校核，统筹建设政务信息资源目录体系和共享交换体系。按照"谁主管，谁提供，谁负责"的原则，保障数据的完整性、准确性、时效性和可用性；按照"谁经手，谁使用，谁管理，谁负责"的原则，依法依规使用共享信息，并加强共享信息使用全过程管理。

## 二、贵州省大数据战略

贵州省高度重视大数据产业发展，2014 年以来，贵州省发挥气候、能源优势，将大数据产业作为转型升级、后发赶超的战略重点来抓，以大数据引领产业升级，促进新一代信息技术与三次产业融合发展，实现大数据产业从无到有、从小到大。

2014 年 2 月，贵州省人民政府下发了《关于加快大数据产业发展应用若干政策的意见》和《贵州省大数据产业发展应用规划纲要（2014—2020 年)》。

2015 年 8 月，国家发布的《国务院关于印发促进大数据发展行动纲要的通知》中，明确指出"推进贵州等大数据综合试验区建设"，贵州省的大数据发展正式上升为国家战略。2015 年，贵州省明确提出在"十三五"时期，全省将围绕"守底线、走新路、奔小康"总要求，突出实施"大扶贫"、"大数据"两大战略行动。2017 年，贵州省又进一步提出全力实施"大扶贫"、"大数据"、"大生态"三大战略行动。

为了全面推进大数据发展，贵州省成立了省大数据产业发展领导小组，组建了国内第一个大数据发展管理局；颁发了《贵州省大数据发展应用促进条例》、《省大数据产业发展领导小组关于加快推进政府数据集聚共享开放的通知》、《贵州省政务数据资源管理暂行办法》和《贵州省政府数据资产管理登记暂行办法》等条例和管理办法；制定了贵州省《政府数据分类分级指南（试行）》、《政府数据资源目录第 1 部分：元数据描述规范》（DB52/T 1124—2016）和《政府数据资源目录第 3 部分：编制工作指南（试行）》等标准。

贵州省建成了全国第一个省级政府数据集聚、共享、开放平台——"云上贵州"。让政府各部门数据在一个平台汇聚、一个标准通、一群队伍用，推动政府部门之间跨部门、跨区域、跨层级、跨系统的数据开放共享、流程协同、智慧应用；建立全国首个国家大数据工程实验室及全球第一家大数据交易所；2015 年起，在贵阳连续举办国际大数据产业博览会，国内外大数据行业知名企业家、行业机构、专家齐聚贵州，展示大数据新技术、新成果，形成新理念、新思想，共同探讨推进大数据发展。

2017 年又先后发布了《贵州省数字经济发展规划（2017—2020 年)》和《智能贵州

发展规划（2017-2020 年)》，将持续推动贵州大数据与实体经济、人工智能等的融合与创新发展。

# 第二节 贵州省国土资源大数据战略总体思路

## 一、贵州省国土资源信息化现状与成效

近十年来，贵州省国土资源信息化以"一图一网三平台"（一张图、一个主干网、电子政务平台、共享服务平台和综合监管平台）为主线，进行了全面、系统的建设，为国土资源管理的"三大转变"，即"以数管理"向"一张图"管地管矿防地灾转变、单纯的国土资源信息逐级汇总向动态更新转变、重审批向重监管和创新服务的转变，提供了扎实的数据基础和技术支撑，将贵州省国土资源管理水平推向了一个新台阶。

### 1. 建立了覆盖省、市、县、乡四级的国土资源"一张网"

搭建了省、市、县三级国土资源专网，并实现了与国土资源广域网的连接。全省 9 个市（州、地）租用 10Mbps 的电信专线与省国土资源厅连接，2Mbps 的电信专线与下属区、县（市）国土资源局（分局）相连；全省乡镇国土资源所通过统一的贵州省国土资源 3G VPDN 无线专网接入省国土资源"一张网"，进而形成了覆盖省、市、县、乡四级的国土资源"一张网"。

### 2. 建成了全省统一的国土资源电子政务平台

建成了全省统一的国土资源电子政务平台，集成土地、矿产、测绘等行政审批业务及一般性办公、业务管理和社会公众服务等，实现了电子化、流程化、自动化办公和移动办公，提高了工作效率。国土资源电子政务平台已经在全省国土资源系统 100 多家单位中得到了广泛的应用。

### 3. 建立了全省国土资源"一张图"平台及核心数据库

按照"省厅统一建设、各级分建共享"的统筹思路，建设了全省国土资源"一张图"平台。制定了"贵州省国土资源信息数据管理办法"及"贵州省国土资源数据共享标准"等管理办法和技术标准，有效地保障了"一张图"平台数据资源的整合集成与共享。"一张图"平台已经整合集成了基础地理与遥感影像、基础地质、土地资源调查管理、矿产资源调查管理、地质灾害调查监测等 68 个数据库。

同时，以全省"一张图"核心数据库为基础，逐步建立以国产遥感卫星数据源为主的数据源保障体系，对不同传感平台、多种来源遥感数据进行统筹管理，提高接收、加工、入库等快速处理水平，不断提高遥感卫星数据在土地、矿产、地质环境和地质灾害等领域的规模化、业务化应用水平。

#### 4. 基于"一张图"平台的国土资源管理重大创新应用

贵州省国土资源"一张图"平台已经在全省 9 个市州、所有区县及一半以上的乡镇部署，开展了"一张图"管地、管矿、防地灾等重大创新应用，实现了国土资源"天上看、网上管、地上查"的动态综合监管。

（1）基于"一张图"的"批、供、用、补、查"综合管地模式

建设用地审批：基于"一张图"构建了建设用地申报审批系统，实现了单独选址用地、城市分批次用地、先行用地申报审批等业务的全过程管理，实现了与第二次土地调查、土地变更调查、土地利用总体规划、土地利用现状、万亩大坝等相关数据的联动审批，以及图文的统一管理。

建设用地供给与土地整治管理：建立了与国土资源部土地动态监测数据的对接技术系统，可以从国土资源部定时或者随时将贵州省土地动态监测、耕地占用与补充资料数据取回，及时形成矢量数据图层，实现建设用地供地管理、耕地占补与土地整理、复垦管理等。

（2）基于"一张图"的矿产资源管理新模式

基于"一张图"平台，实现以矿产资源储量为基础、以矿山为单元、以时间为顺序的矿产资源四维展示管理与审批监管。

在矿业权登记成果基础上，通过"一张图"平台集成基础地理、基础地质、高分辨率影像、储量核查、矿产资源规划、矿业权设置单元、矿业权实地核查、储量登记等数据，实现省、市、县三级矿政数据的动态共享，以矿业权管理为重点，建设满足各级矿政部门开展矿业权审批、矿业权查询统计、矿业权监管等业务需求的矿政管理系统。

按照矿产资源管理制度的改革要求，与电子政务办公系统紧密结合，实现矿业权信息登记、审批、发证全程无纸化办公，多级联动审批和网上交易等，实现采矿权、探矿权由审批配置向市场配置转变。

（3）基于"一张图"的地质灾害防治

在"一张图"平台的支撑下，2013 年建成并运行重点地区重大地质灾害详细调查数据库，建成了群测群防和专业监测相结合的贵州省地质灾害监测预警决策支持系统、省市县三级视频应急会商系统和省级指挥中心。

地质灾害区域调查、重点地区重大地质灾害详细调查等数据，有机整合到"一张图"平台上，与其他数据库同台共享使用，实现了地质灾害现状数据、实时监测数据及相关的基础地理数据的叠加展示及其属性、空间信息的查询，以及基于"一张图"的地质灾害模拟、三维空间分析及地质灾害应急指挥分析等功能。

（4）基于"一张图"的国土资源执法监察

基于"一张图"平台，开发了贵州省国土资源执法监察监管系统，将土地、矿产、地质等领域的执法监察监管业务集成，形成了集信息采集监测、线索发现、分析预警、外业核实取证、辅助决策、在线指挥功能于一体的国土资源执法综合监管平台，创新了国土资源执法监察监管机制，促进了贵州"省、市、县、乡"四级一体化的国土资源执法监察监管模式的变革，提升了贵州省国土资源执法监察监管的效率和水平（图 16-1）。

图 16-1　基于"一张图"的国土资源执法监察

特别是探索出一条利用无人机高清影像，进行快速数据处理和监管应用的途径：无人机低空航拍，同步将航拍影像传输到车载设备；在车载设备上快速进行数据拼接、匹配坐标系等；将处理好的数据传输到省国土资源厅指挥中心；指挥中心通过快速矢量化或影像比对，获得疑似违法图斑，在"一张图"国土资源执法监察监管平台上进行分析。

## 二、贵州省国土资源大数据行动基本定位

贵州省国土资源大数据行动是贵州省大数据战略的重要组成部分，也是国土资源部国土资源大数据应用发展要求的具体落实，是大数据时代下，提升贵州省国土资源现代化治理和服务水平的基础。

贵州省国土资源大数据行动按照"开放共享、融合创新、变革转型、引领跨越、安全有序"的原则，充分发挥云计算、互联网+、3S 等新一代信息技术，以大数据建设为重点，着力推进数据汇集、发掘和分析，深化创新应用，助推国土资源供给侧结构性改革，促进国土资源利用方式转变，加速国土资源大数据与各领域各行业的深度融合，形成"国土资源大数据+行业领域"的新应用模式。

坚持"数据是基础、应用是目标、产业是引擎、安全是前提"的理念，重点解决"数据从哪里来，数据放在哪里，数据谁来应用"的问题，构建"人在干、云在算、天在看"的贵州省国土资源管理新格局，让"数据多跑路，人民群众少跑腿"，切实发挥国土资源大数据产业创新、服务社会的作用。一是着力提升国土资源数据采集、生产、整合和分析能力，深化数据汇集和挖掘，推出增值服务，使国土资源数据成为贵州省大数据的重要组成部分，并积极牵引和支撑全省各方面各领域的发展；二是着力推进数据目录及公共数据资源向社会、企业、公众的开放共享，让全面、权威的国土资源数据服务于广大民生，服务于各领域、各产业；三是着力发挥国土资源数据在政府管理中的作用，推动数据在政府、各部门的互联互通、分建共享，增强政府公信力、决策力，提升政务治理能力。

# 三、贵州省国土资源大数据发展总体思路与架构

## 1. 贵州省国土资源大数据发展总体思路

面向《国务院关于印发政务信息资源共享管理暂行办法的通知》和《国务院办公厅关于印发政务信息系统整合共享实施方案的通知》，以及贵州省大数据发展战略和《国土资源部关于印发促进国土资源大数据应用发展实施意见的通知》等，立足贵州省情和国土资源信息化建设现状，按照"集约建设、统一运维和分级应用"的总体思路，在制度和技术标准体系的支撑下，遵循"稳步、有序发展，集约、资源共享，实用、便民利民，标准、兼容，稳定、安全，先进、可扩展"的原则，全面推进贵州省国土资源大数据建设。

## 2. 贵州省国土资源大数据发展总体目标

到 2030 年，全面建成基于云计算和区块链的国土资源信息化运维保障体系，完善"国土资源云"，实现全省国土资源信息化统一集约化建设和高效运行管理；全面建成天地人一体化的全覆盖、全天候的国土资源调查监测体系，完善国土资源大数据中心，夯实"数字国土"，实现各类国土资源状态的实时感知与信息资源的开放共享；基本建成"透明国土"，形成基于大数据和互联网+的管理服务体系，实现地上、地下国土资源一体化全生命周期的透明管理和阳光服务，形成"国土信息+"行业发展和大众创业、万众创新应用新局面；初步建成"智慧国土"，形成基于移动网络和人工智能的国土资源预警预测与决策体系，实现国土资源持续利用预警预测和应急决策的自动化。国土资源信息化科技创新和持续发展能力得到极大提升，实现"数字国土"向"透明国土"和"智慧国土"的跨越发展，为"国土安全和谐、资源持续利用"的现代化国土资源治理提供科学的数据和坚实的技术保障。

## 3. 贵州省国土资源大数据发展总体架构

贵州省国土资源大数据发展采用"省级大集中"的模式和"3＋N"的总体架构（图16-2）。3 即 1 朵云、1 个中心、1 个平台，指基础性、长期性、持续性的"国土资源云"、"国土资源大数据中心"和"国土资源大数据平台"；N 即基于国土资源大数据，服务国土资源现代化治理、精准脱贫、普惠民生、产业发展的 N 个应用。

## 4. 贵州省国土资源大数据发展原则

贵州省国土资源大数据发展遵循以下主要原则。

（1）稳步、有序发展原则

按照先易后难、先急后缓、先基础后扩展的策略，稳步、有序开展国土资源大数据的建设。率先开展国土资源大数据三大基础性工程：国土资源云、国土资源大数据中心和国土资源大数据平台建设，夯实基础设施、数据资源、平台软件基础。在此基础上，有序开

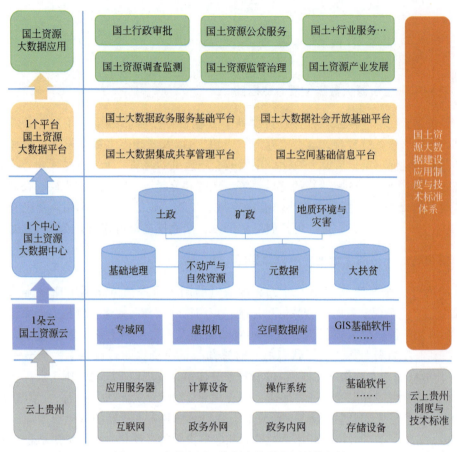

图 16-2 贵州省国土资源大数据发展总体架构

展国土资源管理服务应用系统的整合、改造、重组与新开发、构建。

（2）集约、资源共享原则

立足贵州省情，采用"省级大集中"模式，统一设计、开发和运行维护贵州省国土资源云、大数据中心和基础软件平台。在贵州省"国土资源云"框架下，实现网络环境、硬件资源的共享；通过国土资源大数据中心和大数据平台，实现全省国土资源大数据的集成管理、更新维护、共享交换与服务，实现国土资源大数据的集约化建设和最大限度的共享。

（3）实用、便民利民原则

以"互联网+"的思维模式，促进国土资源大数据与国土资源治理、行政审批、公众服务的深度融合。通过国土资源大数据中心和大数据平台，实现基于"一张图"的"省-市州-区县"三级国土部门数据资源的整合集成，实现省国土资源数据向国土资源部的上报与同步更新，与贵州省其他政府部门相关数据的交换共享，以及面向社会公众的国土资源数据和信息资源的依法公开查询等。

（4）标准、兼容原则

贵州省国土资源大数据建设发展，要遵循和兼容现有的国家、行业和贵州省的有关管理办法与技术标准，特别是《国务院关于印发政务信息资源共享管理暂行办法的通知》、《国务院办公厅关于印发政务信息系统整合共享实施方案的通知》、《国土资源部关于印发促进国土资源大数据应用发展实施意见的通知》、《"国土资源云"建设总体框架》、《国土空间基础信息平台建设总体方案》（国土资发〔2017〕83号）、《不动产登记信息管理基础平台建设总体方案》、《贵州省大数据发展应用促进条例》和《贵州省政务数据资源管理暂行办法》等。

（5）稳定、安全原则

国土资源大数据特别要注重数据及其应用的安全。对敏感数据、非敏感数据和公开数据分别存储，将互联网、政务外网、政务专网和国土资源业务网隔离保护，提高网络安全。国土资源大数据平台软件系统首先要具备强大的安全认证功能，防止系统的非法访问，避免数据被窃取和破坏，做好系统操作和数据管理的日志记录；其次要具备强大的容错功能，保证合法用户误操作时能够及时恢复数据，不引起业务错误；最后要具备数据备份、数据关联回溯等功能，能够及时追溯历史数据等。

（6）先进、可扩展原则

国土资源大数据建设，应在准确研判大数据、云计算、互联网+、三维地理信息等主流信息技术发展趋势的基础上，采用国内外成熟先进的技术，确保平台系统的先进性和前瞻性，以便能够满足平台系统未来较长一段时间的业务发展和硬件平台的升级改造。同时，系统功能一定要具有很强的可扩展性，能够对部门人员权限、数据查询访问、基础支撑功能和数据服务等进行灵活的配置，防止部门人员调整、业务流程变更、内容扩展及接口变动等，影响系统的正常运行等。

### 5. 贵州省国土资源大数据发展路线

根据总体目标，"分阶段、抓重点，边建设、边应用，边应用、边完善"的建设原则，通过"大数据"战略引领和驱动国土资源信息化的全面发展。2016～2030年，贵州省国土资源信息化发展分为近期（2016～2020年）、中期（2021～2025年）、远期（2026～2030年）三大阶段（图16-3）。

近期发展阶段（2016～2020年）：数字国土向透明国土发展阶段。

进一步完善以"国土资源云"为核心的全省国土资源信息化运维保障体系，实现省、市（州）、区（县）、乡（镇）四级国土资源信息系统的集中建设、统一运行和分级应用；加强天地人一体化的全覆盖全天候的国土资源调查监测技术体系建设，实现国土资源各类要素状态的实时感知；夯实国土资源大数据中心，在区块链技术的支持下，推进国土资源数据的有序开放和安全共享。

在"数字国土"的基础上，以"块数据"的理念，利用关联数据等技术，实现土地、房屋、矿产能源、林地、草原、水流、农村土地等不动产和自然资源的有机关联和整合。到2020年基本建成"透明国土"，重点面向国土资源管理决策者，实现地上、地下各类国土资源不同生命周期数据的透明化查询利用，以及各项国土资源业务的透明化监管。

中期发展阶段（2021～2025年）：透明国土向阳光国土发展阶段。

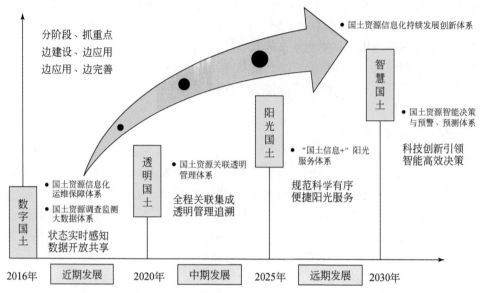

图 16-3　贵州省国土资源信息化发展路线图（2016～2030 年）

进一步完善"数字国土"和"透明国土"，在此基础上，利用"互联网+"，简政放权、放管结合，"让百姓少跑腿，让信息多跑路"，构建形成高效便民的国土资源政务服务体系。以"数字铁笼"的理念，全面梳理国土资源公共权力运行流程、识别权力寻租点和群众关注点、确定国土资源权利清单、责任清单和问题清单，运用大数据对国土资源行政权力运行进行实时监控和全程监督，让权力关进制度的笼子，管住权、用好权，将事后监管变成事前、事中监管。

到 2025 年基本建成"阳光国土"，形成制约权力运行的铁笼，提升政府效能和服务民生水平，促进"国土信息+"行业发展和大众创业、万众创新的应用新局面。

远期发展阶段（2026～2030 年）：阳光国土向智慧国土发展阶段。

进一步完善"数字国土"、"透明国土"和"阳光国土"，在此基础上，统筹"大扶贫"、"大数据"、"大生态"三大战略行动，统筹环境保护、资源利用、功能布局及经济发展，利用移动网络和人工智能等技术，加强国土空间开发保护现状、资源环境承载力、国土空间适宜性、国土空间开发保护形势发展等评价分析与模拟预测模型研究和国土资源预警预测与决策体系的构建。

到 2030 年初步建成"智慧国土"，实现国土空间优化配置、差异化发展和持续利用预警预测和应急决策的自动化，并最终实现国土资源的实时感知、透明监管、阳光服务和智能决策。

## 第三节　贵州省"国土资源云"建设行动

贵州省"国土资源云"是贵州省国土资源大数据的重要基础，基于"云上贵州"环境，为大数据中心、大数据平台及其应用系统提供统一的网络环境、存储计算、操作系统、基础支撑软件及安全防护等基础设施即服务和平台即服务，以及不断整合到"国土资源云"上的软件即服务。

## 一、贵州省"国土资源云"总体架构

贵州省"国土资源云"总体上按照"一云两中心"的模式，即国家"国土资源"省级中心和贵州省"国土资源云"中心进行构建，其定位及其相互关系如图16-4所示。

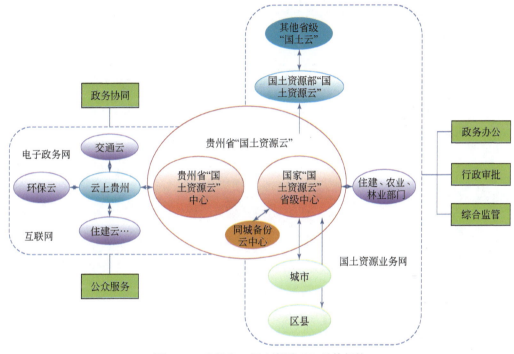

图16-4　贵州省"国土资源云"总体架构

国家"国土资源云"省级中心，是国土资源部"国土资源云"国家与省（区域）两级云中心的重要组成部分。省级中心主要依托"云上贵州"专有域环境，提供统一的网络通信、存储计算、安全保障（高于三级等保）、云管理平台等基础设施云服务，支持国土资源敏感数据在"省、市州、区县"三级国土资源管理部门的全面共享及向国土资源部的实时上报与交换，支撑"省、市州、区县"三级统一的国土资源政务办公、行政审批和综合监管业务等的办理。

贵州省"国土资源云"中心，是贵州省"云上贵州"政务云的重要组成部分。国土中心主要依托"云上贵州"政务网，提供统一的网络通信、存储计算、安全保障（高于三级等保）、云管理平台等基础设施云服务，支撑省国土资源厅与省其他政府部门之间的数据交换共享和政务协同，为其他部门提供基础地理、遥感影像、地理国情、不动产登记等国土资源基础空间数据的支撑。通过"云上贵州"互联网，提供国土资源社会公众服务。

# 二、贵州省"国土资源云"建设内容

贵州省"国土资源云"包括网络环境、服务器集群、云操作管理系统、云平台基础软件四大部分，共同组成云资源池，为国土资源大数据及其应用提供基础设施即服务和平台即服务，以及不断整合到"国土资源云"上的软件即服务。贵州省"国土资源云"组成及建设内容如图 16-5 所示。

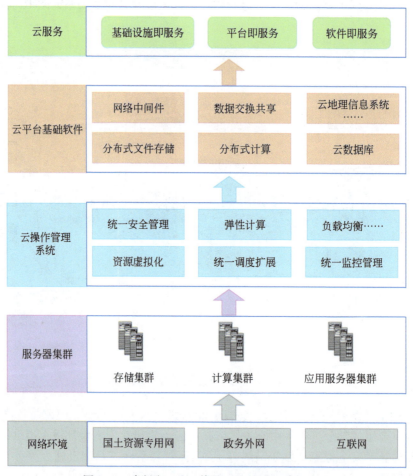

图 16-5 贵州省"国土资源云"组成及建设内容

网络环境：由"云上贵州"提供，包括互联网、政务外网及国土资源专用网。"云上贵州"是全国首个省级政府和企业数据统筹存储、共享开放和开发利用的云服务平台。通过政府数据整合、共享、开放，带动企业、社会数据集聚及开发应用，提升政府治理能力现代化水平，推动产业发展，服务改善民生。"云上贵州"政务外网，根据国家级电子政务外网技术规范进行建设，实现贵州与国家级政务的对接，保障了政务外网业务从国家到贵州省、市、县的纵向贯通；国土资源专用网，依托"云上贵州"第二节点，构建在中国电信云计算贵州信息园机房专有域网络。

服务器集群："云上贵州"系统平台依托贵州省通信运营商 IDC 机房，购置国产服务器、交换机等设备，提供弹性计算集群、开放存储集群、负载均衡集群、关系型数据库集群等。单个平台基本集群可提供 12 万核计算资源、100P 存储资源、500T 内存资源的服务能力。贵州"国土资源云"利用"云上贵州"虚拟化后的服务器集群，进行无缝可扩展的国土资源数据存储、计算分析及系统的运行应用等。"云上贵州"系统采用 Active 与 Standby 双机群的模式实现主从热备秒级的故障切换。

云操作管理系统："云上贵州"采用阿里飞天云操作系统，将各类基础设施通过集群协作的方式虚拟化后进行统一的管理和调配，利用一个通用的云平台提供不同类型的云服务，满足应用系统不同场景的资源需求，为实现数据共享、打通信息孤岛提供了架构上的支撑。阿里飞天云操作系统核心功能包括资源管理、安全管理、远程过程调用和分布式协同服务等构建分布式系统常用的底层服务，构建在底层服务之上的分布式文件系统和任务调度，基于分布式文件系统的弹性计算服务、开放式存储服务、开放结构化数据服务、开放数据处理服务、开放缓存服务、关系型数据库服务等。

云平台基础软件：包括由"云上贵州"系统平台提供的标准 MySQL、SQLserver 数据库服务，分布式文件存储服务，以及分布式并行处理服务等。同时，针对国土资源空间数据体量巨大、要求处理速度快、并发计算要求高等特性，采用主流的 HDFS 分布式文件系统和 Hadoop 分布式计算架构，MapReduce、Hive、Spark 等大数据处理框架，以及 GIS Tools for Hadoop 实现对地理空间大数据的存储和处理。

# 三、贵州省"国土资源云"应用模式

贵州省"国土资源云"采用统一部署、运维、管理和分级应用的模式，根据应用系统的功能定位和涉及数据资源的敏感程度，分别部署在"云上贵州"专域网（国土资源业务网）、电子政务网和互联网上，如图 16-6 所示。

国家"国土资源云"省级中心部署在"云上贵州"国土资源业务网上，为国土资源部、省国土厅直属事业单位、市州、区县国土资源局四级国土资源管理部门提供纵向贯通的国土资源政务办公、行政审批、综合监管服务。统一部署在"云上贵州"国土资源业务网上的业务系统包括国土资源政务办公系统、国土资源"一张图"平台、国土资源空间基础信息平台、不动产和自然资源登记管理系统等。各级国土资源管理部门根据不同的权限，认证登录到业务系统中，开展对应操作权限的业务应用。

贵州省"国土资源云"中心建设在"云上贵州"政务外网中，为贵州省其他政府管理部门提供基础测绘、遥感影像、地理国情等基础地理数据和地质环境与地质灾害数据等，特别是为省公安、民政、财政、税务、工商、金融、审计、统计、扶贫等部门提供不动产登记信息共享服务等。同时，通过"云上贵州"政务外网，共享公安、工商、交通、气象、水文、农业、林业、扶贫、统计等部门提供的人口、法人、道路交通、气候气象、水文水资源、农业农村、林业、贫困与减贫等数据。

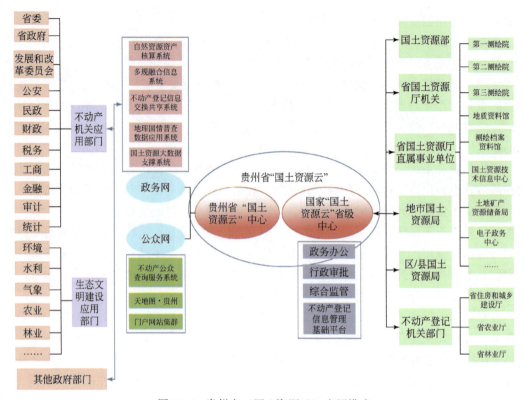

图 16-6　贵州省"国土资源云"应用模式

在"云上贵州"互联网上统一部署国土资源门户网站集群、天地图·贵州平台、不动产公众查询服务系统及国土资源公众服务 APP 等，为社会公众提供国土资源政务公开、地图服务、不动产自然及权属状况依法查询服务等。

# 四、贵州省国土资源云安全体系

依托"云上贵州"和"国土资源专域网"安全防护体系，以及国土资源数据库及其业务系统访问操作控制体系，建立贵州省"国土资源云"安全保障体系，确保国土资源数据和信息系统安全，全面打造贵州省"国土资源云"安全防护能力。

## 1. "云上贵州"安全防护体系

"云上贵州"由阿里云盾提供通用的网络安全防护，包括 DDoS 服务、Web 漏洞检测、网页挂马检测、端口安全检测、异地登录提醒、主机密码暴力破解防御、网站后门检测。

云盾防 DDoS 清洗服务可帮助"国土资源云"抵御各类基于网络层、传输层及应用层的各种 DDoS 攻击，并实时短信通知网站防御状态。云盾防 DDoS 清洗服务由恶意流量检测中心、安全策略调度中心和恶意流量清洗中心组成，依托云计算架构的高弹性和大冗余特点，云盾防 DDoS 清洗服务实现了服务的高稳定与防御的精准性。

### 2. 国土资源业务网安全体系

国土资源业务网上部署的重要信息系统按信息系统等级保护三级要求建设。对重要的国土资源信息系统，在"国土资源云"贵州省级中心重要敏感数据集中存储区存储，参照四级要求进行基于可信计算、强制隔离等防护措施的特别保护，确保省级中心敏感数据的高安全受控访问。建立统一的安全管理中心与授权管理、密钥管理、安全认证与安全监管四个系统组成的安全支撑体系。

### 3. 国土资源数据库和业务系统安全体系

无论是部署在"云上贵州"国土资源业务专网、政务外网，还是互联网上的国土资源数据库和信息系统，全部采用用户身份鉴别和登录权限认证，防止非法用户对数据和系统的破坏。系统应具备完全的操作日志记录，进行历史数据的备份与实时恢复。国土资源在互联网上传输，应进行脱敏处理。采用分布式存储架构时，可采用区块链技术，进行分布式加密和记账认证，确保国土资源数据的安全。

# 第四节　贵州省国土资源大数据中心建设行动

贵州省国土资源大数据中心是全省各类国土资源数据汇总集成和规范化整编的枢纽。大数据中心基于贵州省"国土资源云"，整合集成分散在贵州国土资源省-市州-区县各级管理部门的多源、异构国土资源数据，以及其他政府部门国土资源相关数据，为国土资源现代化治理、行政审批、社会公众及其他政务活动等提供统一的国土资源数据服务。

## 一、贵州省国土资源大数据概念模型

国土资源大数据涉及土地、矿产（包括煤层气、页岩气、浅层地热等非常规能源）、地质环境与地质灾害，以及海岸带与海洋等国土资源要素对象的（贵州省国土资源没有海岸带与海洋要素）所有数据，既包括各类国土资源要素的空间位置、面积、自然类型等自然属性数据，也包括开发利用、保护整治、交易流转、审批管理过程中产生的所有社会属性数据。此外，面向"大扶贫、大生态"战略要求，按照山水林田湖草生命共同体治理的理念，国土资源管理还需要扶贫、生态环境、人口与社会经济发展等方面的数据。

从内容上分，国土资源大数据包括基础地理信息、土地资源管理数据、矿产资源管理数据、地质环境管理数据、不动产与自然资源数据，以及相关的生态环境数据、人口与社会经济数据等；从类型上分，国土资源大数据包括空间数据（矢量、栅格）、非空间属性数据（文本、表格数据）和非结构化多媒体数据（文档、图片、音频、视频数据、社交网络数据等）；从产生方式上分，国土资源大数据包括基础测绘、对地观测、地面调查、统计分析、模拟计算等数据。

国土资源大数据概念模型如图 16-7 所示。国土资源大数据产生应用模式如图 16-8 所示，即面向国土资源管理核心要素：土地、矿产、地质环境与地质灾害等，通过实时监测、地面调查、对地观测等手段，实时掌握其时空分布、权属、质量等级、开发利用、防治保护和审批管理情况，监控土地资源"批、供、用、补、查"，矿产资源"探、采、用、储、查"，地质环境"勘、规、批、采、治"，地质灾害"调、测、防、救"等过程，从而实现国土资源现状实时监测、管理过程全程监控、违法/灾害问题及时处置和发展形势科学判断。

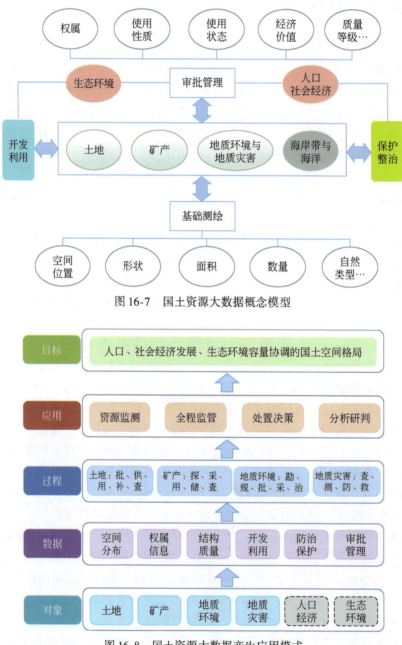

图 16-7　国土资源大数据概念模型

图 16-8　国土资源大数据产生应用模式

# 二、贵州省国土资源大数据内容

## 1. 基础地理信息

基础地理信息是作为统一的空间定位框架和空间分析基础的地理信息，是所有国土资源及其他与地理位置有关的行业数据的空间基础。依据《基础地理信息要素分类与代码（GB/T 13923—2006）》，基础地理信息包括定位基础（测量控制点、数学基础）、水系（河流、湖泊、水库、海洋要素、其他水系要素、水利及附属设施）、居民地及设施（居民地、工矿及其设施、农业及其设施、公共服务及其设施、名胜古迹、宗教设施、科学观测站、其他建筑物及其设施）、交通（铁路、城际公路、城市道路、乡村道路、道路构造物及附属设施、水运设施、航道、空运设施、其他交通设施）、管线（输电线、通信线、油气水输送主管道、城市管线）、境界与政区（国外地区、国家行政区、省级行政区、地级行政区、县级行政区、乡级行政区、其他区域）、地貌（等高线、高程注记点、水域等值线、水下注记点、自然地貌、人工地貌）、植被与土质（农林用地、城市绿地、土质）。此外，基础地理信息还应包括数字正射影像（digital orthophoto map，DOM）、数字高程模型（DEM）及城市街景等数据。

## 2. 土地资源管理数据

土地资源管理主要包括土地利用规划计划管理、建设用地审批管理、土地开发整理管理、土地执法监察等。土地资源管理的基础是地表覆盖类型及土地利用现状，其核心是土地资源管理过程中的"批、供、用、补、查"数据。

根据"地理国情普查数据分类编码"，地表覆盖类型数据包括耕地、园地、林地、草地、房屋建筑、道路、构筑物、人工堆挖掘地、荒漠与裸露地、水域、地理单元数据、地形（高程、坡度、坡向信息）。其中，地理单元除了传统的行政区划，还包括社会经济区域单元（如主体功能区、开发区保税区等）、自然地理单元（如流域、地貌类型单元等），以及城镇综合功能单元（如单位院落、休闲娱乐、景区等）。

土地利用规划计划管理涉及的主要数据包括土地利用现状数据、土地利用规划数据、土地利用规划修编数据、基本农田数据、土地开发整理规划数据、农用土地等级数据、城市土地级别与基准地价数据、年度计划建议指标数据等。

建设用地审批管理涉及的主要数据包括建设项目申请书、土地利用总体规划、农用地转用方案、补充耕地方案、土地征用方案、土地供应方案、预审报告、建设用地勘测报告书和勘测定界图、拟占土地的土地利用现状图、补充耕地位置图、建设项目总平面布置图或者线性工程平面图、可行性研究报告的批复文件或其他立项的批准文件、初步设计批准文件或其他涉及批准文件、压覆矿床评估报告、地质灾害危险性评估报告，以及市县人民政府关于征地补偿合法性、安置途径可行性及妥善安置被征地农民生产、生活保障措施的说明材料等。占用基本农田的，加附补划基本农田位置图；占用林地的建设项目，需附林业主管部门依法审核同意的文件；涉及规划调整的，加附土地利用总体规划局部调整方案；以有偿方式供地的，加附草签的土地使用权出让合同、地价评估有关资料和新增建设用地的土地有偿使用费准备情况的说明等。

土地开发整理管理涉及的主要数据包括土地利用总体规划数据、土地开发整理规划数据、土地利用现状数据、耕地储备数据、土地开发整理项目申报材料、土地开发整理项目建设合同、土地开发整理项目勘测定界数据等。

土地执法监察涉及的主要数据包括土地利用现状数据、土地利用规划数据、建设项目数据、基本农田数据、上访举报数据、土地利用遥感监测数据、执法监察案件数据等。

### 3. 矿产资源管理数据

矿产资源管理数据主要包括：矿产资源规划管理、矿产资源储量登记、矿权管理、矿产资源执法监察等数据。因此，矿产资源管理的核心数据是矿产资源"探、采、用、储、查"全过程的数据。

矿产资源规划管理涉及的主要数据包括：矿产资源规划数据、矿产资源潜力数据、土地开发复垦整理项目数据、基础地质调查数据、探矿权项目数据、矿产资源开发利用数据、采矿权项目数据、矿产资源储量数据、地质灾害数据和矿山地质环境数据等。

矿产资源储量登记涉及的主要数据包括：矿产资源储量报告、勘查许可证或采矿许可证资料、矿床开发的可行性评价资料、矿产资源储量评审认定报告、评审意见书等与评审过程有关的其他资料。

矿业权管理涉及的主要数据包括：①基础数据，包括矿产资源规划数据、基础地理数据、基础地质调查数据、矿产资源储量数据、矿山设计资料（包括范围、矿种、生产规模、服务年限、开采方法、经济论证等方面的资料）、地质环境数据、项目档案数据、国家规划区域数据、行政区划数据、基础地理数据、矿种代码数据等；②管理过程数据，包括划定区块数据、项目受理数据、项目登记数据、变更数据、项目完成数据、项目档案数据、年检数据、矿权使用费数据、矿权人数据、矿权延续数据、矿权注销登记数据、矿权变更登记数据、矿权转让数据、项目处罚数据、发文记录数据等。

矿产资源执法监察涉及的主要数据包括：基础性的矿产资源法律法规数据、矿产资源规划数据，以及业务过程数据，即受理单位、信访人和单位、涉案人和单位的名称（姓名）、法人代表、地址、联系方式、违法案件来信来访记录、询问记录、听证记录、案件讨论记录、调查报告、处理结果、案件通报公告、案件会审单等表单和文档信息。

### 4. 地质环境管理数据

地质环境管理主要数据包括：地质环境监测、地质环境资源规划管理、地质灾害预警管理、地质环境执法监察等方面的数据。因此，地质环境管理数据的核心是地质环境"勘、规、批、采、治"，地质灾害"调、测、防、救"等过程的数据资源。

地质环境监测数据主要包括：地下水资源数据、地热资源数据、矿泉水资源数据、地质遗址数据、地质灾害数据等。

地质环境资源规划管理涉及的数据主要包括：基础地质数据、地质环境脆弱性数据、地下水资源数据、地热资源数据、矿泉水资源数据、地质遗址信息数据、地质环境资源利用现状数据以及人口与社会经济数据等。

地质灾害预警管理涉及的主要数据包括：地质灾害历史数据、地质灾害位移监测数据、地质环境空间数据、全区基础地理数据、全区人口、村镇等建筑物分布数据、地质灾害频发地带环境数据、气象部门实时数据、地质灾害防治"明白卡"数据等。

地质环境执法监察涉及的主要数据包括：受理单位、信访人和单位、涉案人和单位的名称（姓名）、法人代表、地址、联系方式、违法案件来信来访记录、询问记录、听证记录、案件讨论记录、调查报告、处理结果、案件通报公告、案件会审单等表单和文档信息。

### 5. 不动产与自然资源管理数据

不动产与自然资源管理数据以不动产（自然资源）单元（客体）为基本单位进行登记，通过登记业务将权利人（主体）对不动产（自然资源）单元拥有的权利记载在登记簿上。因此，不动产与自然资源管理数据主要包括：不动产（自然资源）登记单元、权利人、权利和登记业务四大类数据，其概念模型如图 16-9 所示。

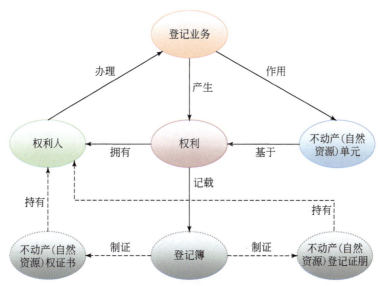

图 16-9　不动产与自然资源数据概念模型

实线表示核心概念及关系，虚线表示关联概念及其关系

不动产登记的实质就是以不动产单元为基础、以权利为纽带，权利人通过登记业务办理，将其拥有的合法权利关联到不动产单元上，并记载在登记簿中，通过持有"不动产权证书"和"不动产登记证明"体现。不动产单元是权属界线封闭、具有独立使用价值及唯一编码的空间，是不动产登记的最小单位，主要通过不动产权籍调查产生。不动产单元作为不动产登记客体承载着不动产权利，通过不动产权利与不动产权利人关联。权利包括

所有权、用益物权、担保物权和法定事项等 21 种具体权利，每种权利关联到一个不动产登记单元上。每个权利可包含一个或多个权利人。所有权利均通过登记、变更或注销等登记业务产生。一次登记可以产生多个权利。不动产权利人是不动产权利主体，是享有不动产所有权、用益物权、担保物权、法定事项和权利的作为或不作为者。不动产权利人可以是自然人、法人和社会组织。一个不动产权利人可以拥有一个或多个不动产权利，每个不动产权利与一个不动产单元关联。

依据国土资源部《不动产登记数据库标准》，不动产登记数据包括两大类数据：一是基础地理数据，二是不动产登记业务数据。

基础地理数据包括：各级行政区、界线及注记；地籍区及子区空间数据；各种中高分辨率的数字航空、航天遥感正射影像，以及栅格地图等。基础地理数据构成了不动产登记的空间基础框架。

不动产登记业务数据：登记业务从不动产登记类型和登记程序方面进行阐述，申请人通过不同的登记类型申请进行权利登记和变更，并通过受理、审核和登簿程序进行办理。

不动产登记业务包括变更登记、抵押登记、更正登记、首次登记、异议登记、预告登记、注销登记和转移登记等。每类登记业务主要按照申请受理、审核（初审、复审、核定）、登簿、缮证、收费、发证和归档的流程进行。因此，不动产登记业务数据就是各类登记业务在每个处理环节中产生的所有数据。

自然资源统一确权登记是深化生态文明制度改革、建设美丽中国、落实新发展理念的一项重要举措，是在不动产统一登记的基础上，以土地利用现状调查成果为底图，结合各类自然资源普查或调查成果，通过实地调查，对水流、森林、山岭、草原、荒地、滩涂及探明储量的矿产资源等自然资源的所有权统一进行确权登记，形成归属清晰、权责明确、监管有效的自然资源资产产权制度，支撑自然资源有效监管和严格保护。

自然资源确权对象包括国家公园、自然保护区、水流、森林、山岭、草原、荒地、滩涂及探明储量的矿产资源等，其数据内容主要包括自然资源的坐落、空间范围、面积、类型及数量、质量等自然状况；自然资源所有权主体、代表行使主体及代表行使的权利内容等权属状况；自然资源用途管制、生态保护红线、公共管制及特殊保护要求等限制情况。

# 三、贵州省国土资源大数据整合集成模式

根据数据资源不同的采集获取方式、存储管理模式及更新周期和频率，国土资源大数据主要采用以下四种方式进行整合集成。

## 1. 规范整合、批量集成模式

该模式适用于更新周期长，按照统一标准进行分区域、分幅采集获取、加工生产的基础性国土资源数据，如基础测绘、地理国情普查数据、国土资源第二次土地调查数据、土地利用遥感动态监测数据、基础地质和水文地质调查数据、不动产确权调查数据等。

该模式首先依据已有的管理办法和统一的技术标准，接收（或收集）各部门、各单位

提交的基础性国土资源数据；其次对分区域或分幅提交的数据资源进行完整性和规范化检查，进行数据的接边归并、冗余剔除、一致性处理、语义消歧和信息补录等整合处理；最后建立全省统一的国土资源数据库。

### 2. 业务联动、实时同步模式

该模式适用于通过业务管理系统产生，更新频繁的国土资源业务和行政审批数据，如国土政务办公数据、建设项目审批数据、不动产登记交易数据、土地执法监察数据等。

通过与业务管理系统的对接，实现业务数据向大数据中心的实时同步集成。例如，通过不动产登记管理系统的互操作接口，完成不动产登记、审批、交易数据向大数据中心的实时同步。该模式首先通过互操作接口，按照权限将业务系统的业务数据同步到大数据中心；其次将业务数据与地理空间数据进行关联，形成空间和业务数据的一体化整合与关联。

### 3. 定期汇交、交换共享模式

该模式适用于市州、区县国土资源管理部门数据，以及其他政府部门数据的集成，如农业部门的农村土地承包经营权确权数据的交换共享。

市州、区县国土资源管理部门按照汇交要求，采用在线或离线的方式，定期提交国土资源数据；省厅国土资源管理部门对提交的数据资源进行审核，确定符合标准后集成到国土资源大数据中心。国土资源部要求的数据，省厅也通过在线或离线的方式，定期将数据提交到国土资源部。国土资源厅与相关政府部门，通过约定的数据交换接口，定期进行跨部门的数据交换。

### 4. 统一接入、服务聚合模式

该模式适用于通过软件平台进行国家、省、市州、区县数据资源的统一接入，以及以服务的形式进行跨部门数据资源的聚合。例如，将不动产登记平台分别接入国家级平台和"云上贵州"系统平台，通过统一的数据服务接口，以推送的方式，实时将规定的贵州省不动产登记信息汇交到国家级平台和"云上贵州"，实现国家级平台中贵州不动产登记信息和"云上贵州"中不动产登记信息的同步更新和持续积累。在"一张图"平台上，通过标准的开放地理空间信息联盟（Open Geospatial Consortium，OGC）地理信息服务规范，进行基础测绘、基础地质、水文地质等空间数据的聚合。

## 四、贵州省国土资源大数据中心建设

根据国土资源大数据概念模型与分类内容，结合贵州省"大扶贫、大生态"战略，贵州国土资源大数据包括基础地理、土地管理（地政）、矿产能源管理（矿政）、地质环境与地质灾害防治、不动产与自然资源登记、国土资源扶贫，以及元数据目录库七大数据库（图16-10）。

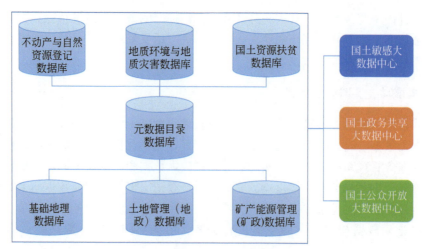

图 16-10　贵州省国土资源数据库构成

基础地理数据库主要包括地形地貌、高程模型、遥感影像、地表覆盖、地理国情要素等数据。

土地管理数据库主要包括土地利用规划（修编）、土地利用现状、耕地、基本农田、建设用地、耕地占补平衡、城乡建设用地增减挂钩、城市土地级别与基准地价、农用土地等级、土地开发整理、土地执法监察等土地"批、征、供、用、补、查"数据。

矿产能源管理数据库主要包括矿产资源和非常能源（页岩气、煤层气、浅层地热能等）规划、勘查、储量登记、开采、潜力分析、执法监察等矿产能源"探、采、用、储、查"等过程的数据。

地质环境与地质灾害数据库主要包括基础地质、水文地质、地下水、地质遗迹、矿山环境、地质灾害（泥石流、崩塌、滑坡等）调查监测、地质灾害防治等数据。

不动产与自然资源登记数据库主要包括集体土地所有权、建设用地使用权、宅基地使用权、房屋所有权、土地承包经营权等不动产确权登记，以及水流、森林、山岭、草原、荒地、滩涂等自然资源确权登记、交易、审批数据等。

国土资源扶贫数据库主要包括贫困人口、致贫因子、社会经济、生态红线、脆弱生态系统、环境容量，以及地质灾害易地搬迁等数据。

元数据目录库主要存储上述数据资源的元数据，便于数据的索引查找和交换共享，主要包括数据标识、名称、主要内容、时空范围、数学基准、共享方式、更新频率、数据质量及数据责任人等信息。

上述数据依据数据敏感和开放程度，分别存储在国土资源敏感大数据中心、政务共享大数据中心和公众开放大数据中心。

国土资源敏感大数据中心部署在"云上贵州"国土专用域上，存储国土资源全要素、全过程、高精度的基础地理、土地管理、矿产能源管理、地质环境与地质灾害、不动产与自然资源登记数据等。敏感大数据中心与政务共享大数据中心、公众开放大数据中心物理隔离，通过离线拷贝并进行脱敏处理后供政务共享大数据中心和公众开放大数据中心使用。

国土资源政务共享大数据中心部署在"云上贵州"政务外网上,存储可与公安、住建、农业、林业、环保、水利、工商、统计等部门共享交换的数据资源,为其他政府部分提供地理空间框架基础数据。

国土资源公众开放大数据中心部署在"云上贵州"互联网环境,为社会公众提供政务服务目录、办事指南,以及国土资源元数据目录和可依法公开的数据资源。例如,权利人和利害人可依法申请查询不动产单元权利人信息、不动产单元法定事项信息、权利人权利信息等。

# 第五节 贵州省国土资源大数据平台建设行动

## 一、贵州省国土资源大数据平台总体架构

贵州省国土资源大数据平台是国土资源大数据集成管理、交换共享与应用分析的基础支撑工具。平台依托贵州"国土资源云",基于大数据中心,由国土资源大数据集成管理、国土资源大数据政务交换服务、国土空间基础信息服务和国土资源大数据社会开放服务四大子平台组成,其总体架构如图 16-11 所示。

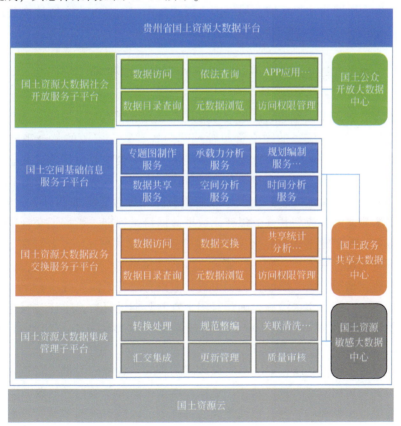

图 16-11 贵州省国土资源大数据平台总体架构

国土资源大数据集成管理子平台基于"云上贵州"国土资源业务专网，横向上实现基础测绘（遥感）、土地、矿产、地质环境、不动产与自然资源管理等不同国土资源管理部门，纵向上实现国家、省、市州、区县不同级别国土资源部门之间数据的汇交集成与质量审核，在统一空间基准上，实现数据的转换处理、更新管理与规范整编、关联清洗，保障国土资源敏感大数据中心的更新，实现国土部门数据的大数据汇总分析。

国土资源大数据政务交换服务子平台基于"云上贵州"政务外网，主要实现国土资源管理部门与发展和改革委员会、环保、住建、交通、水利、农业、林业、统计等政务部门之间数据的交换共享，提供数据目录查询、元数据浏览、访问权限管理、数据访问交换、数据共享统计分析等功能，保障国土政务共享大数据中心的更新，为上述部门提供国土资源基础数据和功能服务。

国土资源空间基础信息服务子平台基于国土资源业务专网，利用国土资源敏感大数据中心和政务共享大数据中心的数据，提供基础的国土资源空间格局分析、时间序列分析、专题图制作等功能，为资源环境承载力计算、国土空间规划编制、行政审批、空间开发利用监测监管、空间决策分析等工作提供统一的空间数据和功能服务。

国土资源大数据社会开放服务子平台基于"云上贵州"互联网，利用国土公众开放大数据中心的数据资源，为社会公众提供国土资源开放数据的实时查询与共享，接受国土敏感数据的依法查询申请与结果反馈，提供国土资源数据应用 APP，支持社会公众二次开发与创新应用。

## 二、贵州省国土资源大数据集成管理子平台

国土资源大数据集成管理子平台是"一张图"系统的升级版，主要是基于"一张图"实现横向跨部门、纵向跨层级的国土资源管理部门各类数据资源的整合集成与规范化整编，实现全省国土资源数据的集中管理与更新维护。子平台主要包括集成共享、一张图浏览、质量审核、更新管理、规范化整编及统计分析等模块，其功能体系如图 16-12 所示。

集成共享模块：以紧耦合的汇交入库和松耦合的服务注册集成两种方式，实现各级、各部门国土资源数据的集成与共享，包括元数据数据目录管理、数据汇交管理、数据入库管理、数据服务（特别是地理信息服务）集成管理、数据共享权限配置管理等功能。

一张图浏览模块：基于"一张图"平台，实现空间数据的浏览与查询，包括图层列表控制、图层加载、地图浏览、属性查询和可视化渲染与专题图制作等功能。

质量审核模块：基于质量检查规则，对国土资源数据进行质量审核与修复，包括质量规则设置、质量检查、质量报告生成、数据质量修复（空间拓扑、属性数据修复）等功能。

更新管理模块：依据更新权限，对集成入库的各级、各部门数据进行更新，保持数据的现势性，包括更新权限管理，以及全部更新、增量更新和单条记录的数据编辑等功能。

规范化整编：在各部门、各级集成数据的基础上，以国土资源要素为核心，开展数据的规范化整编，进一步提升数据资源的价值，包括属性数据空间化、时空序列归并、数据

图 16-12　贵州省国土资源大数据集成管理子平台功能体系

融合和数据关联等功能。

统计分析模块：从数据资源量、数据类型、数据责任单位、共享方式、共享交换量等角度对国土资源数据进行统计分析。

## 三、贵州省国土资源大数据政务交换服务子平台

国土资源大数据政务交换服务子平台主要实现基于"云上贵州"的国土资源相关数据的"聚通用"，为国土资源管理部门与发展和改革委员会、环保、住建、交通、水利、农业、林业、统计等政务部门之间的数据交换共享提供支撑平台。子平台主要包括数据目录管理、数据查询浏览、共享申请审核、数据交换共享、共享统计分析、典型应用管理等模块，其功能体系如图 16-13 所示。

数据目录管理模块：对要通过子平台共享交换的国土资源相关的政务部门数据目录进行管理，包括新增、删除、修改数据目录，对数据的交换共享权限进行管理，对各部门共享的数据目录情况进行统计分析等。

数据查询浏览模块：提供元数据查询，元数据详细信息浏览，以及数据资源的在线浏览与二次查询等功能。

共享申请审核模块：不具备数据共享权限时，数据需求方可通过平台提出数据共享申请。数据提供方或管理方可以对申请进行审核，审核通过后，发送数据共享信息，否则提供不共享的理由。

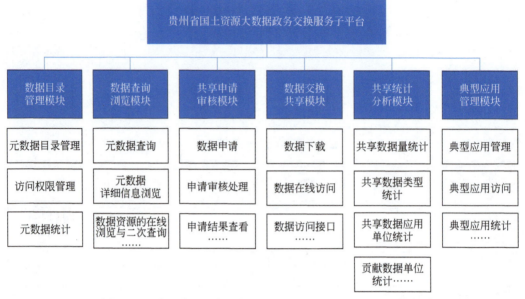

图 16-13　贵州省国土资源大数据政务交换服务子平台功能体系

数据交换共享模块：依据访问权限，提供数据下载、数据在线访问，以及数据互操作接口等数据共享模式，为国土资源管理部门与其他部门数据的聚通用奠定基础。

共享统计分析模块：对国土资源部门为其他政务部门提供共享的数据资源，以及其他政务部门为国土资源部门提供的数据共享服务进行共享数据量、共享数据类型、共享数据应用单位和贡献数据单位等的统计分析。

典型应用管理模块：对基于国土资源数据构建的典型应用进行管理，包括典型应用管理（添加、删除、编辑），典型应用访问，以及典型应用统计等。

# 四、贵州省国土空间基础信息服务子平台

依据国土资源部《国土空间基础信息平台建设总体方案》，建设贵州省国土空间基础信息服务子平台，为国土资源空间规划与管控，提供基础数据和功能服务。子平台主要包括一张图浏览、空间分析、时间分析、图表制作、规划审批分析、资源环境承载力评价等模块，其功能体系如图 16-14 所示。

空间分析模块：通过基础的叠加分析、缓冲区分析、连通性（穿越）分析、空间格局（构成）分析、距离/面积/表面积量算，为规划审批等提供基础的空间分析功能。

时间分析模块：对国土资源要素进行单要素时序变化分析、单要素不同区域同期对比分析、同区域多期对比分析、多要素时序变化分析，以及基于数据模型随时间变化的趋势预测等。

图表制作模块：提供专题地图、统计图及统计报表定制的功能，实现地图、统计图和报表数据的联动变化等。

图 16-14 贵州省国土空间基础信息服务子平台功能体系

规划审批分析模块：为国土规划及审批监管提供规划审查分析、地类占用、基本农田占用审查、地质灾害风险评估、生态环境分析等功能。

资源环境承载力评价模块：能够对资源环境承载力评价指标体系进行管理，进行指标数据标准化处理，资源环境分级评价和综合评价，影响因子回溯分析及情景模拟等。

## 五、贵州省国土资源大数据社会开放子平台

国土资源大数据社会开放子平台主要面向企事业单位、科研院所、社会公众，实现基于互联网的脱密、脱敏国土空间相关数据服务，为各类国土资源政务公开应用提供基础支撑平台，支持国土资源开放数据的二次开发与增值服务。子平台包括：数据查询浏览、在线数据访问、依法查询申请、APP 应用商店、统计分析等模块，其功能体系如图 16-15 所示。

数据查询浏览模块：提供国土资源开放数据目录，可以进行数据目录导航、元数据查询，以及元数据详细信息浏览。

在线数据访问模块：社会公众登录认证后，可以依据国土资源开放数据共享规定，对国土资源开放数据进行在线浏览与下载等。

依法查询申请模块：对涉及权利人及相关人利益的非公开国土资源数据，如不动产登记信息，权利人和相关利益人可以依法提出查询申请，经审核后，向申请人提供数据。

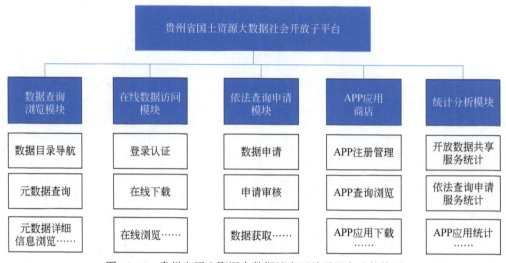

图 16-15　贵州省国土资源大数据社会开放子平台功能体系

APP 应用商店模块：为了促进国土资源空间数据的开发应用，提供 APP 应用商店。国土资源管理部门及应用服务商，可以注册国土资源应用 APP，对其发布的 APP 应用进行使用收费和更新管理等；其他企业和社会公众可以查询和下载应用国土资源应用 APP。

统计分析模块：对国土资源面向社会开放的数据资源，依法查询申请服务，以及 APP 应用服务的情况进行统计分析。

# 第六节　贵州省国土资源大数据应用发展行动

基于国土资源大数据，着力发挥国土资源数据在政府管理中的作用，推动数据在政府各部门的互联互通、分建共享，支撑"人在干、天在看、云在算"的贵州省国土资源管理新格局；推进数据目录及公共数据资源向社会、企业、公众的开放共享，让"数据多跑路，人民群众少跑腿"，让全面、系统、权威的国土资源数据服务于广大民生，服务于各领域各产业。

## 一、贵州省国土资源空间规划服务

基于国土资源大数据中心及国土空间基础信息服务子平台，为各类与国土空间相关的规划、管理和决策服务。

一是土地利用大数据分析。运用大数据、云计算技术，充分利用二次调查及年度变更调查成果基础数据，有目的地进行空间统计、汇总和分析，发现土地利用现状的数量、结构、强度等的空间分布规律，为进一步开展潜力分析和评价提供定性、定量的基础和依据。综合土地利用现状和城市规划、土地利用总体规划、社会经济、人口、环境等数据，考虑经济容积率、城市规划强制因子和规划调整等因素，从结构的合理性考虑空间和数量结构的调整，从强度的合理性考虑纵向潜力的拓展，从未利用土地和城市规划要求考虑横向潜力拓展，特别是对批而未供、可利用未利用地的动态分析，进而得出土地的综合潜力，为进一步开展潜力分析和评价提供定性、定量的基础和依据。

二是国土空间适宜性评价。利用国土空间基础信息服务子平台，选取土地资源、矿产资源、地质环境、水资源、生态环境、大气环境等要素，开展单要素资源环境承载力评价和综合评价，明确贵州省国土空间开发的资源环境短板。在此基础上，结合影响国土空间开发的区位、人口、交通、产业和经济等因素，对省域空间建设开发适宜性进行评价，明确不同空间适宜性等级，为国土空间划分和格局确定提供基础依据。

三是"多规"融合大数据分析。在国土空间适宜性评价的基础上，以国土资源"一张图"为底盘，对区域内国土资源开发、利用、保护及整治等情况进行科学分析，梳理区域内国土空间开发利用的问题，统筹主体功能区规划、土地利用总体规划、城乡总体规划、生态功能区划、粮食生产功能区、林地保护利用总体规划等相关规划，推进全省、各市县"多规融合"，形成一个市县一个规划、一张蓝图，构建功能互补、相互衔接、协调一致的空间规划体系，协调空间矛盾冲突，为规划目标的确定、战略格局的明确，三大空间的划分等国土规划的编制提供辅助分析决策。

## 二、贵州省国土资源监测监管服务

国土资源监测监管是确保国土资源合理利用的重要措施和手段。利用大数据技术开展贵州省国土资源监测监管，是落实国土资源部安排，全面提升贵州省国土资源现代治理能力的必然要求。

一是国土资源综合监管体系的建立。首先，利用国土资源大数据，建立完整的主动和被动模式相结合的国土资源违法线索发现、分析技术体系。其次，采用基于土地利用数据，分类建模的遥感土地利用变化信息自动提取方法，提高基于遥感监测的国土资源违法自动发现精度。最后，建立基于语义推理的国土资源违法事件网络舆情信息挖掘与甄别技术，实现国土资源网络违法事件的精准发现。有效地提高全省国土资源监测监管水平和效率，改变贵州省国土资源管理重审批轻监管的状况。

二是利用国土大数据建造"制度铁笼"。首先，建立基于大数据的"制度铁笼"。基于国土资源大数据中心，利用全省各级部门的土地、矿产、测绘、地灾、执法等数据，构建国土资源数据"制度铁笼"；其次，建立"用数据说话，用数据决策，用数据管理，用数据创新"的新机制。用大数据管好公共资源、公共资金、公共权力、公职人员，用大数据创新管理国土资源、资产。特别是对全省国土资源各级领导干部的工作状况、效率高低进行实时的管理，进一步规范权力行使，强化管理措施，促进工作人员廉洁高效。

## 三、贵州省地质灾害应急预警服务

基于国土资源大数据中心和基础支撑平台，建立智能化地质环境与地质灾害分析预警系统，全面提升地质环境与地质灾害防治信息的分析与预警、决策与处置能力和信息服务水平。

一是构建智能化地质环境与地质灾害分析预警系统。基于物联网和大数据技术，建立智能化地质灾害、地下水、地面沉降、矿山地质环境、地质遗迹等调查、监测数据采集、信息分析与预警系统。开展重大地质灾害快速识别、监测预警、应急处置等关键技术研发，实现重大灾害关键部位专业监测与群测群防监测数据实时自动处理和预警分析。

二是开展地质环境与地质灾害防治信息综合分析与服务。运用大数据分析方法，开展地质环境与地质灾害防治信息综合分析和研究，提供及时、全面、准确的区域地质环境与地质灾害防治总体状况信息，为地质环境与地质灾害防治综合评价分析、地质环境与地质灾害防治管理、防治与应急指挥等各项工作提供有效的系列产品和信息服务。

# 四、贵州省国土资源行业应用服务

基于国土资源大数据和基础服务平台，推进国土空间数据+大扶贫、大生态、大旅游、大健康、大农业等行业应用，实现基于国土空间"一张图"的行业融合应用。

一是国土大数据+大扶贫。在国土资源大数据的基础上，实时、精准地叠加扶贫信息，形成贵州省国土资源精准扶贫作战图，建立贵州省精准扶贫作战系统，实现国土资源扶贫挂图作战。在政策帮扶、农村土地整理、基础设施建设、资源开发利用、产业培育等方面实施全方位帮扶工作。

二是国土大数据+大生态。大生态战略，是继大扶贫、大数据之后，贵州省提出的第三大战略行动。大生态就是要把"绿色+"融入经济社会发展各方面，发展绿色经济、打造绿色家园、构建绿色制度、筑牢绿色屏障、培育绿色文化，让绿色红利惠及人民。基于国土资源大数据，叠加生态保护红线，准确识别环境敏感区：特殊保护地区（如饮用水水源保护区、水土流失重点防治区等）、生态敏感与脆弱区（如沙尘暴源区、荒漠中的绿洲等）、社会关注区（如人口密集区、文教区等），以及缓冲区域，统筹推进山水林田湖综合治理，全面实施新一轮退耕还林还草、石漠化综合治理、矿山地质环境恢复治理等生态工程。

三是国土大数据+大旅游。基于国土空间大数据，在全省旅游资源大普查的基础上，进一步对旅游资源进行分级、分类，准确摸清全省旅游资源的空间分布、类型、品位质量；结合人口、交通等数据，进行旅游景点、景区和线路的空间规划，以及基于三维地理信息系统和虚拟现实的旅游景区展示与互动式体验，大力推进贵州国家公园省全域旅游的大发展。

四是国土大数据+大健康。大健康涵盖医药种植、养殖、药品研制、保健食品、健康旅游、健康服务等多个领域。作为未来重点发展的产业，贵州省重点发展中医药种植、药品研制、医疗企业制造，大力发展以养为支撑的保健养生产业，重点发展休闲养生、健康养生、温泉养生等四大产业，推动大健康与文化旅游深度融合等。因此，基于国土大数据，结合生态环境、土壤等数据，可以进一步优化医药种植、养殖，休闲养生、健康养生、温泉养生基地的空间布局规划，以及集约用地，开展用地监管等。

五是国土大数据+大农业。贵州省正在大力推进现代山地特色高效农业的发展，通过农业供给侧结构性改革、农产品"泉涌"和农村"三变改革"（资源变资产、资金变股金、农民变股东）等，优化农业产业布局、推动黔货出山、激活农村活力。近期通过重点发展食用菌、茶叶、蔬菜、生态家禽、中药材五大特色优势产业，打造"一县一业"，发展龙头企业和农民合作社等，全面推进农业产业扶贫。因此，基于国土资源大数据，持续开展贵州全省耕地数量监测和土壤质量调查，进行规模化种植和养殖基地监测，准确摸清农业生产基础条件；开展基于"一张图"的全省农业园区、"三品一标"、农资/农产品流通空间可视监管，农业物联网及其质量追溯等应用。

# 五、贵州省国土资源社会服务与产业发展

基于国土资源大数据中心和社会开放子平台，向社会公众开放国土资源大数据，提升社会公众利用国土资源数据的水平和效率，鼓励社会力量开发各类国土资源信息产品并提供服务，国土资源大数据产业新业态初步形成。

一是高精度导航定位服务与产业发展。我国北斗卫星导航系统目前已在亚太地区实现定位服务能力，到2020年北斗可实现定位服务全球覆盖。基于国土资源大数据中心和平台，利用北斗导航系统，将北斗大数据产业运用于现代工业、现代农业、现代商业领域，为企业创新和公众生活等提供精确的位置服务，满足交通出行、餐饮、旅游、快递、购物、儿童老人监护等对高精度导航定位的需求，提升北斗大数据产业价值及应用范围。

二是建设国土资源大数据遥感监测产业基地。加快民用无人机设计组装、航摄雷达等多任务载荷集成、应用推广等产业链发展，实现技术开发与市场营运的直接联盟，搭建具有快速、高效、机动等优势的"天地一体化"的多源航空航天遥感影像资料快速获取及处理体系，以满足应急事件快速响应对装备、成果应用的要求，全面提升测绘应急保障能力及地理信息大数据获取能力。积极促进"产、学、研"联合创新发展，提升航空摄影服务战略水平。

三是开展时空信息大数据产业链构建。加强与大数据产业、信息化产业、地理信息产业核心企业的交流合作。利用国土资源大数据，对外提供多时间分辨率、多空间分辨率的地理信息大数据服务。为企业提供基于空间位置、时间跨度的地理空间数据服务和国土资源应用APP等，激发企业对国土资源数据的二次开发与创新应用，构建基于时空信息的大数据产业链及服务新业态。

四是不动产查询服务。基于国土资源大数据中心，构建不动产统一登记平台，建立查询服务（增值服务），按照安全和保护公民隐私的原则，向权利人（当事人）提供准确的实时的不动产资产、权益数据查询服务。社会公众可依程序、依权限对自身资料进行查询。

五是国土资源大数据产品服务。面向经济发展和社会公众的应用需求，开展土地基础数据、数字地质图件、地质环境与地质灾害调查、监测与预警等方面的标准化、普适化产

品制作，形成多样化的各类公众版信息产品，以网站、报告、数据集、APP 等多种形式为社会提供服务，满足广大公众对国土资源信息的需求。积极规范和引导各类市场主体、行业组织等社会力量广泛参与国土资源数据的开发利用，鼓励社会力量设计制作增长性、公益性、创新性信息产品，开展数据增值服务。激发创新创业活力，促进国土资源数据开发服务产业链的逐步形成。

# 第十七章　贵州省国土资源大生态战略行动

## 第一节　贵州省国土资源大生态战略的背景与挑战

### 一、贵州省国土资源大生态战略的背景

#### 1. 国际背景

在漫长的历史长河中，人类不断认识与调整着与自然界的相处方式。在原始文明时期，人类的物质生产活动主要依靠简单的采集渔猎，人与自然维持着朴素原始的共生关系，但生产力低下。到了农业文明阶段，铁器的出现使人类改变自然界的能力有了质的飞跃，局部地区出现了人口增长超过资源承载能力的情况，但整体上人与自然维持着相对平衡的状态。到了 18 世纪，英国工业革命开启了工业文明时代，人类利用与改造自然界的能力空前提升，不过在创造巨大物质财富的同时，也对自然环境造成了严重破坏，出现了自然资源快速耗竭、生态系统急剧退化、环境污染加剧等生态环境问题，并引发了人类对生存与发展方式的深刻反思。从 20 世纪 60 年代《寂静的春天》的发表到罗马俱乐部对未来发展情景的预测，从 70 年代联合国人类环境大会的召开到 80 年代《世界自然保护战略》（WCS）的提出，从以民间学术组织为主的国际生物学计划（international biological programme，IBP）到政府间的人与生物圈计划（man and the biosphere programme，MAB）积极推动，以及从 90 年代以《21 世纪议程》为标志的联合国环境与发展大会到 2002 年在约翰内斯堡举行的可持续发展全球峰会的回顾与前瞻，我们都可以看到清楚看到这些深刻反思的变化轨迹。

1987 年联合国世界与环境发展委员会发表了《我们共同的未来》，正式提出可持续发展概念。尤其是 1992 年在巴西里约热内卢举行的联合国环境与发展大会，来自世界 178 个国家和地区的领导人通过了《21 世纪议程》《联合国气候变化框架公约》等一系列文件，明确把发展与环境密切联系在一起，使可持续发展成为全球的行动（蒙吉军，2005）。但是，可持续发展的思想多是在发达国家中得到实践和探索。发达国家已通过两次工业革命获得了经济上的优势，同时对自然资源的占有和消费达到了奢侈的境地；而对发展中国家而言，实现自身社会经济快速发展和居民生活水平的提高成为首要任务，但是是否继续依靠一方面大量占有和奢侈消费自然资源、一方面大量排放污染的发展模式成为国际热点。

## 2. 国家背景

我国文明历史源远流长。5000 年前，伟大的中华民族就进入了农业文明时代，天人合一的农耕文化和勤劳睿智的劳动人民创造了农业文明的最高成就。中华人民共和国成立后，尤其是改革开放 40 余年，我国快速实现了工业化，取得世界上工业化国家 300 年才能实现的成就。不过必须承认，我国工业化快速进程也带来了一系列严重的生态环境问题和挑战，如何实现人与自然和谐相处成为党和国家思考的重点。1995 年 9 月，党的十四届五中全会将可持续发展战略纳入"九五"计划和 2010 年中长期国民经济和社会发展计划，并明确提出把社会全面发展放在重要战略地位，实现经济与社会相互协调和可持续发展。十六届三中全会在总结以往经验的基础上又提出了包括统筹人与自然和谐发展的科学发展观，使我们对生态文明的认识又上升到一个新的高度。2012 年党的十八大制定了"大力推进生态文明建设"战略，把生态文明建设纳入我国社会主义建设的"五位一体"总布局，并融入和贯穿在经济建设、政治建设、文化建设和社会建设的各方面和全过程，确立了生态文明建设在中国特色社会主义事业"五位一体"总布局中突出重要的基础地位，奠定了实现中华民族永续发展的生态文明理念基础。

生态文明是以人与自然、人与人、人与社会和谐共生、良性循环、全面发展、持续繁荣为基本宗旨的新的社会形态，是人类文明的一种新的高级形式。生态文明也是党对新形势下社会主义市场经济规律和全面建设小康社会奋斗目标在认识上不断深化的结果，与科学发展观、建设和谐社会理念相一致。2015 年 4 月，中共中央、国务院颁布《关于加快推进生态文明建设的意见》，对加快推进我国生态文明建设提出了系统规划和具体要求。同年 9 月，审议通过了《生态文明体制改革总体方案》，将生态文明体制改革作为全面深化改革的重要一环，完成了生态文明领域改革的顶层设计，并要求树立"山水林田湖是一个生命共同体""绿水青山就是金山银山"等六大理念，开展生态文明建设实践。而党的十九大报告指出，"我们要建设的现代化是人与自然和谐共生的现代化，既要创造更多物质财富和精神财富以满足人民日益增长的美好生活需要，也要提供更多优质生态产品以满足人民日益增长的优美生态环境需要"，因此，"建设生态文明是中华民族永续发展的千年大计"。

## 3. 贵州省背景

习近平总书记一直高度关注贵州省生态文明建设，并做出了一系列重要指示。2013 年 7 月，习近平总书记在致生态文明贵阳国际论坛年会贺信中指出，走向生态文明新时代，建设美丽中国，是实现中华民族伟大复兴的中国梦的重要内容。同年 11 月，习近平总书记在听取贵州工作汇报时要求贵州省守住发展和生态两条底线。2014 年全国"两会"期间，习近平总书记参加贵州代表团审议时要求贵州省坚持以生态文明的理念引领经济社会发展，切实做到经济效益、社会效益、生态效益同步提升，使青山常在、碧水长流，实现百姓富、生态美的有机统一。2015 年 6 月，习近平总书记在考察指导贵州工作时指出，良好生态环境是人民美好生活的重要组成部分，也是贵州省发展要实现的重要目标；希望贵州省要守住发展和生态两条底线，走出一条有别于东部、不同于西部其他省份的发展新路；同时要求贵州省把生态环境保护放在更加重要的位置，在生态文明建设体制机制改革方面先行先试，把提出的行动计划扎扎实实落在行动上。

习近平总书记的一系列重要指示，是对贵州省改革发展的莫大关心和殷切希望，是加快推进贵州省生态文明建设的强大动力、理论指导和行动指南。在党中央、国务院的亲切关怀下，2014 年 6 月国家批复了《贵州省生态文明先行示范区建设实施方案》，要求贵州省加快推进生态文明先行示范区建设，树立先进典型，发挥引领作用，大胆实践、先行先试，探索可复制可推广的有效模式。近年来，贵州省委、省政府认真贯彻落实习近平总书记系列重要讲话精神和中央的决策部署，加快生态文明体制机制改革，推动贵州省生态文明建设取得了重大进展和明显成效。2015 年 11 月，贵州省印发《生态文明体制改革实施方案》，努力在生态文明体制改革中走前列探新路。2016 年 8 月，贵州省入选国家生态文明试验区，并于 2017 年 10 月发布了《国家生态文明试验区（贵州）实施方案》，力争2020 年建成"多彩贵州公园省"，进一步加快了贵州省迈向生态文明时代的步伐。

## 二、贵州省国土资源"大生态"理论基础

### 1. "大生态"概念提出

人类自进入工业时代以来，凭借强大的可持续技术和现代化的生产手段，极大地丰富了物质财富，同时也造成了资源枯竭与生态的破坏。在 19 世纪末 20 世纪初，各种环境保护运动方兴未艾，人们开始反思传统的"向自然宣战"和"征服自然"等理念。20 世纪80 年代末到 90 年代末，人们逐渐意识到就生态谈生态、就环境谈环境的思维方法无法彻底解决由发展理念和模式不当引起的生态环境问题，可持续发展的思想应运而生。可持续发展思想源于环境保护而又高于环境保护，囊括了生态环境和与环境保护有关的更广泛的范围和更深刻的内涵。虽然可持续发展理论已经提出，但是如何实现自然、经济和社会的统一和谐目标是其薄弱环节。

20 世纪 90 年代末，随着生态文明理论和可持续发展实践的日益深入，人们逐渐认识到必须对工业文明的世界观、方法论、生产力，以及对人与自然、人与人、人与社会的关系进行全面反思，只强调自然生态的恢复、自然生态与经济生态的平衡，不能使自然-人-社会复合体走向协调与持续发展，还需要树立全方位系统的大生态观，谋求人与自然、人与人、人与社会的和谐共处。大生态观强调将自然生态、经济生态、社会生态的和谐作为持续发展的前提和基础，人类社会持续发展的终极目标有赖于"大生态"战略的实施。因此，"大生态"理念对全面理解可持续发展的内涵和和谐理念迅速回归有着重大的意义。

### 2. "大生态"内涵解析

"大生态"是人们为实现可持续发展应该和必须达到的自然生态、经济生态、社会生态相互和谐发展的整体运行状态（赵国振和祝梅，2003），可涵盖工业、农业（林业）、

建设（水利、交通）、能源（人口）服务、文化、政治等领域。"大生态"理念中自然生态、经济生态、社会生态之间互为因果，密不可分。自然生态的优劣，取决于经济生态的运行质量与方式，而两者又同时取决于社会生态的质量优劣。良好的社会生态必然带动良好的经济生态和自然生态；反之，恶劣的自然生态则来源于经济生态的紊乱和社会生态的失常。因此，"大生态"战略必须重视和实现社会生态的和谐，也就是人与人、人与社会之间的和谐。

此外，经济的高速发展，加剧了水、土地、能源等的过量消耗，资源环境压力使环境问题凸显。同时人类经济社会活动范围的不断扩大，导致人类对环境的影响从局地扩展到区域，资源和环境问题由城市向农村蔓延、由发达国家向发展中国家转移，使环境污染和生态破坏呈现区域性特征，威胁人类的生存和发展。为此，"大生态"战略基于整体观、系统论的视角，不仅研究自然生态系统与社会经济系统的耦合机理，而且重视复杂区域生态结构、过程与功能之间的相互作用机制，统筹兼顾上下游地区的自然条件与经济利益，实现区域内生态环境保护者与生态环境福利受益者之间的互利互惠，从而解决当下复杂的区域性生态环境问题，促进区域可持续发展。

### 3. "大生态"战略意义

贵州省山川秀丽，在贫困落后和欠发达欠开发的同时有着良好的生态环境。同时，由于特定的地理位置和复杂的地形地貌，贵州省生态环境又十分脆弱，而且损害后非常难以修复和恢复。因此，发展与人口资源环境之间的矛盾日益突出。贵州省实行"大生态"战略，有助于树立整体的持续发展意识，做到自然、经济与社会发展的协调行进，少走或不走弯路，节约资源和减少发展代价，更好地实现自然、经济和社会的和谐发展。

"大生态"战略是落实"山水林田湖草生命共同体"理念的重要体现。习近平总书记指出用途管制和生态修复必须遵循自然规律，如果种树的只管种树、治水的只管治水、护田的单纯护田，很容易顾此失彼，最终造成生态的系统性破坏。《生态文明体制改革总体方案》明确规定，树立山水林田湖草是一个生命共同体的理念，按照生态系统的整体性、系统性及其内在规律，统筹考虑自然生态各要素、山上山下、地上地下、陆地海洋以及流域上下游，进行整体保护、系统修复、综合治理，增强生态系统循环能力，维护生态平衡。

"大生态"战略是贵州省坚守发展和生态两条底线的必然选择。贵州省既是两江上游重要的生态屏障区，又是典型的内陆岩溶山区，生态环境脆弱；同时，贵州省的经济发展水平急需快速提高。因此，贵州省要坚守发展和生态两条底线、实现跨越式发展，将进一步加剧经济社会快速发展与资源环境承载力之间的矛盾，急需找到一条"在发展中求保护，在保护中谋发展"的可持续之路。"大生态"战略重视在实现经济跨越发展、建成小康社会的同时，兼顾生态环境保护和生态文明建设，鼓励推行绿色、循环、低碳发展，形成节约资源、保护环境的产业结构和生产方式，提高发展的质量和效益；同时加强生态建设和生态服务功能提升，增强生态承载力，保持天蓝水清地绿的人类福祉，努力实现人与自然、人与人及人与社会的和谐共生。

# 三、贵州省国土资源"大生态"战略的挑战

## 1. 资源环境约束

近年来贵州省经济发展速度已居全国前列，但总体滞后的局面没有根本改变。2015 年人均地区生产总值仅为全国平均水平的 59.7%，贫困人口占全国的 9%。同时，目前贵州省经济发展方式仍较粗放，主要依托煤炭、磷矿、铝土矿等资源，煤炭、电力、化工、有色、冶金等重化工业占工业增加值的 60% 以上，能耗强度是全国的 2.15 倍，工业固体废物综合利用率也低于全国平均水平。因此，贵州省经济发展面临着既要"赶"又要"转"的双重挑战。

贵州省地处我国西南云贵高原，山地和丘陵占全省面积的 93%，山多、石多、土少、优质耕地更少，耕作层土壤尤为稀缺，因此，农业耕作条件差。2013 年贵州省人均耕地面积为 1.67 亩，按照国家耕地质量 15 个自然等级标准，贵州省尚没有 1~7 等级的上等耕地与中上等耕地，而 8~9 等级耕地即属贵州省的优质耕地。目前全省人均耕地与全面建成小康社会要求达到人均 0.5 亩旱涝保收地的目标相比，还有 1398 万亩高标准基本农田的差距。同时，作为典型的内陆岩溶山区，贵州省生态环境脆弱，资源环境承载力较低。

## 2. 生态环境威胁

贵州省处在长江和珠江两大水系上游交错地带，其中，全省土地面积的 65.7% 属长江流域，34.3% 属珠江流域，境内河流众多，水资源丰富，是两江上游重要的生态屏障区。同时，贵州省地处典型的内陆岩溶山区，地形地貌和地质结构复杂，地质灾害点多面广，生态环境脆弱，部分地区修复难度系数高，石漠化和水土流失问题比较突出，两者面积分别占全省土地面积的 17.2% 和 31.4%。而且，森林资源质量有待提高，亩均森林蓄积量约为全国平均水平的 3/4，受威胁植物占全国的 10% 以上。

近年来贵州省新型城镇化已快速推进。2015 年全省城镇化率达到 42.01%，较 2010 年上升了 9%，到 2020 年户籍人口城镇化率将达到 43%。不过，贵州省优质耕地大多分布在城镇村庄周边、交通沿线，优质耕地被非农建设占用的风险较大。据统计，贵州省年均占用耕地 20 万亩以上，多为良田好土。虽然土地开荒实现了耕地数量平衡，但开荒土地质量差，地块分散，广种薄收，甚至出现撂荒现象，而且开荒造地容易对自然生态带来威胁，容易造成新的水土流失。因此，快速城镇化发展过程中的土地资源利用类型转换及生态用地空间大幅缩减容易对原有生态环境造成影响。

因此，贵州省急需划定并控制城市增长边界线，减少城镇化建设对生态环境的影响，严格管控生态红线，加大生态环境保护和治理恢复力度，进而优化国土空间格局，筑牢两江生态安全屏障。

## 3. 生态制度差距

近年来贵州省不断推进生态文明制度建设和体制机制创新，在节能减排、循环经济、

生态环境保护等方面制定推出了一系列政策、法规和举措，初步形成了生态文明制度体系。例如，贵阳市出台了《贵阳市建设生态文明城市条例》，成立了贵阳市中级人民法院环境审判庭。已连续举办了四届的生态文明贵阳会议于 2013 年升格为生态文明贵阳国际论坛，成为我国唯一以生态文明为主题的国家级国际性论坛。此外，《贵州省主体功能区规划》已于 2013 年下发，并于 2014 年启动了主体功能区建设试点工作，初步形成了以主体功能区为基础、以土地利用规划"一张图"为底盘的全省国土空间体系。

虽然贵州省在生态文明体制改革方面进行了有益探索，不过与国家生态文明试验区的期望及要求还有一定差距，如国土空间分区与用途分类的衔接错位问题。首先，不同管理部门的相关规划均从不同角度和主题对国土空间进行分区，在分区结果、政策方面存在不一致、不衔接的问题。其次，土地资源用途管制效果不足。目前土地用途管制侧重对农用地转为建设用地的管制，忽视土地利用程度和效率的管制，农村建房占用基本农田现象时有发生，反映出土地用途管制乏力。最后，不同部门资源管理职责不清问题。由于国土资源和自然资源管理的职能分散，存在各部门分片管、分行业管的现象，职能交叉重叠十分严重，国土资源管理破碎化现象突出，降低了自然资源配置效率。

因此，贵州省需要深化完善生态文明体制建设，建立健全源头严控、过程严管、后果严惩的生态文明制度体系，重点在自然资源产权、国土资源动态监测、资源有偿使用与用途管制等方面取得突破，努力形成可复制、可推广的制度模式。

# 第二节　贵州省国土资源生态环境保护实践与成效

## 一、贵州省国土资源的生态环境状况

### 1. 土地退化状况

（1）水土流失状况

贵州省水土流失状况有所好转，流失面积与程度均有所减轻。2010 年贵州省第一次全国水利普查水土保持专项普查成果显示，贵州省水土流失面积为 553 万 hm²，占土地总面积的 31.37%，其中，乌江流域、北盘江流域水土流失严重，毕节、六盘水、铜仁水土流失面积较大。另据相关研究（宁琪，2017），2015 年贵州省水土流失面积为 488 万 hm²，占土地总面积的 27.71%，水土流失面积相比 2010 年减少 64 万 hm²，占比减少 3.66%（图 17-1）。贵州省水土流失状况有所好转的主要原因是公众水土保持意识增强、水土流失治理力度加大和人为破坏大幅减少。

（2）石漠化状况

根据贵州省 2000 年开展的全省石漠化遥感调查结果，贵州省石漠化面积约 3.7 万 km²，占全省土地面积的 18.79%，集中分布在六盘水、黔西南、黔南、安顺和毕节等地区。其中，轻度石漠化面积为 2.3 万 km²，中度和强度石漠化面积分别为 1.1 万 km² 和 0.3 万 km²，尚有

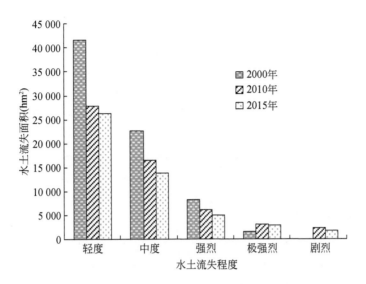

图 17-1　贵州省 2000 年、2010 年和 2015 年水土流失情况

4.4 万 km² 土地有潜在石漠化趋势（余娜和李姝，2014）。近年来，贵州省采用林草、农业、工程等技术措施开展了石漠化综合治理，部分区域石漠化程度有所减轻。基于喀斯特石漠化遥感监测显示，2005～2010 年贵州省石漠化状况发生明显变化，无石漠化面积增加 2004km²，潜在石漠化面积减少 1126km²，石漠化面积以年均 0.6% 的速度减少，中度和强度石漠化面积明显减少（余娜和李姝，2014）。贵州省石漠化面积已由 2005 年的 331.61 万 hm² 下降到 2012 年的 297.38 万 hm²（白兰，2015）。

### 2. 土壤环境污染

贵州省矿产资源丰富，汞矿储量、产量居全国第一，不规范的矿产资源开采利用活动容易对土壤环境造成污染。根据贵州省农田土壤的重金属污染状况调查结果（宋春然等，2005），贵州省农田土壤中 As 含量为 17.5mg/kg，土壤中 Pb 和 Cd 的含量分别为 45.0mg/kg 和 0.342mg/kg，另外，Cr 和 Hg 含量分别为 48.2mg/kg 和 0.201mg/kg。可见，贵州省土壤重金属污染以 Cd 污染为主，污染等级为重度；贵州省农田土壤的综合污染指数达到 2.81，污染等级初步定为中度污染。此外，贵州省在汞矿的开采冶炼过程中产生大量的污染物，初步统计排放的废气达到 20 亿 m³ 左右，含汞的废水达到 5192 万 m³，含汞的废渣达到 426 万 m³。大量废气、废渣和废液向周边环境中排放，增大了土壤重金属污染的风险。

### 3. 矿山环境问题

贵州矿产资源丰富，但是露天煤矿较多，开发后大多数没有进行有效的复垦，极易形成大片的荒漠化区域。此外，贵州省属于典型的内陆岩溶山区，地形地貌和地质结构复杂脆弱，加上大量的地下矿产开采，容易诱导如崩塌、地面塌陷等地质灾害的发生。因此，贵州省矿产资源开发的生态环境问题风险主要表现在：①矿产资源破坏与浪费严重，废渣占据着土地资源，大多数露天矿产的开发改变了原来的地形与地貌，不仅对风景、人文景观造成严重影响，而且加剧了土地石漠化、水土流失等灾害的发生；②矿山开发创造了崩塌、滑坡、泥石流、地面塌陷等地质灾害孕育条件，而且容易引发瓦斯爆炸、煤层自燃等事故；③矿山开采产生的废水、废气和废渣可能污染地表水、地下水、土壤、植被和空气，从而引发区域性生态环境问题。

## 二、贵州省国土资源的生态保护成效

### 1. 土地退化治理修复

为全面掌握石漠化动态变化及评价石漠化防治成效，贵州省政府于 2008 年成立了石漠化综合防治工作领导小组，重点监测 351 条小流域试点工程中的 21 条小流域（牟艳娟，2010）。目前，贵州省石漠化信息系统已覆盖贵州省石漠化三级管理体系，采用了空间数据分析、管理、共享与表达技术来监测和管理石漠化综合治理区，能够及时、准确、科学、全面地掌握治理情况，从而为石漠化综合治理提供决策依据、技术支撑和信息共享服务（陈珂等，2010）。截至 2015 年 9 月底，贵州省累计完成治理岩溶面积 18.951km$^2$，占计划数的 84.4%；已治理石漠化面积 6996.3km$^2$，占计划数的 85.14%。

贵州省科学合理配置资源，调整矿区开发布局，大力推进砂石土矿山整顿关闭工作。2015 年砂石土矿山数量已从原来的 5677 个减少到 2780 个。同时，贵州省积极推进示范基地和绿色矿山建设，已有 10 个矿山列入绿色矿山试点。2015 年开阳磷矿矿产资源节约与综合利用示范基地通过验收，开磷集团矿山和锦丰矿业有限公司烂泥沟金矿已成为国家级绿色矿山；贵州省目前已复绿矿山 150 个，面积为 50km$^2$，已完成织金县织河煤矿区等矿山环境治理项目，矿山环境治理初见成效。此外，贵州省注重强化矿山地质环境恢复治理主体责任，修订了《贵州省地质灾害和矿山地质环境治理恢复保证金管理办法》，对地质环境治理恢复保证金实行动态管理。截至 2015 年底，全省累计缴存矿山地质环境治理恢复保证金 97.20 亿元，完成 1200 个矿山的地质环境治理恢复工程，累计恢复治理土地面积约 44km$^2$，矿山地质环境与恢复治理得到加强。

### 2. 城镇空间协调优化

2015 年贵州省常住人口城镇化率达到 42.01%，基本形成了以黔中城市群为主体、贵阳市和贵安新区为龙头、市州政府所在地城市为重点、小城市和县城为支撑、小城镇为基础、新型农村社区为补充的现代城镇化空间格局。同时，全省交通条件得到极大的改善，率先实现了县县通高速公路、乡乡通油路、村村通公路。同时，贵州省城乡统筹工作稳步发展，推动了公共服务设施和基础设施不断向乡村延伸，农村地区生产生活条件得以大幅改善。2014 年贵州省平坝区、都匀市、桐梓县、贵安新区直管区、息烽县、盘县、威宁县、玉屏侗族自治县、凯里市、麻江县、独山县和兴仁市等地区开展多规融合改革试点。

通过协调城乡规划、土地利用规划与各部门规划的空间布局差异,确定城乡基本生态空间边界、永久基本农田边界、城镇建设与开发边界等界线,构建适宜建设区、限制建设区和禁止建设区的管控体系,以实现对城乡空间的统筹安排。

此外,贵州省高度重视生态脆弱地区、地质灾害高发地区和地方病多发地区的居民搬迁工作。根据《贵州省扶贫生态移民工程规划(2012—2020年)》总体要求,从2012年开始,贵州省对资源匮乏、生存环境恶劣、生活贫困、不具备现有生产力诸要素合理结合的强度石漠化地区实施生态移民。截至2016年,已有超过42万人完成搬迁。

### 3. 生态制度初步建立

贵州省国土资源管理重视制度创新和政策引导,加快转变国土资源利用管理方式,健全完善土地和矿产要素市场配置体系,提高资源配置的质量和效益,实现资源保护与经济社会发展、生态文明建设相统筹,走出了一条国土资源改革发展新路。

贵州省大力推进矿产资源配置体制改革,全面推行矿业权招拍挂出让。市场在矿产资源配置中的决定性作用逐步凸显,极大地激发了矿产开发活力;已全面开展农村集体建设用地、宅基地等确权登记颁证,进一步夯实扩大了农村土地权能基础。为促进农村低效和空闲土地盘活利用,改善农村生产生活条件和农村人居环境,贵州省结合扶贫生态移民、地灾防治搬迁、土地整治等工程,开展了利用坝区边缘未利用地、劣质农地规划农村集中建房点工作。

贵州省高度重视建设用地的批后监管,全面落实土地利用动态巡查制度。已建立千亩以上坝区耕地保护责任人制度,在全省一千亩以上坝区实施耕地巡查监管,省、市(州)、县(市、区)国土资源部门主要负责人分别为万亩大坝耕地、五千亩以上坝区、一千亩以上坝区耕地保护第一责任人。已建立五千亩以上坝区耕地周报告制度,对五千亩以上坝区耕地实施严密监控和严格保护。此外,还建立五千亩以上坝区永久基本农田视频监控系统,由各级国土资源部门实施全天候、全覆盖动态监测,确保第一时间掌握坝区耕地变化情况。

目前贵州省生态文明体制改革中的自然资源管理制度研究取得阶段性进展,"贵州省自然资源产权管理制度研究"、"贵州省"三线"划设研究"和"贵州省自然资源用途管制制度研究"等专题成果已为贵州省自然资源资产的管理、(城市开发边界线、耕地保护红线和生态保护红线)三条红线的管控及国土资源用途管制提供了行动目标与可行途径,为贵州省国土资源大生态战略的实施奠定了良好基础,国土资源的生态文明制度初步建立。

## 三、贵州省国土资源大生态战略行动

2017年4月,中国共产党贵州省第十二次代表大会提出,贵州省将全力实施"大扶贫、大数据、大生态"三大战略行动。贵州省将"大生态"上升为战略行动,将"绿色+"融入贵州省的新时代生态文明建设中,并与大数据战略和大扶贫战略组成三大动力,共同推进贵州省的绿色持续发展，实现自然生态、经济生态与社会生态的和谐共存。

大生态战略是贵州持续追求绿色发展的重要实践，国土资源相关战略制定必须全面融入大生态战略。贵州国土资源大生态战略以主体功能区划为基础，以贵州省国土资源的生态环境保护与提升为核心，筑牢山水林田湖草共生的绿色屏障，发展低碳循环的绿色经济，打造美丽宜居的绿色家园，探索国家生态文明试验区下的绿色制度。

### 1. 国土保护行动

贵州省国土资源的大生态战略应以重要生态空间保护为核心，基于山水林田湖草系统共生理念，构建国土生态安全格局，保护和维育重要自然生态系统，大幅提升区域生态系统服务功能，增强生态产品供给能力；开展山水林田湖草的整体保护与恢复，实施退耕还林、矿山修复、湿地恢复等生态工程，加快石漠化区治理与废弃工矿用地生态修复，推进矿山复垦修复行动，综合提升耕地资源质量与生态效益，从而使国土生态空间功能得到有效保护，区域生态建设与保护成效明显提升，生态屏障功能大幅提高。

### 2. 国土优化行动

贵州省国土产业空间应以绿色循环产业培育为导向，基于国土开发适宜性评估，统筹国土生产空间布局，推动产业全面向园区集聚；加强国土生产空间开发建设监管，提高单位面积土地产出与集约化水平；推进耕地保护与生态农业发展，坚守耕地红线，确保耕地数量基本稳定，推动农业生态化，提升山地循环农业发展质量；优化工业用地布局，推进绿色循环产业，淘汰落后产能，创建绿色矿业发展示范区；开发特色旅游资源，大力发展全域旅游产业，做大做强生态旅游，从而使贵州省国土产业空间的绿色生产经济实力显著增强，生产力空间布局得以明显优化，绿色循环经济体系基本建立，绿色经济得以快速发展。

### 3. 国土整治行动

贵州省国土生活空间应科学实施城镇化战略，从严控制城镇建设用地总量，推动城镇空间发展从外延扩张转向结构优化。统筹考虑生态安全、粮食安全和经济社会发展，做好城镇建设用地总量控制与空间规划衔接，合理确定城镇化与基础设施用地需求；积极开展城镇布局优化，划定城市开发边界，推广应用节地技术，有效地提高城市建设用地节约集约水平；积极开展城市双修，提高城市居住环境品质；推进农村土地综合整治，推动农村局面点适度集中布局，加快特色小镇和美丽乡村建设，从而使得贵州省国土生活空间宜居水平普遍提高，城乡人居环境质量显著提升，基本形成山水城市、绿色小镇、美丽乡村与和谐社区的多彩贵州城镇化格局。

### 4. 国土管控行动

贵州省国土资源的科学管控应以创建国家生态文明试验区为要求，全面推进自然资源资产确权登记，深化国土资源有偿使用制度改革，完善国土资源价格、收益分配与补偿机制，全面落实自然资源资产产权、用途管制和生态环境信息公开制度，推进国土资源市场配置；健全国土资源监测预警，严格国土资源用途管制，创新农村土地改革，建立区域生态补偿制度，不断健全土地督察和执法监管体系，有效地遏制各类土地资源违法违规行为，从而使得贵州省国土资源生态文明制度体系健全完善，生态文明决策与管理能力显著提升，为大生态战略实施提供坚强的制度后盾。

# 第三节　贵州省山水林田湖草共生的国土保护行动

## 一、维护生态安全屏障

区域生态安全指在一定时空范围内，在自然及人类活动的干扰下，区域生态环境条件及所面临的生态环境问题不对人类生存和持续发展造成威胁，并且生态系统脆弱性不断得到改善的状态。维护国土生态安全是降低生态风险、改善社会经济发展的重要保障。

贵州省国土生态安全建设应以构建区域生态安全格局为中心，以生态保护红线管控为抓手，提升重要保护地的生态服务功能；同时加强地质灾害防治，加快退化生态系统的修复与治理，有效地提高区域生态安全状态。

### 1. 构建生态安全格局

贵州省地处云贵高原的东斜坡地带，乌蒙山、苗岭、大娄山、武陵山构成贵州高原的基本骨架；同时，贵州省河流处在长江和珠江两大水系的上游地带，分布有乌江、洞庭湖（沅江）、牛栏江、横江、赤水河、綦江及南北盘江、红水河等水系，河流的山区性特征明显。因此，贵州省应以乌蒙山-苗岭、大娄山-武陵山组成的山体生态屏障和乌江、南北盘江-红水河、赤水河-綦江、沅江、都柳江等水系组成的河流生态带为骨架，以重要河流上游水源涵养-水土保持区、石漠化综合防治-水土保持区、生物多样性保护-水土保持区等重要生态功能区为支撑，以自然保护区、风景名胜区、森林公园、地质公园、湿地公园、城市绿地、农田植被等为重要节点，构建"两屏五带三区"的生态安全战略格局，建成健康自然、功能完善的"两江"上游区域性生态屏障。

### 2. 严守生态保护红线

目前，贵州省已完成生态保护红线划定工作，生态保护红线区域主要分布在禁止开发区、集中连片优质耕地、公益林地、饮用水水源保护区等重点生态功能区、生态敏感区和生态脆弱区及其他具有重要生态保护价值的区域，是贵州省基本生态功能保障线。

下一步贵州省应重点做好生态保护红线区的保护和监管工作。通过设置生态保护红线区保护标志牌、警示牌和边界标志，建立生态保护红线监管平台和网络体系，对生态保护红线区实行全方位监控；在各类生态保护红线区内，要严格限制城镇化建设和工业化活动，禁止建设破坏生态功能和生态环境的工程项目；要组织开展生态红线区的日常巡护，实行常态化管理，并严格执法；同时应对生态保护红线区的生态功能进行定期评估，及时预警生态风险；组织开展生态保护红线区保护的宣传教育和普及科学知识，促进公众参与。此外，应建立领导干部任期生态保护红线责任制，严格责任追究，对推动生态保护红线工作不力者及盲目决策、监管不严、失职渎职造成生态破坏的行为，要依法依纪严肃问责。

### 3. 强化地质灾害防治

贵州省自然灾害发生频繁，主要有风暴、山洪、霜冻等气象灾害，滑坡、崩塌、泥石流等地质灾害，以及病虫鼠害等生物灾害。特殊的低纬度高海拔喀斯特地理条件，导致贵州省气象灾害和地质灾害时有发生，对经济社会发展和人民生命财产安全带来许多隐患。因此，必须强化地质灾害防治，强化监测预警和综合治理措施的有效落实，坚决防止群死群伤事件发生。首先，要重点抓好全省313个重点地质灾害治理项目，提高重点区域和基层地质灾害防御能力；其次，要定期组织开展地质灾害隐患大排查，以县为单位，对人口密集区、城镇、交通干线等重点区域进行动态式拉网式排查，排查结果和处置方式登记造册，层层落实责任；最后，要认真总结专群结合、群测群防的经验做法，加强地质灾害的预警预报，提高灾害应急响应和救助处置能力，最大限度地降低地质灾害对人民群众的生命财产威胁。

## 二、保护重要生态资源

### 1. 森林生态保护

受自然条件和地带规律的制约，贵州省森林具有明显的亚热带特征，主要分布在黔东南州、铜仁市中东部、遵义赤水市等地区。贵州省森林植被类型主要有阔叶林、针叶林、竹林和针阔混交林等，2016年森林总面积达1.32亿亩，森林覆盖率为50%，居全国前列。首先，贵州省应大力实施退耕还林工程、天然林资源保护二期工程、防护林体系建设等重大生态修复工程，通过人工造林、封山育林等措施，最大限度地将宜林荒地荒山、陡坡耕地、疏林地、非国家特别规定的灌木林地变为有林地，增加森林生态系统面积。其次，要加大林地保护力度，对一级保护林地实施全面封育保护，禁止生产性经营活动，禁止改变林地用途。再次，要加大中幼林抚育和低质低效林改造力度，调整树种结构，不断提高林分质量，实现森林蓄积量增长和公益林生态功能增强。最后，要扶持和引导社会力量参与森林资源培育，结合地区特色优势产业，坚持以林草结合为主，兼顾"林药""林茶"等发展模式，实现生态效益与经济效益双丰收。

### 2. 湿地生态保护

贵州省湿地以分布于长江和珠江流域的河流为主，湖泊湿地较少，总面积约

33.74km²，主要分布在贵州省西部和西南部。沼泽湿地集中分布在草海周围，面积约775万 m²。另外，人工湿地主要包括水库、稻田、山塘、沟渠等。首先，贵州省湿地保护应通过建立湿地保护区、湿地公园等方式，培育形成湿地资源保护体系，尤其要重点推进草海湿地恢复保护，控制围网养殖规模，保护湿地生态环境；其次，要建立严格的河湖管理与保护制度，健全河湖管理、采砂管理、岸线保护等法律法规和规划约束机制，划定河湖管理和保护范围，开展河湖水域岸线登记，并有效落实用途管制，着力推进水生态文明建设；正确处理水利工程建设与湿地环境保护的关系，探索湿地资源综合利用，适度发展湿地生态旅游和生态养殖；最后，应实行水域岸线有偿使用制度，建立建设项目占用水域岸线补偿制度，防止现有河湖水域面积衰减。

### 3. 草地生态保护

贵州省地处我国西南部，是东部农业区向西南牧区的过渡地带。贵州省草地主要有山区丘陵草地、山区丘陵灌木草地、山区丘陵疏林草地、山地草甸草地和河漫滩低地草甸草地五类，主要分布在望谟、册亨、松桃、毕节、威宁、赫章、六枝特区等地。贵州省草地多数是森林植被反复破坏后形成的，草地质量和稳定性差。首先，贵州省草地生态建设应坚持生态优先和草畜平衡原则，采取人工种草、草地改良、围栏封育等工程措施，恢复岩溶草地生态，防治草地石漠化和水土流失；其次，要加强牧草种质资源保护与合理开发利用，对退化、石漠化和水土流失草地，划定治理区，组织专项草地建设和治理；最后，要开展草原监测和草畜动态平衡调控，对严重退化、石漠化草地和生态脆弱区草地，严格实行禁牧、休牧制度，定期核定草地载畜量，防止超载过牧。

### 4. 生物资源保护

贵州省复杂多样的生态环境，孕育了丰富多样的生物资源，目前共有野生动物资源1000 余种，野生植物资源6000 余种，药用植物资源达4419 种，是全国重要的种质资源地和生物基因库，同时也是全国四大中药材主产区之一。首先，贵州省生物资源保护应加强自然保护区和水产种质资源保护区建设，完善对珍稀濒危物种生境、代表性自然生态系统等的保护，加强对水产种质资源的监测与管理，最大限度地保护生物多样性、原生性和特有性，维护生态系统平衡；其次，要加大自然保护区保护力度，重点加强对黔金丝猴等濒危野生动物及其栖息地和候鸟迁飞路线的野外巡护，严防盗猎及破坏，开展栖息地恢复、改造，促进濒危野生动物种群的扩大；再次，应加强外来入侵物种的监测、防治和利用研究，防止生物灾害蔓延，建设外来有害物种防控阻截带及发展各类特色农产业替代外来有害物种；最后，应探索合理利用自然资源和环境的途径，把茂兰、梵净山、赤水、雷公山、朱家山等保护区打造成国际生物多样性科普研究基地。

# 三、综合提升耕地资源

耕地是贵州省最为宝贵的资源，既是保护粮食生态安全的重要基础，也是重要的生态系统。因此，要落实最严格的耕地保护制度，加强耕地数量、质量、生态"三位一体"保护，牢牢守住坝区耕地和永久基本农田这条生态红线，为全省守住生态底线提供有力支撑。

### 1. 严守耕地红线

在贵州省，有限的坝区耕地是耕地中的珍宝，同时，坝区又是工业、城镇发展最集中的区域，发展与保护的矛盾十分突出。目前，省政府已将全省五千亩以上耕地大坝优质耕地划入永久基本农田，作为耕地红线、纳入生态红线进行严格保护。这条红线一经划定，任何单位和个人绝不能擅自逾越。

国土资源部门要按照《贵州省生态保护红线管理暂行办法》（黔府发〔2016〕32号）和坝区耕地有关保护制度，把保护和监督管理责任落到实处，把保护耕地资源作为国土资源工作的第一职责。同时，要按照"划优、划足、划实"的原则，扎实推进全域永久基本农田划定工作，确保划定的永久基本农田质量实、数量实，确保划定后管护实、巩固实。要充分发挥土地利用总体规划的整体管控作用，通过规划把城市周边优质耕地"围住"、把公路沿线优质耕地"包住"、把坝区优质耕地"留住"，从严核定建设用地规模，优化建设用地布局，减少占用优质耕地及水田，严禁占用永久基本农田。此外，各级地方政府更要"守土有责"，严格落实保护耕地的主体责任，通过本地区土地利用总体规划调整完善和永久基本农田划定，逐级分解落实耕地保护目标任务，实行耕地保护党政同责，严肃查处土地违法违规行为。

### 2. 坚持占补平衡

耕地占补平衡是新《中华人民共和国土地管理法》确定的一项耕地保护的基本制度。贵州省应坚持占用耕地补偿制度的基本原则，完善落实耕地占补平衡的具体措施。鼓励提高耕地开垦费标准，倒逼新增建设不占或少占耕地，促进土地节约集约利用，同时，积极开展耕地后备资源调查评价，探索将通过土地整治增加的耕地作为占补平衡补充耕地的指标。

此外，要改进耕地占补平衡管理，从单纯强调项目挂钩算细账，转向兼顾区域平衡算大账。要打通增减挂钩与占补平衡政策，贫困地区增加的耕地指标可以作为补充耕地指标，流转到省内经济条件较好的地区有偿使用。要完善价格形成机制，结合实际制定贵州省调剂指导价格和耕地开垦标准，让真正保护耕地的地方和耕地增加的地方"不吃亏"，同时让保护耕地的集体和农民"得实惠"。

### 3. 提升耕地质量

贵州省山地多平地少，耕地质量总体较差，土地利用效率低，陡坡垦殖现象严重。因此，贵州省要大力开展土地整治和高标准基本农田建设，编制实施土地整治规划，改造中低产田，切实加强耕地数量保护和质量建设。建议以粮食主产区和基本农田保护区为重点，实施土地整治重大工程，鼓励社会资金投入，实施耕地质量保护与提升行动，大力开展高标准农田建设，加强高标准农田建后管护，将整治后的耕地划为基本农田，纳入国土资源综合监管平台。

此外，要全面推进建设占用耕地耕作层剥离再利用，将建设占用耕地特别是基本农田的耕作层用于补充耕地的质量建设。要重视研究薄层土增厚、客土生态剥离与覆土、沙砾土与红黏土复配等农田土体改造技术，试验示范低产农田灌溉排水生态化、渍水农田水分立体调控、基本农田建设轻型灌溉渠道等农田水分调控技术，研究采用治理水力侵蚀和风力侵蚀农田的防风、固沙、治坡、治沟、护岸、固滩等生态防护技术，全面提升耕地资源质量。

#### 4. 发挥综合效益

耕地生态系统不仅提供人类生活必需的粮食和其他生物产品，又提供改变空气中物质构成、净化环境中的有害物质、涵养水源等功能。正是这些功能，使耕地生态系统成为与城市生态系统在环境质量和景观上完全不同、城市居民向往的休闲环境。因此，从这个意义上说，耕地的价值是多元化的。目前，人们对耕地价值的认识停留在其狭义的经济价值上，忽略了耕地资源的生态价值、社会价值和文化价值等非市场价值，从而缺少对耕地资源应有的保护和投入。

贵州省有着悠久的传统农业模式。例如，具有上千年历史的"贵州从江侗乡稻田养鱼养鸭系统"已在2011年成功入选联合国粮食及农业组织全球重要农业文化遗产保护试点。同时，贵州省正处于社会经济高速发展的转型时期，传统农业耕作模式受到挑战，大量依靠农药、化肥投入的农业生产又容易带来较为严重的环境污染。因此，贵州省应全面认识耕地资源的多功能性价值，充分发挥耕地的经济、生态与文化等综合效益，促进传统农业走向经济效益与环境效益兼顾的耕地资源利用模式。

## 四、修复治理退化土地

#### 1. 石漠化的监测治理

贵州省是世界喀斯特发育最复杂、类型最齐全、分布面积最广的东亚喀斯特区域中心，喀斯特出露面积占贵州省国土面积的62%。岩石种类以石灰岩和白云岩为主的碳酸盐岩类，抗风化能力强，使得喀斯特山区土壤土层浅薄、成土速率低、植被生长困难。目前，喀斯特石漠化已成为贵州省首要的生态环境问题。

因此，首先要健全贵州省石漠化综合治理试点工程监测网络，完善优化石漠化监测系统，采用准确高效的空间数据分析、管理、共享与表达技术，加强石漠化综合治理区实施监测和管理，定期掌握贵州省岩溶地区石漠化现状、动态变化信息，为石漠化防治和区域生态环境改善提供可靠的基础数据。其次要针对不同石漠化等级实施不同的治理方案。例如，遵义市、黔南州和毕节市等潜在石漠化地区治理工作以预防为主，预防石漠化形成发展；北部的瓮安县、中部的惠水县和平塘县、南部的罗甸县等轻度、中度石漠化地区需要进行人工干预，减轻石漠化程度；六盘水市、安顺市、毕节市、长顺县、惠水县、安龙县和黔西等强度和极强度石漠化地区主要采取林草、农业及工程措施，加快自我生态修复。最后，应大力实施石漠化综合治理重点工程，创新石漠化综合治理模式，以提高林草植被覆盖率为中心，以增加农民收入为目的，以解决人地矛盾为出发点，突出抓好特色经果林、封山育林、防护林和种草养畜、小型水利水保等项目建设，打造国家石漠化综合治理示范区。

### 2. 水土流失预防治理

贵州省地处我国水力侵蚀区的中西南土石山区，降水丰富，山高坡陡，地形起伏大，加上土壤以黄壤和石灰土为主，约90%地区为水土流失中度及以上敏感区。首先，贵州省应坚持"预防为主，保护优先"的原则，在全省所有空间实施全面预防保护，从源头上有效地控制水土流失，保护地表植被和治理成果，扩大林草覆盖，控制石漠化，促进水土资源保护与合理利用。其次，应坚持"综合治理、因地制宜"的原则，对水土流失地区以小流域为单元，安排各类水土保持生态建设项目，实施集中、连续和规模治理，合理配置工程、林草、耕作等措施，形成"山、水、田、林、路、村"的综合防治体系，维护和增强区域水土保持功能。坡耕地相对集中区域开展专项综合治理。最后，以贯彻实施《中华人民共和国水土保持法》为重点，加强水土保持监督管理、动态监测和能力建设，实现动态适时监控，有效地控制人为水土流失，不断提高水土流失防治水平和效益，提升政府公共服务及社会管理能力。

### 3. 矿山土地复垦修复

贵州省矿产资源丰富，但露天煤矿较多，开发后大多数没有进行有效的复垦，极易形成大片的荒漠化区域。首先，贵州省大力推进工矿废弃地复垦，基于损毁土地调查评价，实施土地复垦重大工程，宜耕则耕、宜林则林、宜草则草，加大投入力度，出台支持政策，推行多元投入模式，鼓励各方开展损毁土地复垦利用，稳妥推进低丘缓坡等未利用土地综合开发。其次，要探索构建"政府主导、政策扶持、社会参与、开发式治理、市场化运作"的治理新模式，健全完善矿山地质环境治理恢复保证金制度，鼓励社会资金参与和第三方治理，强化矿业企业的主体责任，加快矿山地质环境保护立法进程，加大采矿塌陷地治理力度。最后，要严格新建矿山地质环境准入，实行矿产资源开发利用方案、矿山地质环境保护与治理恢复方案和土地复垦方案同步编制、同步审查和同步实施的"三同时"制度和"社会公示"制度，建立矿山地质环境动态监测体系，加强对生产矿山地质环境的保护监管。

# 第四节 贵州省培育绿色循环产业的国土优化行动

## 一、统筹国土生产空间

### 1. 实施推进空间规划

《贵州省主体功能区规划》是推进形成全省主体功能区的基本依据，科学开发贵州省国土空间的行动纲领和远景蓝图，是贵州省国土空间开发的战略性、基础性和约束性规划，省内各地区、各部门必须坚定不移地以主体功能区战略为指导，整体谋划国土空间开发格局，加强监测评估，建立奖惩机制，促进生产空间集约高效。

作为我国设立的首批国家生态文明试验区之一，贵州省空间规划也是国家生态文明试验区的重点内容。贵州省应积极推进省级空间规划试点，以主体功能区规划为基础，全面摸清并分析国土空间本底条件，划定城镇、农业、生态空间及生态保护红线、永久基本农田、城镇开发边界，统筹各类空间性规划，编制统一的省级空间规划，推进"多规合一"的战略部署，提升国土空间治理能力和效率，建立健全国土空间开发保护制度。

### 2. 优化农业生产格局

贵州省是典型的山区农业大省，坡耕地集中在6°～25°的坡地上，农田在陡坡耕地与平坦耕地之间广泛分布，其中旱地以种植玉米作物为主，水田主要用于种植水稻。贵州省农田集中分布在遵义市西南与南部、毕节市东部与北部、安顺市中北部、黔西南的兴义市、贞丰县等地，铜仁市的中部、六盘水市与贵阳市也有较多分布。根据不同土地资源类型，贵州省应构建立体、多元、复合的农业生产空间格局。在15°以下的坝地、缓坡等地，要加大高标准农田建设力度，大幅提高土地综合产能，同时优化耕作制度，提高复种指数，大力发展以蔬菜、马铃薯、青贮饲料为主的特色经济作物；在15°～25°的坡耕地，发展精品水果、产业、马铃薯、中药材等多种复合模式，同时利用非耕地资源，建设规模化畜禽养殖基地；在25°以上陡坡耕地，实施退耕还林还草工程，提高刺梨、核桃等经济林木，大幅增加人工草地面积，拓展草食畜牧业发展空间。

因此，贵州省以基本农田为基础，以大中型灌区为支撑，加快构建"五区十九带"农业发展格局。其中，黔中丘原盆地都市农业区重点建设优质水稻、油菜、马铃薯、蔬菜、畜产品产业带；黔北山原中山农–林–牧区重点建设优质水稻、油菜、蔬菜、畜产品产业带；黔东低山丘陵林–农区重点建设优质水稻、蔬菜、特色畜禽产业带；黔南丘原中山低山农–牧区重点建设优质玉米、蔬菜、肉羊产业带；黔西高原山地农–牧区重点建设优质玉米、马铃薯、蔬菜、畜产品产业带。

### 3. 推进产业园区聚集

由于贵州省不适宜工业化、城镇化开发的国土空间占比很大，需要按照人口资源环境相均衡、经济社会生态效益相统一的原则，坚持科学发展、清洁发展和循环发展，科学规划工业园区、开发区等工业集聚发展区域，保持适当的开发强度，避免过度分散发展工业带来的对耕地过度占用等问题。

因此，要重点建设贵阳至遵义、贵阳至安顺工业走廊、贵阳至毕节和沿贵广快速铁路、高速公路产业带，加快建设织金—息烽—开阳—瓮安—福泉磷化工产业带、小河—孟关工业带、贵龙城市经济带、毕节—大方等先进制造和资源深加工基地，积极推进织金、黔西、清镇、普定、遵义等能源基地建设，加强与珠三角和成渝地区的融合与互补，建设贵阳、遵义、黔东南等承接产业转移基地，优化提升国家级和省级经济开发区，合理布局建设一批现代产业园区，形成黔中产业集群，提升产业聚集能力。

## 二、建设绿色工矿产业

### 1. 优化矿产开发管理

贵州省矿产资源丰富，已发现矿产 127 种，探明储量 80 种，50 种矿产储量排名全国前十。优势矿产有煤矿、锰矿、铝土矿、金矿、硫铁矿、重晶石、磷矿等，且这些矿产资源分布较集中。因此，贵州省矿产资源开发要加强总量调控，强化分区分类管理，进行有序高效开采，提高矿山规模化集约化水平。

加强开发总量调控。要依据国家产业政策，结合贵州省经济社会发展对矿产资源的需求与资源环境承载力，合理确定矿产资源开采总量。对煤炭等产能过剩类资源，实行开采总量控制；提高重要矿产资源的供应能力，限产保护特定矿种、优势矿产，鼓励开采国内、省内急缺的矿产，保持矿产资源开采总量与经济发展相适应。

强化开采分区分类管理。依据法律法规、产业政策、资源禀赋、供需关系及资源环境承载力等，科学划分矿产资源的禁止开采区、限制开采区和重点矿区。在不影响禁止开采区、限制开采区主体功能的前提下，可进行地热、矿泉水等矿产的勘查开发利用。加强焦煤、富磷矿等优势矿产的保护，明确资源开发利用准入条件，确保优质优用。对当前技术经济条件下无法合理利用的矿产限制开发，避免资源破坏和浪费。

制定开发准入制度，提升矿山开采规模。贵州省首先应积极落实国家产业政策，根据相关规范规程制定矿产资源开发准入条件，严格新建矿山企业的准入，依照矿产资源和主要矿区（山）最低开采规模要求，实现新建矿山规模与占用资源储量相匹配。其次要开展矿产资源整合，实施规模化开采。推动优势矿产资源一体化开发利用，优化开发结构和布局，支持和鼓励上下游企业联合重组，推进开发、选冶、深加工一体化，提高产业集中度，增强产业竞争力。

### 2. 积极发展绿色矿业

部署推进绿色勘查。贵州省矿产开采要妥善处理矿产资源勘查开发与生态保护的关系，及时调整优化地质勘查工作布局，研发推广绿色勘查的新技术、新方法、新设备和新工艺，最大限度地减少对环境的影响或扰动。首先要优选勘查区，整装勘查区和矿集区项目应全面退出各类生态保护区，勘查重点向资源潜力大的能源资源基地倾斜；其次要聚焦重点矿种，加大对大型能源资源基地重要矿产和周边配套矿产的勘查力度；最后要强化综合勘查，更加重视大型沉积盆地资源的综合勘查与评价，更加注重地质、技术经济、环境及社会效益综合评价。

全面提高矿产资源节约与综合利用水平。贵州省应对具有工业价值的共伴生、低品位矿产，统一规划、综合开采、综合利用；同时，强化对铜矿、铅锌矿、铝土矿、煤炭等矿产中共伴生稀散金属资源的综合评价与开发利用，实现有用组分梯级回收。此外，贵州省要加强矿山尾矿等固体废弃物和废水利用，提高废弃物的资源化水平，以及扩大煤矸石发电及生产建材、复垦绿化、井下充填等利用规模，鼓励利用煤矸石提取有用矿物元素，制造化工产品和有机矿物肥料等新型利用方式。

### 3. 开展绿色矿山示范

贵州省矿山开发应发挥标准化的榜样引导力量，大力推进绿色矿山和绿色矿业发展示范区建设，建立与完善不同地域、分行业的绿色矿山标准体系，鼓励开展省级和市县级绿色矿山建设。

首先，要按照"政府主导、部门协作、企业主体、公众参与、共同推进"的原则，在矿山分布集中、矿业秩序良好、创新能力强的地区，大力倡导绿色勘查，按照绿色矿山标准推进新建矿山设计和建设。同时加快老矿山改造升级，建设布局合理、集约高效、生态优良、矿地和谐、区域经济良性发展的绿色矿业发展示范区，由点到面、集中连片地推动绿色矿业发展。

其次，要研究建立绿色矿业发展基金，制定与绿色矿业发展相挂钩的激励政策。在资源配置和矿业用地等方面向绿色矿山、绿色矿业企业和绿色矿业发展示范区倾斜。同时发挥地方政府积极性，落实企业责任，引领传统矿业转型升级，促进矿山合理布局、资源高效利用，生态优良和矿地和谐。

## 三、培育山地循环农业

贵州省立体气候明显，生物资源多样，具有宜农非耕地资源丰富的特点，适应农产品的多元化生产和消费升级，优质的山、水、空气与土壤有机组合，为发展无公害、绿色和有机农产品提供了天然理想场所。

### 1. 推进农业清洁生产

贵州省农业生产要围绕农业生态和资源环境保护，加强农村环境综合整治、农业面源污染防治、水土保持、野生种质资源保护及外来入侵生物防治，大力实施生态化生产和绿色防控技术，提升农产品质量安全水平。

首先，要实施化肥农药零增长行动，大力推广绿色防控技术，开展茶业、水果、蔬菜有机肥替代化肥试点示范，推广化肥农药减量增效技术，扩大配方肥、生物农药使用范围，鼓励农民增施有机肥。其次，要实施绿色兴农重大工程，发展绿色生产，严格化肥、农药、饲料添加剂等使用管理，以秸秆肥料化、饲料化、基料化为主要途径，推动农业废弃物资源利用无害化处理，不断提高秸秆综合利用率。最后，要建立农产品质量追溯制度，鼓励和支持农业生产经营主体申报农产品认证，加快提升"三品一标"产品比重，塑造绿色生态、品质安全、健康营养的农产品品牌，创建国家和省级农产品质量安全县。

### 2. 提升特色优势农业

贵州省要大力发展烤烟、蔬菜、茶叶、马铃薯、高粱、核桃、水果、油茶和草地生态畜牧业等特色优势产业，延伸产业链，提升附加值，培育壮大一批产销一体化龙头企业和专业合作组织，推进特色优势农产品基地建设。

首先，贵州省应大力发展蔬菜产业，建成全国辣椒产销中心、南方重要的夏秋喜凉蔬菜基地、全国优质特色食用菌基地和重要名特优蔬菜基地；依托规模化基地开展有机认证，全面实现商品蔬菜的无公害、绿色、有机生产，大幅度提高贵州蔬菜的生态、品质、特色的核心竞争力和产业品牌形象。茶业坚持以绿茶为主，重点打造黔东北、黔西北、黔东南、黔中、黔西南五条产业带，要加快无公害绿色有机认证，提升有机茶园比重，加快推进企业集群集聚，搞好茶综合利用精深加工。

其次，大力推动畜牧业发展从"以粮换肉"向"以草换肉"转变，打造一批生态养殖基地，推进适度规模化、标准化生产和产业化经营，提高畜牧业综合生产能力，推进生态畜牧业稳步发展。要优化生猪养殖区域布局，推动产能向环境容量大的地区和优势区域集聚，科学划定禁限养殖区域；结合贵州省水资源优势，发展规模化优质稻田养鱼、蟹、泥鳅等，培育鲟鱼、鲑鳟等冷水鱼特优产业集群；要合理布局宜渔库区，适度有序养殖，发展库区生态渔业，推进资源养护型渔业发展。

### 3. 发展休闲观光农业

休闲农业是利用农村的自然环境、田园景观、农业生产、农业经营、农耕设施、农耕文化、农家生活等资源，为游客提供观光、休闲、度假、体验、娱乐等多种需求的生态农业旅游活动。贵州省由于特殊的地形地貌特征，山地立体农业种植及多样的民族文化，使贵州具备发展休闲观光农业的有利条件。

贵州省应在坚持农业产业化的前提下，对休闲农业发展宏观布局和整体规划，有效地利用当地农业资源与特色景观、人文风情规划设计具有地域特色的设施与活动，大力推进休闲农业与乡村旅游融合发展，围绕大中城镇、重要高速通道、重点旅游景区、产业发展集聚区，突出农事体验、文明传承、科普教育、养老养生、休闲观光、度假旅游等功能，培育打造主导产业突出、休闲功能配套、适度规模发展的休闲观光与乡村旅游目的地。

# 四、打造全域生态旅游

### 1. 优先发展生态旅游

贵州省旅游资源独特秀美，开发比较优势突出，具有开发利用价值的旅游景区（点）1000多处，其中国家级自然保护区9处，世界、国家文化自然遗产8处，国家级风景名胜区18处，国家级森林公园22处，国家级地质公园10处。秀美多姿的自然景观，与浓郁的民族文化和深厚的历史文化有机组合，使贵州成为全国重要的生态旅游、红色旅游、民族文化和休闲度假旅游目的地。

生态旅游是采取生态友好方式，开展的生态体验、生态教育、生态认知并获得心身愉悦的旅游方式，是在不干扰自然地域、保护生态环境、降低旅游的负面影响和为当地人口提供有益的社会和经济活动的情况下进行的。贵州省要大力发展生态旅游，结合现有旅游景区建设，重点打造黄果树、龙宫、荔波、梵净山、赤水、万峰林、雷公山生态文化旅游区，重点扶持旅游商品龙头企业、旅游商品专业市场和公共服务平台，开发旅游新产品，建设旅游商品产业园区。

### 2. 推动乡村休闲旅游

贵州省具有丰富多彩的民族文化、农耕文化和自然资源等元素，应充分发挥乡村各类物质和非物质资源富集的独特优势，利用"旅游+""生态+"等模式，因地制宜，大力发展民族文化型、城郊游憩型、休闲农业型和康体养生型等乡村旅游业态，积极开发美食餐饮、民俗活动、工艺特产等乡村旅游产品，推动乡村休闲旅游产业加快发展。

目前，贵州省要依托现代高效农业示范园区和城郊休闲度假乡村，大力发展多样化、特色化、多元化的山地立体农业观光、传统作物种植等体验旅游，重点推进农林牧渔业与旅游、教育、文化、体育、康养等产业深度融合，着力开发田园生态观光、农艺学习体验、自助采摘、健身养生、垂钓娱乐等乡村旅游产品，全面提升乡村旅游的水平与层次，打造一批各具特色的田园风光、民族风情、休闲农庄、家庭客栈、农家餐饮等乡村旅游业态，带动农民增收脱贫。

### 3. 推动发展健康服务

贵州省生态优势得天独厚。海拔适中，气候适宜，年平均气温在15℃左右，秀丽山水和清新空气有利于修养身心、颐养性情；由于深林植被繁茂、负氧离子浓度高、地磁辐射弱，贵州被誉为天然"大空调""大氧吧""大公园"；而且贵州是全国四大中药材主产区之一，素有"天然药物宝库"之称，药材资源丰富，具有民族特色的医药和文化相互渗透融合。贵州现有5个"中国长寿之乡"，百岁老人有1200多人。

贵州省应充分利用生态、资源和区位优势，积极推动发展健康服务业，重点发展医疗卫生、健康管理、养身保健、健康养老等服务业，构建管理规范、运转顺畅、分工合理的健康服务业体系。要充分挖掘大数据在健康管理及服务中的价值，大力发展智慧医疗服务、智慧健康产品和智慧健康管理，进一步促进大数据与医养、康养的深度融合。

# 第五节　贵州省建设美丽宜居家园的国土整治行动

## 一、优化城镇结构布局

城镇是人类居住生活活动的中心，是经济、社会和自然的综合体，属于典型的人工生态系统。由于贵州省地形地貌复杂，城镇分布主要集中在交通便利的贵阳市、遵义市、安顺市、黔东南州和黔南州，以及依靠工作资源发展的六盘水市、铜仁市等地区。目前，贵州城市群发展尚处于培育阶段，城镇体系结构不够完善。因此，围绕山地特色新型城镇化要求，全面落实《省人民政府关于深入推进新型城镇化建设的实施意见》（黔府发〔2016〕14 号），明确提出该规划，以构建"一核、一群、两圈、六组、多点"省域城镇体系为导向，逐步完善城镇化空间格局，全面形成以黔中城市群为引领的多层次、多向开放的城镇体系空间格局，推动城镇化发展由外延扩张式向内涵提升式转变，实现大中小城市、小城镇和新农村协调发展。

### 1. 构建开放城镇空间

首先，贵州省应依托长江经济带和珠江-西江经济带，积极参与"一带一路"建设，构建云南-欧洲、云南-印度洋、成渝-欧洲的 3 条陆路经济走廊，以及珠江三角洲、长江三角洲、北部湾-大洋洲、非洲、欧洲的海上经济走廊等战略通道，塑造贵州"四廊两带"对外开放格局。其次，以黔中城市群为主体，向北融入成渝城市群发展，向南扩大与珠三角、北部湾合作，向西借助云南，面向南亚、东南亚发展外向经济，向东依托杭瑞、沪昆高速，加强与长三角、长江中游城市群合作，推动多向开放。此外，要以贵阳市至广州市、长沙市、昆明市、重庆市、成都市、南宁市等高速铁路和高速公路为依托，加大产业发展、城镇建设、基础设施和公共服务统筹力度，提升核心骨干城市，壮大区域中心城市，培育战略支点城镇，构建高速走廊城镇经济带，推动区域发展一体化。

### 2. 强化中心城市带动

首先以贵阳市中心城市（含贵安新区）为省域发展主核，强化规模集聚和功能提升。首先要加快中关村贵阳科技园、贵阳市中心城市基础设施和公共服务设施建设，提高城市综合承载能力和城市容量，提升城市综合服务功能和建设品质，增强贵阳中心城市辐射带动能力；其次要加快贵安新区对外通道和市政设施建设，高标准配置公共服务体系，鼓励发展总部经济，支持设立区域总部、技术研发中心，建设规模适中的创客园区，推进贵阳和贵安新区联动发展，培育对外开放综合服务职能，强化中心城市的辐射带动能力。

### 3. 推动城镇集中组群

一是要依托黔中经济区，编制黔中城市群规划，统筹基础设施和公共服务设施，加快城市群重点工业区和开发区建设，整合城市、产业园区、重点旅游景观和基础设施建设，推动跨区域城市间产业分工与环境治理协调联动，实现黔中城市群一体化发展。

二是以贵阳市、贵安新区和安顺市为核心，以核心城市为载体，建设辐射全国的综合交通枢纽、高端产业服务平台和现代制造业基地，发展贵阳-安顺都市圈；以遵义市为中心，加强与重庆市、四川省南部地区重点城镇产业分工合作，打造省域北部区域性综合交通枢纽、综合产业服务平台，加强产业承接转移，建设遵义都市圈。

三是以道路系统对接、产业发展协同、设施共建共享、旅游同线同网等为重点，突出组团式发展格局，以城际干道建设为重点，推进六盘水市、毕节市、铜仁市、黔东南州、黔南州、黔西南州等市（州）政府所在地城市与周边城镇一体化发展，打造省域六大城镇组群，扩大区域性中心城市容量。

# 二、提高城市环境品质

### 1. 推进城市土地节约

贵州省地形以山地和丘陵为主，对城市建设有较大限制，因此必须重视建设用地集约节约利用，研究和推广各类建设节地技术和模式，提高投资强度和产出效率，促进各项建设节约集约用地，提高建设用地对经济社会发展的支撑能力，同时落实最严格的节约用地制度，实施建设用地总量和强度双控行动，有序推进城镇低效用地再开发和工矿废弃地复垦利用。

加大存量建设用地挖潜力度。积极盘活存量建设用地，加强城镇闲散用地整合，鼓励低效用地增容改造和深度开发；积极推行节地型城镇改造，重点加快城中村改造；促进存量、低效用地盘活利用；加大实施城乡建设用地增减挂钩，拓展扶贫地区增减挂钩节余指标使用范围，优化城乡用地结构布局。

积极引导城镇建设向地下发展，拓展建设用地新空间。城市化地区在严格保护历史文化遗产、保持特色风貌的前提下，着力推进城镇低效用地再开发，提高城镇人口和产业承载力，统筹城市地上地下空间开发，释放地下空间开发利用潜力。

健全节约集约用地控制标准，强化节约集约用地激励机制，严控单位 GDP 建设用地使用面积。严格制定完善区域节约集约用地控制标准，加快建立土地承载能力评价技术体系，探索开展区域土地开发利用强度和效益考核。建立贵州省城镇区域投入产出、平均建筑密度、平均容积率控制标准，各城镇自主确定具体地块土地利用强度的管理制度。严格执行各行业建设项目用地标准，明确控制性要求，加强监督检查。

### 2. 加快城市环境治理

根据《2015 年贵州省环境状况公报》，城市集中式饮用水水源地水质良好，中心城市集中式饮用水水源地水质达标率为 100%，县级城镇集中式饮用水水源地水质达标率为 98.3%；全省城市环境空气质量总体优良，但贵阳市和六盘水市因细颗粒物（$PM_{2.5}$）超标未达到国家二级标准，遵义市因可吸入颗粒物（$PM_{10}$）和细颗粒物（$PM_{2.5}$）超标未达到国家二级标准，其余中心城市达到国家二级标准。

因此，贵州省应大力实施空气污染防治，加快调整能源结构，加快清洁能源替代利用，推进煤炭清洁利用；全面整治燃煤小锅炉，加快淘汰 10 蒸吨及以下燃煤小锅炉，推广应用高效节能环保型锅炉；加强城市机动车尾气污染防治，加快淘汰黄标车，推广使用清洁能源公交车，倡导绿色出行。

此外，贵州省应加大城镇饮用水水源地保护力度，确保中心城市集中饮用水水源地水质达到或优于三类水质；要推进城镇生活污水和工业污水处理设施及配套管网建设，城镇新区管网建设推行雨污分流。同时，要加强工业固体废物、危险废弃物和医疗废弃物治理，加快城镇生活垃圾无害化、资源化处理设施及城乡生活垃圾收运体系建设，推进生活垃圾分类处理。

### 3. 开展城市更新改造

开展城市旧住宅区整治。以完善配套基础设施、环境综合整治、房屋维修加固和建筑节能改造为重点，依托现有山水等独特风光，注重历史文化街区、建筑和重点文物保护，保留地方民宿和建筑特色，改建、扩建或翻建城市旧住宅区，加大棚户区改造力度，完善房屋使用功能，增强城市综合承载能力。

推进智慧城市建设。加强智慧城市信息资源开发利用，推进城镇建筑物档案数字化、地下管网普查和数据建库，建立城市综合网格化管理平台、公共服务平台及城市规划运行优化仿真系统，建设综合性城市管理平台和数据库，促进大数据、物联网等现代信息技术与城市管理服务有机融合，推动城市智慧管理。

加快海绵城市建设。加快探索贵州山地特色海绵城市建设政策、技术和管理经验，加大城市径流雨水源头减排的刚性约束，优先利用自然排水系统，综合采用"渗、滞、蓄、净、用、排"等工程措施，提高城市自然积存、渗透和净化的能力，推进贵安新区国家海绵城市建设试点。

强化城镇绿化建设。注重城镇建设与山水林田湖草融合发展，加大城市绿道、社区公园和社区广场建设，建设网络化绿地系统，保护并拓展城市绿色空间，保持增加河流、湖泊、湿地面积，进一步提高生物多样性，大力推进绿色示范城镇创建，建设山水相依、山水环抱的山水城市。

推进低碳城镇建设。充分利用城市轨道交通设施，加强公交枢纽、专用车道、步行道、自行车道和休闲步道的建设，发展城市慢行系统，改善绿色出行条件。提高太阳能、风能和生物质能等新能源和可再生能源利用比例，重点推进新建住宅、公共建筑节能技术应用，加快既有建筑节能改造，以城市综合体和示范小城镇绿色创建为突破口，大力发展绿色建筑。

# 三、重点推进乡村振兴

当前，我国社会中最大的发展不平衡，是城乡发展不平衡；最大的发展不充分，是农村发展不充分。坚持农业农村优先发展，实施乡村振兴战略，是党中央着眼"两个一百年"奋斗目标导向和农业农村短腿短板的问题导向做出的战略安排。贵州省乡村振兴战略应结合贵州省农村贫困人口多、农业经济比重高的现状，积极培育建设特色小城镇，充分挖掘民族特色文化，打造山水田园综合体，推进美丽乡村建设，整体提高乡村建设与发展品质。

### 1. 培育山地特色城镇

贵州省要推广应用示范小城镇建设经验，带动全省特色小城镇共同发展，加快发展一批产业定位清晰、文化内涵丰富、功能配套完善的特色小镇，建成一批文化古镇、创客小镇、养生小镇、特色产业小镇等，配套旅游服务功能，提高小城镇综合承载力，增强吸引力，促进就地就近城镇化发展。要依托高速公路、高速铁路、国省干道等交通走廊，培育盘县–普安–晴隆、德江–印江–思南–沿河、榕江–黎平–锦屏–从江等特色城镇带。

同时，城镇建设要以保护山水脉络为前提，遵循少挖山、慎砍树、不填湖的原则，打造一批山水田园综合体，强化自然立体的山地特色城镇景观，因地制宜地设计山地建筑，突出山地城镇环境特征、历史特征、文化特征、建筑风格和城市色彩，营造山地特色风貌，构建依山顺势、显山露水、山在城中、城在景中的空间格局。

### 2. 建设民族人文村镇

首先，贵州省村镇建设要注重挖掘、提炼民族文化元素，严格保护与管理历史文化名城名镇名村和传统村落，重视历史遗址遗迹的环境改善和基础设施建设，整合文化资源，发展创意、旅游等文化产业，办好民族节庆、文艺表演等活动，建设一批民族文化旅游村，促进民族传统文化产业与旅游业相结合。

其次，贵州省要建设一批有历史记忆、文化脉络、地域特色、民族特点的特色小镇和民族风情小镇，改善少数民族村镇人居环境，发展民族特色优势产业，保护改造少数民族特色民居，保护传承民族文化。重点建设西江千户苗寨、惠水好花红布依寨、肇兴侗寨、三都"万户水寨"、江口云舍土家村寨、务川龙潭仡佬寨、安顺鲍家屯与云峰八寨、六枝牛角村、月亮河村、水城海坪村、盘县舍烹村、威宁板底彝寨等特色示范村镇。

### 3. 推进美丽乡村建设

美丽乡村建设是新农村建设的提质和升级，是实现美丽中国的重要组成部分。目前贵州省美丽乡村建设和发展如火如荼，形成了一些好做法和好经验。不过，贵州省农村地区面积大、分布广，农村民族文化丰富，美丽乡村建设还有待全面推进。因此，贵州省应科学编制美丽乡村规划，注重乡村价值认知与文化建构相结合，引导培育现代农业与养老度假、休闲观光、民族民宿文化等多产业深度融合，全民动员开展农村环境大整治，高标准打造美丽乡村精品线，积极培育美丽乡村精品村，探索形成具有地域特点、民族特色、文化特征的贵州民居新样板，建设一批望得见山、看得见水、记得住乡愁的美丽乡村。

此外，要重视易地搬迁和生态移民工程，对居住条件恶劣的深山区、石山区、洪涝灾害高风险区居民，尤其是贵州省武陵山区、乌蒙山区及滇桂黔石漠化区三大连片特困地区的贫困人口实施易地扶贫搬迁工程，并向产业园区和城镇集中。同时，健全易地扶贫搬迁后续保障机制，对迁出区进行生态修复，实现生态保护与稳定脱贫的双赢。

### 4. 完善农村基础设施

目前，贵州省城乡公共服务设施水平差距较大，优质公共服务资源集中在城市，农村文化、教育、医疗、卫生资源较为匮乏，农村基础设施配套水平薄弱，污水、垃圾处理设施亟待完善。因此，贵州省应首先科学编制县域乡村居民点规划，优化村庄居民点布局，提高村庄建设水平，通过小城镇带动周边村庄的镇村联动发展，在基础设施、公共服务、产业协同、绿色廊道等方面实现统筹发展。

贵州省农村环境基础设施建设要以农村生活垃圾治理、生活污水治理、村庄绿化提升、乡村道路畅通、安全用水、农房改造、风貌提升、传统村落保护发展等工程为重点，全面实施农村人居环境综合整治。探索建立县城周边农村生活垃圾村收镇运县处理、乡镇周边村收镇运片区处理、边远乡村就近就地处理的模式，有效地提高农村生活垃圾处理率；推动城镇污水处理设施和服务向农村延伸，建设农村污水集中处理设施和分散处理设施，实现行政村生活污水处理全覆盖。

# 第六节　创建国家生态文明试验区国土管控行动

## 一、完善自然资源产权制度

自然资源所有权是一组自然资源所有权人或用益权人在不违背法律和损害第三人利益的情况下，可以根据自己的意愿自由行使并且其行使不受他人干涉的关于资源的权力（白平则，2006），如林权、土地权、矿业权等。长期以来，我国自然资源产权界定不清晰，管理权限之间相互重叠，出现政出多头的产权结构，导致自然资源粗放经营，资源消耗浪费严重。目前贵州省自然资源产权制度虽然相对健全，但是也存在产权归属不清晰、权能不完整、产权流转体系不健全、监管体制不完善等问题，急需健全自然资源产权制度，整合国土自然资源调查，推动自然资源确权登记，并落实自然资源所有权主体。

### 1. 开展自然资源全面调查

贵州省自然资源种类丰富，包括森林、山岭、草地、荒地、滩涂等全要素自然资源，以及世界自然遗产地、自然保护区、风景名胜区、城市公园、湿地、水流等特殊类型自然资源，但是这些自然资源的类型、分布与数量等数据成果及管理权限分布在不同行业部门。为加强自然资源统一管理，要统一制定贵州省自然资源综合调查管理办法，以土地调查成果数据为基础，以土地利用总体规划为底图，以五年或十年为调查周期，全面查清贵州省耕地、森林、草地、湿地（滩涂）、荒地（石漠化土地）、水资源等自然资源状况，包括各类自然资源的数量、质量、分布、开发利用、权属、用途等基本情况，定期发布贵州省域自然资源调查评价报告。在开展自然资源调查监测时，要采用统一的自然资源调查底图和调查技术标准，采用统一的调查坐标系和遥感影像图，统一采用《土地利用现状分类》（GB/T 21010—2017），并由国土部门牵头负责制定各类自然资源调查标准与落地协调，以保证调查数据结果的规范统一。

### 2. 推动自然资源确权登记

自然资源确权登记是为界定全部国土空间各类自然资源资产的所有权主体，明确不同类型自然资源的权利和保护范围等，需要准确全面的自然资源数据库作支撑。因此，建议贵州省在全球卫星定位、航空遥感影像、地理信息系统、大数据等技术手段支持下，以全省地籍调查为基础，开展土地、土地附着物或依附物（森林、林木、水流、建筑等）、地下物（地下水、矿产等）的权属调查，建立图属一致、地物一体的自然资源资产数据库。

此外，要制定自然资源统一确权登记办法，建立以土地所有权为基础的确权登记制度，清晰界定全部国土空间各类自然资源资产的产权主体，对水流、森林、山岭、草原、荒地、滩涂等所有自然生态空间统一进行确权登记。重点开展水域、岸线等水生态空间的测量、调查、确权等试点，明确每块水域空间的分布、边界及权属关系；同时根据贵州省湿地保护名录，开展湿地确权登记，将水权和湿地产权纳入自然资源资产登记系统。

### 3. 落实自然资源产权职责

贵州省自然资源产权必须明确国有自然资源所有权主体代表是国务院，对国务院授权相关职能部门行使的国家所有权、管理者和监督者的职权范围进一步细化；明确贵州省政府代理行使国家所有权的条款和职权范围，以及保护自然资源资产的使用权；探索自然资源综合立法管理，形成以宪法为基础，以各自然资源单行法为主体，各项行政法规和行政规章为配套的自然资源资产法律法规体系。

发源于贵州省六盘水，以"资源变资产、资金变股金、农民变股东"为主要内容的农村"三变"改革，极大地激活了农村资源要素，已成为具有标志性意义的制度创新成果和成功做法。贵州省应积极推广农村集体建设用地和宅基地使用权确权登记、农村土地承包经营权确权登记试点经验，创新集体所有权实现形式，扩大集体经营性建设用地使用权、农用地承包权、经营权、宅基地使用权的权能；明确集体农地"三权分置"并建立相应的登记、管理制度，落实农用地集体所有权、稳定承包权、放活经营权；要加快推进并完善集体经营性建设用地流转，创新农村宅基地管理。以农村土地产权制度改革，推动贵州省城镇化进程和大扶贫战略实施。

## 二、加强国土资源动态监测

开展土地资源、矿产资源及资源环境承载能力的监测与评估，有助于及时研判国土资源的变化趋势，促进国土资源的合理开发利用与有效保护。遥感卫星和信息化技术的发展也为开展国土资源监测提供了有效手段。目前，贵州省的大数据战略，可为国土资源监测的基础设施建设、数据资源汇聚融通和数据技术创新发展方面提供机遇与平台。因此贵州省国土资源大生态战略，应充分借助与融合大数据战略优势，建立覆盖省域国土空间的监测系统，加强国土资源状况及其变化的动态监测，从而为国土资源的高效管理提供充分依据。

### 1. 建设国土资源大数据

建设贵州省国土资源云。贵州省"国土资源云"是贵州省国土资源大数据的重要基础，以网络环境、服务器集群、云操作管理系统、云平台基础软件四部分为主组成云资源池，为国土资源大数据及其应用提供基础设施，以及不断整合到"国土资源云"上的软件服务。贵州省宜按照"一云两中心"的模式，构建国家"国土资源"省级中心和贵州省"国土资源云"中心，建立贵州省"国土资源云"安全保障体系，确保国土资源数据和信息系统的安全。

建设贵州省国土资源大数据中心。基于贵州省"国土资源云"，有序整合贵州省国土资源省-市州-区县各级管理部门的国土资源数据，以及其他政府部门国土资源相关数据，建设贵州省国土资源大数据中心，汇总集成和规范化整编全省各类国土资源数据，为国土资源现代化治理、行政审批、社会公众及其他政务活动等提供统一的国土资源数据服务。

建设贵州省国土资源大数据平台。依托贵州"国土资源云"，基于国土资源大数据中心，以国土资源大数据集成管理、国土资源大数据政务交换服务、国土空间基础信息服务和国土资源大数据社会开放服务为中心，组成贵州省国土资源大数据平台，集成管理、交换共享与应用分析国土资源大数据，并服务于广大民生，服务于各领域各产业。

### 2. 积极推进多规融合试点

贵州省正处于快速城镇化阶段，宜以主体功能区规划为基础，以土地利用总体规划为底盘，以资源环境承载力、建设用地总量强度"双控"和耕地保护红线、生态保护红线、城市开发边界"三线"为基本约束，推动省级空间性规划多规合一，最终实现一个市县一本规划、一张蓝图。

在贵州省平坝、都匀、桐梓等地区开展多规融合改革试点基础上，宜将多规融合在全省推广实施，积极开展全省国土空间规划试点，整合土地利用总体规划、城乡建设规划、生态保护规划，加快推动多规融合，提高资源利用宏观调控的整体性和协调性。

### 3. 开展国土资源综合监测

加强土地资源数量监测。坚持高分辨率遥感影像与地面实地调查相结合的调查方法，坚持全面检查与抽样核查的分级质量控制体系，坚持现状调查与管理信息套合标注分阶段推进的工作程序，做好土地资源数量监测工作，并利用年度变更调查数据和遥感监测成果，结合省域土地管理相关业务和经济社会发展数据，开展土地利用与管理情况分析。

开展土地质量监测。通过布设样点与实地采样分析，开展土壤质地、土壤有机质，土壤全氮、全磷、全钾，土壤氨态氮和土壤水分等质量指标监测，通过采样分析监测土壤污染和盐渍化；耕地质量利用遥感方法开展区域植被指数的计算和监测，以作物长势来反映耕地综合生产能力。

推进土地生态监测。采用遥感反演和地面调查相结合的方式，开展土地生态状况监测，重点监测生物量、指示种、植被覆盖度、叶面积指数、光合有效辐射、林网密度、渠网密度、城市绿地、城市水面和城市非渗透性表面等指标；耕地生态状况可开展复种指数、化肥使用量、农药使用量、除草剂使用量等调查监测；同时，基于遥感、地面调查和资料统计，针对工矿区、石漠化区、地质灾害区等典型区域开展土地污染、地质灾害、土壤侵蚀和草地退化监测。

#### 4. 健全承载力监测预警

完善省域资源环境承载力评估。充分利用国土资源数据多、覆盖面广的优势，系统考虑土地、矿产、地下水、地质环境、生态安全等要素，测算承载潜力和压力情况，形成贵州省及重点区域的承载能力评价结果、城乡建设开发限制性和适宜性评价结果，提出以承载能力为基础推动形成绿色发展方式和生活方式的政策建议，为国家及贵州省重大决策和重大战略实施提供科学依据。

推进县域资源环境承载力评估。基于贵州省县级行政区土地、水、生态、环境、经济、交通等基础数据，科学开展贵州省县域资源环境承载力评估，精准识别承载能力状况及其超载成因，研究提出对超载地区的限制性政策建议，推动资源环境承载能力监测预警长效机制建立，促进国土资源保护与合理开发。

建设国土资源承载力预警系统。依托"国土资源云"等信息化建设成果，建立国土资源环境承载力监测预警系统；开展成果集成与管理决策应用研究，定期编制资源环境承载能力监测预警报告，辅助支撑国土空间开发引导和管控，对接近或达到警戒线的地区，实行预警提醒和限制性措施。

# 三、实现国土资源经济价值

#### 1. 推进资源有偿使用

长期以来，人们认为自然资源无价值或者低价化，是造成自然资源极大浪费的重要原因，因此要全面推行资源有偿使用制度，加快资源产品价格改革。首先要扩大国有土地有偿使用范围，扩大"招拍挂"出让比例，减少非公益性用地划拨，国有土地出让收支纳入预算管理；要改革完善工业用地供应方式，探索实行弹性出让年限及长期租赁、先租后让、租让结合供应；完善地价形成机制和评估制度，健全土地等级价格体系，理顺与土地相关的出让金、租金和税费关系；要探索通过土地承包经营、出租等方式，健全国有农用地有偿使用制度。

此外，贵州省应完善矿业权出让制度，建立符合市场经济要求和矿业规律的探矿权采矿权出让方式，原则上实行市场化出让，国有矿产资源出让收支纳入预算管理；要理清有偿取得、占用和开采中所有者、投资者、使用者的产权关系，研究建立矿产资源的国家权益金制度；调整探矿权采矿权使用费标准、矿产资源最低勘查投入标准，推进实现全国统一的矿业权交易平台建设，加大矿业权出让转让信息公开力度。

#### 2. 完善环境损害赔偿

生态环境损害指因污染环境、破坏生态造成大气、地表水、地下水、土壤等环境要素和植物、动物、微生物等生物要素的不利改变，及上述要素构成的生态系统功能的退化。为体现环境资源生态功能价值，促使赔偿义务人对受损的生态环境进行修复，国家明确提出了对造成生态环境损害的责任者严格实行赔偿制度。

贵州省生态环境损害赔偿实践应参照中共中央办公厅、国务院办公厅印发的《生态环境损害赔偿制度改革试点方案》，明确生态环境损害赔偿范围、责任主体、索赔主体和损害赔偿解决途径等，制定生态环境损害赔偿制度方案，建立环境损害司法鉴定机构评审专家库，制定相关鉴定评估技术指南，完善生态环境损害鉴定等制度和技术规范；同时，应建立生态环境损害赔偿磋商机制，建立生态环境损害赔偿基金，用于生态环境损害修复、应急处置、支持环境公益诉讼等生态环境保护领域。

### 3. 健全生态补偿机制

生态补偿是以保护与可持续利用生态系统服务为目的，以经济手段为主调节相关者利益关系的制度安排。贵州省生态补偿应与实施主体功能区规划、西部大开发战略及武陵山、乌蒙山、滇桂黔石漠化等国家集中连片特困地区脱贫攻坚有机结合，健全生态补偿机制，坚持使用资源付费和谁污染环境、谁破坏生态谁付费原则，逐步构建横向生态补偿制度，制定并实施贵州省江河流域水污染补偿办法，建立符合市场导向的水价形成机制。按照国家统一部署，加快推进黔南地区和毕节试验区等生态补偿示范区建设，积极探索建立流域、湿地、矿产资源开发使用生态补偿机制，建立健全河湖水域岸线占用补偿制度和岸线有偿使用制度。在赤水河率先实施生态补偿机制，适时将范围扩大到八大水系和草海。

# 四、健全国土空间用途管制

### 1. 建立国土用途管制制度

以土地用途管制为基础，将用途管制扩大到所有自然生态空间，构建以空间规划为基础，以用途管制为主要手段的国土空间开发保护制度。制定自然生态空间用途管制办法，完善国土空间开发许可制度，最大限度地保护耕地、林地、草原、河流、湖泊、湿地等自然生态用地，着力解决无序开发、过度开发、分散开发导致的优质耕地和生态空间占用过多、生态破坏和环境污染等问题。加强部门沟通协调，调整完善建设用地、资源开发、环境保护等政策，探索统一行使所有国土空间用途管制职责的监管体制。切实维护被征地农民权益，建设用地供应多数是农用地征用转为建设用地，涉及被征地农民的征地补偿、房屋拆迁补偿和社会保障落实等切身利益，要严格依照有关法规、政策和程序开展土地征收，全面落实被征地农民征地拆迁补偿和社会保障等相关政策。

### 2. 完善自然资源监管方式

全面推行河长制。制定落实省、市、县、乡、村五级河长制，积极构建省、市、县、乡和村五级河长体系，实现河道、湖泊、水库等各类水域河长制全覆盖；制定出台各级各项制度及考核办法，明确各级总河长、河长、河长制办公室的职责，并纳入省对各市（州）和县域经济综合测评考核及最严格水资源管理制度考核和水污染防治行动计划实施情况考核；利用测绘地理信息技术，开发"河长制 APP"，实时监管河流与河长制落实情况。同时，严格涉河建设项目审批，规范河湖开发利用行为，加强水行政执法能力建设，建立政府主导、水利牵头、有关部门配合的联合执法机制，严厉打击非法侵占河湖、采砂等违法违规行为。

试点推广湖长制。总结贵州省河长制工作成效与经验，在红枫湖、百花湖、夜郎湖等重要湖泊，建成湖长制，湖泊最高层级的湖长是第一责任人，对湖泊的管理保护负总责；针对各地河湖存在的突出问题，实施一河一策、一湖一策。同时，湖长在严格湖泊水域空间管控、加强湖泊岸线管护的同时，还要承担湖泊生态治理、执法监管等方面的工作，以及承担实行湖泊生态环境损害责任终身追究制。

积极探索林长制。试行制定省、市、县、乡、村等不同等级林长制体系，在生态区域试行林长制，强化森林资源管护责任，加强林业有害生物防治，严格林木采伐审批，严格执行森林资源保护；制定出台林长制落实办法与流程，通过"竖立牌子"、"开展调研"、"召开会议"、"进行督查"、"研究对策"和"建立档案"等工作，将林长制的各项任务落到实处；完善林长制监督考核和责任追究制度，对责任不到位造成后果的严肃问责，对破坏森林、湿地和野生动植物资源的违法犯罪行为依法严厉查处。

### 3. 组建自然资源管理部门

党的十九大报告提出，加强对生态文明建设的总体设计和组织领导，设立国有自然资源资产管理和自然生态监管机构，完善生态环境管理制度，统一负责全民所有自然资源资产所有者职责，统一行使所有国土空间用途管制和生态保护修复职责，统一行使监管城乡各类污染排放和行政执法职责。

为应对与配合国家自然资源监管机构的设立，贵州省应借鉴"土地资产管理委员会"的经验，依托不动产统一登记及资产交易平台，组建贵州省自然资源资产管理委员会，统一负责全省自然资源资产的储备、交易、增值等管理；制定自然资源法律法规与政策，开展自然资源调查、评价、开发与保护管理，负责自然资源权属登记、行政审批与许可等；同时，应建立央地垂直、独立运行且具有执法权的自然资源督查机构，监督地方政府、资源管理部门的"行政"管理，保障自然资源调查、评价、开发、保护的合理合规与高效运行。

### 4. 强化农村宅基地的管理

认真贯彻落实《省人民政府关于做好村庄规划加强农民建房和宅基地管理促进新农村建设的意见》（黔府发〔2017〕24 号）和相关法律法规，规范农村宅基地申请，严格农村宅基地审批，强化农村宅基地审批服务与使用管理，节约集约使用土地，促进美丽宜居新农村建设。

规范农村宅基地申请。明确农村宅基地申请条件，符合条件的村民可向本村集体经济组织或村民委员会申请使用宅基地；制定农村宅基地用地面积标准，明确城市郊区、坝子地区、丘陵地区及山区、牧区等农村宅基地用地面积的最高限额标准；县级人民政府应组织制定农村宅基地审批办事指南，公开农村宅基地申请程序，明确农村宅基地申报材料，指导农村村民按规定申报办理宅基地用地审批手续。

严格农村宅基地审批。规范农村宅基地审批，乡（镇）人民政府、街道办事处组织国土资源、规划建设等相关部门联合审核，审核合格后及时上报县级人民政府审批，并由县级国土资源部门按照批准文件核发批准书；严格审查农村宅基地条件，不符合条件者一律不得批准农村宅基地用地；农村宅基地涉及占用农用地的，应及时申报办理宅基地农用地转用审批手续。

强化农村宅基地审批服务与使用管理。县级人民政府要按照乡（镇）土地利用总体规划和村土地利用规划实施要求，严格落实宅基地规划用途管制；农村集体经济组织或村民委员会应建立农村宅基地申请管理台账，规范农村宅基地申请管理；县级人民政府要严格落实"四公开"制度，组织建立农村宅基地审批信息公示平台，积极主动公开审批信息；乡（镇）政府、街道办事处和村集体组织或村民委员会，应加强宅基地使用、建设的全过程监督管理，将违法违规问题消除于萌芽状态；同时，县级人民政府应建立宅基地退出激励机制，建立联动执法机制，健全动态巡查制度，强化综合执法监察，加强农村宅基地日常监管。

# 参 考 文 献

白慧,陈贞红,李长波,等.2012.贵州省主汛期暴雨的气候特征分析.贵州气象,36(3):1-6.

白兰.2015.贵州省脆弱生态环境与贫困耦合关系研究.贵州大学硕士学位论文.

白平则.2006.人与自然和谐关系的构建.北京:中国法制出版社.

毕节市七星关区国土资源局.贵州省旅游资源大普查总结会在贵阳召开.http://www.gzbjsgtzy.gov.cn/
    html/2017/09/25/20170925_081740_1394.html[2017-09-25].

曹玉祯,吕林涛,李玉洁.2015.城市工程测量中LIDAR数据应用研究.科技创新导报,12(1):46-47.

晁建强.2013.贵州省生态环境存在的问题及对策.中国园艺文摘,29(7):227-228.

陈珂,吕涛,杜笛.2010.贵州省石漠化监测信息系统设计研究.中国水土保持,(2):20-22.

陈须隆.2015.当今世界面临的主要全球性问题.瞭望,(39):18-20.

程发良,孙成访.2014.环境保护与可持续发展.北京:清华大学出版社.

邓锋,石吉金,姚舜禹.2011.国土资源管理改革的总体趋势与若干思考.中国国土资源经济,24(5):
    30-32,55.

丁俊,倪师军,魏伦武,等.2006.西南地区城市地质环境风险性分区评价方法.成都:四川科学技术出
    版社.

都平平,雷小乔,吴静.2012.基于GIS的地质环境单因素评价方法研究.中国煤炭地质,24(2):
    42-46.

樊杰,兰恒星,周侃.2016.资源环境承载能力评价与可持续发展.北京:科学出版社.

樊杰.2017.我国空间治理体系现代化在"十九大"后的新态势.中国科学院院刊,32(4):396-404.

范小建.2011.扶贫标准上调至2300元(政策解读).人民日报,11-30(2).

甘宜沅.2009.中国农业和农村可持续发展研究.北京:中国传媒大学出版社.

高长波,陈新庚,韦朝海,等.2006.区域生态安全:概念及评价理论基础.生态环境,15(1):
    169-174.

辜声峰.2013.多频GNSS非差非组合精密数据处理理论及其应用.武汉大学博士学位论文.

贵州日报.以举办2016数博会为契机全力推动大数据产业加快发展.http://cpc.people.com.cn/n1/2016/
    0524/c117005-28375658.html[2016-05-24].

贵州省地方志编纂委员会.1988.贵州省志:地理志(下册).贵阳:贵州人民出版社.

贵州省地方志编纂委员会.1992.贵州省志:地质矿产志.贵阳:贵州人民出版社.

郭红艳,周金星,唐夫凯,等.2014.西南岩溶石漠化地区贫困与反贫困策略研究——以关岭县三家寨村
    为例.中国人口·资源与环境,24(S1):326-329.

郭华东,王力哲,陈方,等.2014.科学大数据与数字地球.科学通报,59(12):1047-1054.

郭靖.2014.姿态、光压和函数模型对导航卫星精密定轨影响的研究.武汉大学博士学位论文.

郭强.2007.论贵州省地质灾害防治.中国地质灾害与防治学报,18(4):45-49,44.

郭印.2012.从生态经济学视野探索我国反贫困新思路.改革与战略,28(9):21-24.

韩晋芳,武法东,田明中,等.2016.黄山世界地质公园资源保护及可持续发展对策.中国人口·资源与
    环境,26(S2):292-295.

韩景敏,邵明,秦品瑞.2015.山东省地质环境承载力现状及对策.山东国土资源,31(3):33-37.

胡洪.2014.GNSS精密单点定位算法研究与实现.中国矿业大学博士学位论文.

花国红,李明路,田明中.2008.浅论地质公园法制化管理.中国国土资源经济,(10):20-22,47.

黄润秋,许何宁,唐川,等.2008.地质环境评价与地质灾害管理.北京:科学出版社.

蒋伟林.2015.贵州大数据产业路线图.决策,(4):62-63.

李安福,曾政祥,吴晓明.2014.浅析国内倾斜摄影技术的发展.测绘与空间地理信息,37(9):57-59,62.

李丙霞,喻美艺.2011.论贵州省地质公园的建设和发展.上海国土资源,32(1):70-73.

李德仁,邵振峰.2009.论新地理信息时代.中国科学(F辑):信息科学,39(6):579-587.

李德仁.2013.智慧地球时代测绘地理信息学的新使命.地理信息世界,20(2):6-7.

李德仁.2017.从测绘学到地球空间信息智能服务科学.测绘学报,46(10):1207-1212.

李敏.2011.多模GNSS融合精密定轨理论及其应用研究.武汉大学博士学位论文.

李世海,刘天苹,刘晓宇.2009.论滑坡稳定性分析方法.岩石力学与工程学报,28(2):3309-3324.

李树文,康敏娟.2010.生态—地质环境承载力评价指标体系的探讨.地球与环境,38(1):85-90.

李昕,文婧,林坚.2012.土地城镇化及相关问题研究综述.地理科学进展,31(8):1042-1049.

李永泉,高成发.2011.北斗卫星导航定位系统简介.现代测绘,(4):10-11.

李征航.2005.GPS测量与数据处理.武汉:武汉大学出版社.

李宗发.2012.贵州构造—岩土体分区及其与地质灾害形成的关系.贵州科学,30(3):32-37.

林文湘.2017.现代测绘地理信息理论与技术发展综述.工程技术,(5):242.

刘戎,史兴民,柳嵩.2011.论铜川市可持续发展度量与对策.西北大学学报(自然科学版),41(5):901-906.

刘彦随,王介勇.2016.转型发展期"多规合一"理论认知与技术方法.地理科学进展,35(5):529-536.

楼益栋,姚秀光,刘杨,等.2016.模糊度固定与弧段长度对区域站定轨的影响分析.武汉大学学报(信息科学版),41(2):249-254.

卢演俦,高维明,陈国星,等.2001.新构造与环境.北京:地震出版社.

陆大道,姚士谋,李国平,等.2007.基于我国国情的城镇化过程综合分析.经济地理,27(6):883-887.

骆延青,赵俊三.2016.基于层次分析法的华坪县地质环境承载力评价.安徽农业科学,44(21):64-66.

迈尔-舍恩伯格,库克耶.2013.大数据时代.盛杨燕,周涛译.杭州:浙江人民出版社.

蒙吉军.2005.综合自然地理学.北京:北京大学出版社.

苗茹,诸云强,宋佳,等.2014.基于云计算的地球系统科学数据共享研究与实践.地球信息科学学报,16(2):264-272.

牟艳娟.2010.浅谈贵州省"岩溶地区石漠化综合治理试点工程"监测.亚热带水土保持,22(4):56-57.

宁琪.2017.贵州省石漠化治理现状及存在问题.亚热带水土保持,29(1):30-33.

彭望璩,白振平,刘湘南,等.2002.遥感概论.北京:高等教育出版社.

蒲冠楠,余际从.2010.贵州省国土资源系统人力资源状况调查分析.中国矿业,19(3):48-50,54.

宋春然,何锦林,谭红,等.2005.贵州省农业土壤重金属污染的初步评价.贵州农业科学,33(2):13-16.

宋关福.2017.我国GIS产业日趋成熟 四大关键技术取得重大突破.超图通讯,(53):9-11.

孙承元.2016.浅谈可持续发展与地质环境管理.城市地理.

孙贵尚,马宗奎.2007.经济快速发展的中国要关注地质环境的影响.中国国土资源经济(4):22-23,47.

孙燕英,陈建信.2016.浅论呼和浩特城市地质环境对城市可持续发展的支撑与制约.内蒙古科技与经济,(5):50-51.

汤会琳.2016.贵州省情教程.北京:清华大学出版社.

万国江.1996.论贵州资源环境.贵州环保科技,2(1):1-6.

王金凤,代稳,马士彬,等.2017.岩溶地区资源环境承载力分析——以贵州省为例.科技通报,33(4):213-218.

王奎峰,李娜.2015.基于AHP和GIS耦合模型的山东半岛地质环境承载力评价.中国人口·资源与环境,25(S1):224-227.

王明章,王伟,况顺达,等.2010.岩溶石漠化治理的地学模式研究.北京:地质出版社.

王尚彦,刘家仁.2012.贵州地震的分布特征.贵州科学,30(2):82-85.

王顺祥,等.1998.贵州省六盘水市地质灾害研究.贵阳:贵州民族出版社.

王顺祥.2002.贵州省环境地质调查报告(1:50万).贵阳.

王玉平,齐亚彬.1999.我国国土资源规划体系研究.中国地质矿产经济,(10):22-24,39.

辛立国.2016.浅谈大数据发展视角下测绘地理信息服务面临的机遇与挑战.科技展望,26(12):306.

徐晓乾,崔伟,齐善忠.2009.贵州矿山地质灾害及其防治措施.北京:煤炭出版社.115:63-64.

严金明,陈昊,夏方舟.2017."多规合一"与空间规划:认知、导向与路径.中国土地科学,31(1):21-27,87.

杨国东,王民水.2016.倾斜摄影测量技术应用及展望.测绘与空间地理信息,39(1):13-15,18.

杨杰,诸云强,宋佳,等.2018.地理空间模型自动数据匹配结果精准表达方法.地球信息科学学报,20(6):744-752.

杨森林,陈革平,裴永炜.2011.贵州地质灾害发育分区.贵州地质,28(2):131-134,144.

杨森林,毛显后.2012.贵州重大气象地质灾害探讨.贵州气象,36(2):7-10.

杨森林,彭王星,张楠.2013.贵州地质灾害趋势预测实践与探讨.地质学刊,37(1):155-158.

杨胜元,田稼,张建江,等.2009.贵州地质灾害及其防治.贵阳:贵州科技出版社.

杨胜元,张建江,等.2008.贵州环境地质.贵阳:贵州科技出版社.

杨胜元,张建江.2012.贵州矿山地质环境.贵阳:贵州科技出版社.

杨欣欣,肖珊,严航.2016.不停歇的创新.武汉:武汉大学出版社.

杨宜勇,吴香雪.2016.中国扶贫问题的过去、现在和未来.中国人口科学,(5):2-12,126.

姚治华,王红旗,郝旭光.2010.基于集对分析的地质环境承载力研究—以大庆市为例.环境科学与技术,33(10):183-189.

余欢.2010.贵州省旅游资源保护法制研究.中央民族大学博士学位论文.

余娜,李姝.2014.贵州省石漠化现状及主要治理措施.安徽农业科学,42(25):8702-8704.

余振国,冯春涛,郑娟尔,等.2012.矿产资源开发环境代价核算与补偿赔偿制度研究.中国国土资源经济,25(3):31-34,55.

袁道先.2014.西南岩溶石山地区重大环境地质问题及对策研究.北京:科学出版社.

曾艳华.2004.大西南石山区生态保护与农业可持续发展研究.四川:生态出版社.

张彪.2016.北京市绿色空间及其生态系统服务.北京:中国环境出版社.

张明旭,赵伟.2009.矿山地质灾害成灾机理与防治技术研究与应用.徐州:中国矿业大学出版社.

张文华,赵安文.2003.地面塌陷的模式及特殊危害.地质灾害与环境保护,14(1):7-10.

张晓辛,傅锡敏.2006.我国农业可持续发展的生态环境状况与对策研究.农业环境与发展,(5):34-37.

赵阿宁，王剑辉，张江华，等.2016.铜川市矿山环境现状及可持续发展对策.现代矿业，32（2）：131-134，142.

赵国振，祝梅.2003.树立"大生态"理念，实施"大生态战略"确保可持续发展.中国环境管理，22（S1）：25-26.

赵红伟，诸云强，侯志伟，等.2016.地理空间元数据关联网络的构建.地理科学，36（8）：1180-1189.

赵墅艳.2012.贵州地区防治石漠化法律机制的构建.贵州民族学院学报（哲学社会科学版），（4）：29-31.

郑新奇，付梅臣.2010.景观格局空间分析技术及其应用.北京：科学出版社.

中国地质大学（北京）.2017.贵州省地勘基金公益性基础性项目：贵州省岩溶地下水资源可持续发展战略研究报告.

中国国土资源报.贵州省省长：挖掘国土资源大数据在各方面的应用潜力.http://www.mlr.gov.cn/xwdt/jrxw/201603/t20160310_1398627.htm［2016-03-10］.

周星，桂德竹.2013.大数据时代测绘地理信息服务面临的机遇和挑战.地理信息世界，20（5）：17-20.

诸云强，刘润达，冯敏，等.2009.分布式地球系统科学数据共享平台研究.计算机工程与应用.45（1）：245-248.

诸云强，潘鹏，石蕾，等.2017.科学大数据集成共享进展及面临的挑战.中国科技资源导刊，49（5）：2-11.

诸云强，潘鹏，宋佳，等.2017.地学数据本体研究与发展思考.河南师范大学学报（自然科学版），45（6）：1-8.

诸云强，宋佳，冯敏，等.2012.地球系统科学数据共享软件研究与发展.中国科技资源导刊，44（6）：11-16.

诸云强，孙九林，廖顺宝，等.2010.地球系统科学数据共享研究与实践.地球信息科学学报，12（1）：1-7.

诸云强，孙九林，王卷乐，等.2015.论地球数据科学与共享.国土资源信息化，（1）：3-9.

诸云强，孙九林.2006.面向e-GeoScience的地学数据共享研究进展.地球科学进展，21（3）：286-290.

诸云强，朱琦，冯卓，等.2015.科学大数据开放共享机制研究及其对环境信息共享的启示.中国环境管理，（6）：38-45.

诸云强.2009.地球系统科学数据共享关键技术研究.北京：科学出版社.

Chen M X, Ye C, Zhou Y. 2014. Comments on mulligan's "revisiting the urbanization curve". Cities, 41（1）：54-56.

Dach R, Lutz S, Walser P, et al. 2015. Bernese GNSS Software Version5.2. Bern：University of Bern.

Ding L, Lebo T, Erickson J S, et al. 2011. TWC LOGD：A portal for linked open government data ecosystems. Web Semantics：Science, Services and Agents on the World Wide Web, （9）：325-333.

Dong D, Bock Y. 1989. Global positioning system network analysis with phase ambiguity resolution applied to crustal deformation studies in California. Journal of Geophysical Research Atmospheres, 94：3949-3966.

Ge M, Gendt G, Dick G, et al. 2005. Improving carrier-phase ambiguity resolution in global GPS network solutions. Journal of Geodesy, 79（1-3）：103-110.

Goodchild M F. 2007. Citizens as Sensors：The World of Volunteered Geography. GeoJournal, 69（4）：211-221.

Hey T, Tansley S, Tolle K. 2009. The Fourth Paradigm Data-Intensive Scientific Discovery. Proceedings of the IEEE, 99（8）：1334-1337.

Schaer S. 1999. Mapping and predicting the Earth's ionosphere using the Global Positioning System. Bern：

University of Bern.

Zhu Y Q, Zhu A X, Feng M, et al. 2017. A similarity- based automatic data recommendation approach for geographic models. International Journal of Geographical Information Science, 31 (7): 1403-1424.

Zhu Y Q, Zhu A X, Song J, et al. 2017. Multidimensional and quantitative interlinking approach for Linked Geospatial Data. International Journal of Digital Earth. 1: 923-943.

# 附录：2009～2018年贵州省国土资源厅工作报告

2009年：坚定信心　奋发作为　全力保障和促进经济平稳较快发展
——在2009年全省国土资源管理工作会议上的报告
省国土资源厅党组书记、厅长　朱立军
（2009年2月17日）

同志们：

这次会议的主要任务是：认真学习贯彻党的十七大、十七届三中全会、中央经济工作会议精神及全国国土资源厅局长座谈会精神和省十次党代会、全省经济工作会议、省十一届人大二次会议精神，深入贯彻落实科学发展观，总结回顾2008年工作，认清形势、统一认识，部署2009年工作，主动服务、奋发作为，全力保障和促进我省经济平稳较快发展。维光副省长对这次会议高度重视，亲临会议并将作重要讲话，我们要认真学习领会，抓好贯彻落实。

下面，根据会议安排，我代表厅党组，讲四个方面的意见。

## 一、积极主动服务，2008年全省国土资源管理工作取得显著成效

2008年，大事多、急事多、难事多，是极不寻常、极不平凡的一年，是我省发展进程中十分特殊的一年，也是国土资源事业发展很不寻常的一年。在省委、省政府的高度重视和坚强领导下，在国土资源部的关心指导下，全省国土资源系统广大干部职工，认真贯彻落实党中央、国务院及省委、省政府的一系列重大决策部署，以深入学习实践科学发展观活动为契机，解放思想、开拓进取、积极应对，主动服务、转变作风、依法行政、狠抓落实，各项工作取得了新成绩，推动全省国土资源管理改革发展迈出了新步伐。

（1）积极应对、主动服务，为保障经济平稳较快发展发挥重要作用

1）积极参加抢险救灾和恢复重建。年初，积极参与抗击我省百年不遇的低温雨雪冰冻灾害。主动为灾后重建提供地质测绘资料保障和用地支持，及时启动地质灾害气象预警预报系统，着力防范冰雪融化可能引发的次生地质灾害，及时落实防治专项经费2090万元。汛期，望漠、册亨、万山、江口、思南、三都等地发生洪涝灾害后，积极参加抢险救灾并落实地灾应急处置经费1028万元。"5·12"汶川地震后，按照党中央、国务院及国土资源部和省委、省政府的安排部署，积极组织了近百人的地质专家及工程技术人员赶赴

灾区参加抢险救灾。全省国土资源系统干部职工积极捐款捐物、献血、缴纳特殊党费、团费、工会费支持灾区。

2）主动服务，保障扩内需保增长项目及时落地。坚决贯彻落实省委、省政府对国土资源保障发展的要求和部署。年中，针对我省上半年经济增速减缓，投资拉动效益不明显等情况，及时召开全省国土资源局长座谈会，主动服务、提前介入，确保了我省重点建设项目的用地、用矿需求，使一批重点项目得以顺利推进。第四季度中央出台扩大内需政策后，按照省委、省政府的部署要求，及时跟进、超前服务，制定了《贵州省国土资源厅关于保障扩大内需促进经济平稳较快增长的实施意见》，从解决补充耕地不足、加快建设用地审批等方面提出了 9 项应对措施，主动与省发改委、省交通厅、省水利厅协调，快捷办理了扩大内需建设项目用地预审支持性文件 168 个，及时向国土资源部申请追加建设用地计划。改变过去每年年底限时（12 月 20 日）受理建设用地报件的做法，使包括黔中水利枢纽一期工程在内的一批扩大内需重点项目顺利推进，保证了一批扩大内需项目按时开工，在我省扩内需保增长调结构中发挥了积极作用。

（2）国土资源保障能力增强，保护力度加大

1）积极为经济社会发展提供用地保障。2008 年，国土资源部两次下达我省新增建设用地计划 6700 公顷（10.05 万亩），年底又奖励并追加我省新增建设用地计划 590 公顷（8850 亩）。在全国建设用地计划指标严格控制、总体降低的情况下，我省指标较上年净增加 1290 公顷（19 350 亩），增幅达 20%。2008 年，我省得到批准建设用地共计 255 宗，总面积为 8095.71 公顷（12.14 万亩）。其中，国土资源部批准建设用地 12 宗，面积 4490.29 公顷（67 354.35 亩）；省政府批准建设用地 243 宗，面积 3605.42 公顷（54 081.3 亩）。有力地保障了我省经济社会发展的用地需求。

2）矿产勘查成效明显。进一步加强地质勘查基金（周转金）项目勘查力度，根据地质勘查规划及其重要矿种专项规划，积极推进优势矿产整装勘查。2008 年，组织安排两批地勘基金项目共计 33 项，总投入资金 1.17 亿元。已完成野外验收的 11 个煤矿普查项目已预获资源量 26.15 亿吨；3 个磷矿及稀土矿项目预获资源量磷矿 1.17 亿吨，稀土矿 2413 万吨。2008 年，贵州省地质矿产勘查开发局承担的瓮安老虎洞磷矿勘查预获资源量可达 2 亿吨；务川大竹园特大型矿床完成勘查形成资源量 3600 万吨并转入勘探；纳雍县法地煤矿勘探项目提交煤炭资源 1.5 亿吨以上；在镇远江古探明钒矿资源量达 60 万吨，成为我省目前最大的钒矿床。贵州省有色金属和核工业地质勘查局新增铝土矿资源量 7000 多万吨、铅锌矿资源量 291.65 万吨、铜矿资源量 50 余万吨、锰矿资源量 573.46 万吨、钼矿金属资源量 2734 吨、镍矿金属资源量 3049 吨、钒矿资源量 31 435 吨。

3）地质找矿取得新进展。基础地质调查取得一批新成果，我省地质工作程度得到进一步提高，新发现一批矿（化）点和物化探异常，提交矿产地 88 处，完成 1:5 万水文地质调查 1.5 万平方公里。全面推进危机矿山接替资源找矿，贵州省矿产资源接替区选区研究通过国土资源部验收。省地矿局、有色地勘局和煤田地质局等地勘单位在我省优势矿种铝土矿、磷矿、煤矿、钒矿、稀土矿及铅锌矿等找矿勘探方面都取得了新进展，有一些重要发现，为突现我省优势矿产找矿重大突破奠定了良好的基础。

4）耕地保护成效明显。坚决贯彻落实最严格的耕地保护制度，建立了市（州、地）政府耕地保护目标责任制，严格控制建设占用耕地，确保了国家下达给我省的耕地保有量没有突破，积极推进国家级和省级基本农田保护示范区建设。完成土地整理复垦开发项目440 余个，总面积40.6 万亩，新增耕地9.4 万亩。

5）进一步加强地质环境保护与地质灾害防治工作。严格执行《贵州省矿山环境保护与治理规划》和《贵州省矿山环境治理恢复保证金管理暂行办法》，建立了地质灾害预警预报、群测群防、巡查排查制度和应急处置机制。成功避免7 起重大地质灾害，避免人员伤亡 700 余人、直接经济损失 300 余万元。完成了全省受地质灾害威胁农村中小学的排查工作，安排部署了地质灾害威胁农户和受地质灾害威胁最为紧迫的 69 所农村中小学校的地质灾害防治评估和选址工作。

（3）进一步加强国土资源管理工作

1）加强规划统筹，全面推进规划修编。《贵州省土地利用总体规划大纲（2006—2020年）》已经国土资源部批复，《贵州省第二轮矿产资源规划》、《贵州省地质勘查规划》已通过国土资源部的审查，编制完成了《贵州茅台酒中长期（2011—2020 年）发展土地利用专项规划》、《贵阳片区铝土矿资源保障规划》、《贵州省务正道地区铝土矿资源勘查开发规划》等专项规划。组织开展了 27 个县（市、区）矿产资源规划修编试点工作，全省铝土矿、地热资源、地下水资源等专项规划编制工作进展顺利。

2）扎实开展土地和矿产调查评价工作。全面启动的全省第二次土地调查工作进展顺利，目前已完成部分县调查成果验收。扎实推进矿产资源潜力调查评价、矿产资源利用现状调查和矿业权核查工作，铁、铜、铝、铅、锌、金、煤、磷 8 个矿种的潜力评价工作全面展开。

3）建立健全规章制度。协助完成了《贵州省实施〈中华人民共和国城镇国有土地使用权出让转让暂行条例〉办法》、《贵州省矿产资源补偿费征收管理实施办法》、《贵州省经济开发区土地管理办法》等政府规章的修订工作。《贵州省矿业权转让暂行办法》已由省政府印发实施。

4）加强科技创新和信息化建设。无人机遥感监测技术与应用项目推进顺利，效果明显。重大基础地质研究投入力度加大，获得贵州省科技进步二等奖等一批科技奖励。地质勘查、实验测试、工程施工等引进新设备、新技术、新工艺的效果显著。完成国家"金土工程"一期（贵州）项目。省国土资源门户网全新升级改版，全系统对外服务窗口、公众网站建设日臻完善，服务范围进一步扩大，服务水平得到提升。

（4）保障民生和维护权益更加有力，服务社会能力不断增强

1）坚持以人为本，更加关注民生，维护合法权益。坚持"依法依规征地、节约集约用地、维护合法权益"，严格执行征地程序和征地补偿费预存，银行封闭运行和使用监督管理等制度，有效维护了被征地农民的合法权益。重点保证了廉租住房、经济适用住房和限价房、90 平方米以下中小套型普通商品住房及其他保障性住房用地供应。进一步加大地下水勘查力度，加强项目管理，预计可为解决 70 万农村人口、35 万头大牲畜饮用水和近 10 万亩农田灌溉提供水源保障。认真贯彻落实《中共贵州省委省人民政府关于坚持以

科学发展观为指导兼顾"三者"利益建设和谐矿区的意见》，积极探索在矿区实行矿业权审批听证制度，建立资源开发补偿机制，保证了矿区群众的补偿安置、生产生活条件改善和矿山环境的恢复治理。全省涉及土地、矿产的信访总量明显回落。

2）服务社会领域不断拓展，服务能力进一步增强。加强农业地质、城市地质和水文、工程、环境地质工作，推进地质遗迹保护和地质公园、矿山公园建设。测绘工作得到全面加强，省人民政府颁布了《关于贯彻落实国务院关于加强测绘工作的意见的实施意见》，启动了全省基础地理信息平台建设，测绘保障能力和服务水平进一步提高。

（5）严格规范管理，强化执法监管，有效遏制土地违规违法高发势头，矿产勘查开发秩序明显好转

1）积极推进构建执法监管共同责任机制。加强与国家土地督察武汉局及我省相关部门的协作配合，落实执法监管共同责任。坚持预防为主，建立动态巡查、包保责任等制度，严厉打击"以租代征、未批先用、乱采滥挖、越界开采"等违规违法行为。严查"晴隆县黄金矿山非法开采、非法占地"、"沿河县谯家煤化工项目'以租代征'违法占地"、"清镇市新店西一矿、二矿和新店东井田煤炭勘探地质报告涉嫌提交虚假地质资料"等案件。2008 年全省土地违法案件比上一年度违法案件在件数、面积、占耕方面分别下降了 48.8%、94.1%、90.9%。全国第八次卫片执法检查监测贵阳市图斑用地面积 5595 亩，共涉及用地 62 宗，其中违法用地 11 宗、违法用地面积 325.3 亩，与 2007 年相比分别下降了 39.18% 和 75.89%。通过"土地执法百日行动"和加大执法监察力度，我省土地市场进一步规范，违法案件大幅度下降，土地违法行为高发势头得到有效遏制。

2）整顿和规范矿产资源开发秩序成效明显。基本完成整顿和规范矿产资源开发秩序"回头看"工作，治乱、治散、治小成效明显。全省清理查处了无证或持过期失效许可证进行勘查开采 1274 起、超越批准矿区范围采矿 246 起、非法转让矿业权 176 起、严重污染破坏环境的矿山企业 28 家、不符合安全生产要求的矿山企业 30 家，关闭"死灰复燃"矿山 493 个。完成煤炭资源整合工作，全面开展非煤矿产资源的整合，全省矿山企业数量总体上减少 20% 左右，矿产资源开发利用的规模化、集约化程度明显提高。"系统规划、整装勘查、集约开发、合理配置、有序投放"的矿产资源管理思路得到普遍认同和初步落实。

3）稳步推进矿产资源管理制度改革。煤炭资源有偿使用制度改革试点工作取得明显成效，完成了全省煤炭资源价款的清理工作，进一步加强和完善矿产资源有偿制度，2008 年全省征收入库矿业权价款 25 亿元；矿产资源补偿费 1.79 亿元，比 2007 年增长 40%。积极推进矿业权审批制度改革，从 2008 年 11 月 1 日起，在全省国土资源系统全面开展矿权审批制度三项改革，实行统一的矿业权审批网络管理，设置统一的协办工作流程和协办工作时限，公开审批意见。探索建立以政府规划为主导、地勘单位为支撑、企业市场开发为主体的"三位一体"的矿产资源勘查开发新机制和构建兼顾地方、业主、矿区群众利益的和谐矿区建设新机制。

（6）加强队伍建设和党风廉政建设，行政执行力进一步提高

1）深入调研，转变作风。以开展深入学习实践科学发展观活动为契机，厅领导带头

深入实际、深入基层、深入群众，研究解决影响和制约我省经济社会发展有关国土资源管理领域的突出问题。进一步简化了建设用地报批手续，缩短了办结时限。加强了市（州、地）国土资源局领导班子建设和基层国土资源所建设。建立健全厅领导联系基层国土资源所和事业单位制度。进一步加大了对市（州、地）、县（市、区）和乡镇国土资源部门的支持力度，再次为基层配发了 39 辆国土资源执法监察车。

2）加强党风廉政建设。严格执行纪律，加强督促检查，认真落实党风廉政责任制，制定并实施《中共贵州省国土资源厅党组建立健全惩治和预防腐败体系 2008—2012 年工作意见》，开展了形式多样的教育活动，举办二期全系统领导干部党风廉政建设培训班，完成了全省乡镇国土资源所职工述职述廉工作，开展了县级国土资源领导干部向服务对象述职述廉试点和对毕节地区国土资源局开展巡视工作试点以及行政审批电子监察工作。加强行风建设，开展了行风明察暗访等活动。严肃查处违纪党员干部，党风廉政建设得到加强。

同志们！过去的一年，全省国土资源工作任务繁重、压力巨大，成效明显。成绩来之不易，这是省委、省政府正确领导的结果，是在国土资源部关心指导下，地方各级党委、政府和有关部门大力支持，全省国土资源系统广大干部职工团结奋进、开拓创新的结果。在此，我谨代表厅党组，向全省国土资源系统的干部职工，向长期关心支持国土资源事业的地方各级党委、政府，各有关部门、新闻媒体、社会各界的领导、同志和朋友们，表示衷心的感谢！

## 二、正确认识形势，理清发展思路，增强做好国土资源工作的使命感、责任感和紧迫感

面对国际国内经济形势急剧变化和对我省经济的影响和冲击。我们要冷静分析，正确认识，积极应对，进一步增强做好国土资源工作的紧迫感、责任感和使命感。

（1）认清形势，坚定信心

1）国际国内国土资源市场发生重大变化。地产市场竞争强度减弱。国有土地供应总量显著下降。供地用途结构调整明显加速，受基础设施建设、环保建设、民生建设投资影响，划拨用地的数量和增速双双上升。土地价格涨速放缓。地方政府发债的预期以及地根持续紧缩，地方政府对土地出让预期目标下降，财政依赖土地出让状况出现变化。

矿产市场低迷。矿产品价格全面下滑，国内钢材价格跌幅超过 40%，部分有色金属矿产品价格跌幅达到 60%。矿业公司利润大幅下降。上市公司股价持续走跌。一批矿山减产裁员、甚至停产倒闭。矿产勘查预算趋向紧缩，全球约 500 亿美元的矿业投资可能推迟。国内 4 万亿元的投资对矿业的拉动作用明显，效果可能在今年下半年才会显现。

2）我省国土资源市场面临严峻挑战。2008 年，我省土地市场供应总量大幅下降，土地市场竞争降温，土地出让总收入涨幅趋于平稳，招拍挂出让土地收入大幅增长。全年土地出让总收入 80.97 亿元，同比增长 38.59%。2008 年贵阳市、遵义市、黔南州、黔西南州、六盘水市等地土地市场供应比较活跃，特别是贵阳市、遵义市两地房地产用地分别占

全省房地产用地总量的 50. 75% 和 14. 70% 。

2008 年下半年，受国际矿产品市场影响，我省矿山企业利润大幅下降，一大批矿山企业减产、停产甚至倒闭。2008 年我厅共受理探矿权申请 2214 件，其中：上半年受理 2064 件、下半年受理 150 件，下半年探矿权申请大幅下降，商业性矿产勘查明显降温。

因此，国土资源部门主动服务，严格监管面临更大挑战和严峻考验。土地管理面临"两碰头、一忧虑"。一是党的十七届三中全会精神激发出各地极大的改革热情，土地流转加快，各种探索踊跃，规范稳妥推进农村土地管理制度改革的任务繁重；二是中央和地方新增投资力度大、范围广、建设时间集中，土地需求上升，违规违法用地极有可能反弹，对坚守 18 亿亩耕地红线形成冲击。规范秩序、维护权益、遏制违规违法用地的压力加大；三是落实《违反土地管理规定行为处分办法》，如果不能有效遏制违规违法用地，大量问责的局面将令人忧虑。受矿业"一松一紧、震荡调整"影响，矿产资源管理面临新的挑战。一是社会投资减少，矿产勘查萎缩，地质找矿突破难度加大。而内需拉动之后，公益性勘查比重相对加大，地勘工作布局和地勘单位收入结构可能发生变化；二是矿产品价格下滑和企业经营成本上升，矿产资源税费款调整和改革的空间受到压缩；三是矿业企业经营困难，采富弃贫、滥采乱挖等破坏资源的行为可能会上升，矿产资源综合利用的压力加大。

3）充分认识国土资源工作的有利条件和积极因素。从我省的基本省情和发展阶段来看，我省刚刚进入工业化加速期，城市化正在提速，近年来我省交通、水利等基础设施已有较大改善，资源比较优势日益凸显。从国土资源管理本身看，一是党中央、国务院对国土资源工作高度重视，把两个最严格的土地管理制度、严守 18 亿亩耕地红线写入中央的决定，形成全党的共识。省委、省政府的坚强领导和不折不扣地贯彻党中央、国务院的有关决定，出台了一系列关于加强国土资源管理的有力措施，已形成全省的共识并得以贯彻落实；二是通过深入学习实践科学发展观活动，有利于逐步形成科学发展的氛围和机制；三是国土资源管理体制机制法制以及各项管理制度逐步完善，行政执行能力进一步增强，应对复杂局面的能力逐步提高；四是主动服务意识进一步增强，工作更加主动，已建立起一支高素质的国土资源管理队伍。

当前，国土资源管理形势严峻，但"危"中有"机"。加强和改革土地管理面临新机遇，一是由于共同责任机制的建立特别是 15 号令的实施，地方各级政府依法依规、节约集约用地的共识加大；二是用地需求增加和用地总量控制，为形成节约集约用地倒逼机制创造了条件；三是由于拉动内需，短期内土地需求集中释放，对改革土地审批制度必将产生强大推动作用。加强矿产资源管理的条件有利，一是整顿和规范矿产资源开发秩序时机更为有利；二是矿产资源开发整合的条件更为合适；三是"走出去"开展矿产勘查开发的外部环境更为宽松。

（2）更新观念，理清思路

1）树立新型的资源观和资源管理观。坚持把解决保障发展与保护资源"两难"问题放在首位，正确认识保障发展与保护资源的关系，用科学发展观的理念重新审视，将它们统一到保障和促进科学发展上来。保障发展与保护资源是辩证的统一。资源是发展的基础、资源的状况在一定程度上影响着发展的质量和潜力。发展是第一要义，发展可以为真正有效的保护提供条件。保护是为了资源的永续利用，实现可持续发展。保护反过来可以提高发展的质量和潜力。我们既不能不顾资源保护盲目求发展，也不能超越发展阶段消极谈保护。必须树立在发展中保护、在保护中发展的理念，走出一条开源节流、节约集约利用资源的新路，实现发展与保护的双赢。树立资源、资产、资本三位一体的观念，处理好资源与环境、资源与产业的关系，推进资源管理向数量、质量、生态综合管理转变，向更加理性、综合和平衡的方向发展。

2）进一步理清思路，明确定位，建立"大国土"和"大地质"的观念。按照完善社会主义市场经济体制和深化行政管理体制改革的要求，使国土资源管理部门真正成为保障发展和保护资源的职能部门，参与宏观调控、加强市场监管的综合部门，维护群众权益、构建和谐社会的工作部门，提供资源公共信息的服务部门。把国土资源管理工作放在经济社会发展的大环境中去思考把握，培养全球眼光和战略思维，树立大局意识和全局意识。正确处理好政府与市场、企业、中介组织的关系，进一步理清政事关系、政企关系。在管理上，从注重审批转变到审批和监管并重上来；从注重事后查处转到预防、查处并重上来。正确处理开拓创新与依法行政的关系。既要坚持开拓创新，为落实中央关于扩大内需的重大部署和省委、省政府的安排部署，研究制定最直接、最有效、最有力的国土资源管理措施，又要坚持依法行政，在现行法律框架内履行职责和权限。

3）正确处理积极主动服务与严格规范管理的关系。服务经济社会发展是国土资源管理的首要任务，严格监管是国土资源管理的职责所在。要统筹二者的关系，既不能以严格监管为由对经济社会发展服务消极作为，更要警惕以保发展为由弱化监管。既要加强统筹协调，提高工作效率，为省委、省政府决策部署的落实提供强有力的国土资源保障和服务；又要强化监管，严厉打击违规违法行为，维护良好的国土资源开发利用秩序，基本要求是红线不能碰、用地要节约、权益要维护。坚持两手齐抓，两手并举，服务到位，秩序不乱。

## 三、奋发作为、狠抓落实，确保2009年国土资源工作全面完成

2009年全省国土资源工作的总体要求是：全面贯彻落实党的十七大、十七届三中全会、中央经济工作会议和省十次党代会、全省经济工作会议、省十一届人大二次会议精神，深入贯彻落实科学发展观，积极主动服务、严格规范管理，以构建保障和促进科学发展新机制为主线，解放思想、改革创新，奋发作为、狠抓落实，全面完成各项工作任务，促进经济平衡较快发展。

今年要重点抓好以下六方面的工作：

（1）全力保障和促进我省经济平稳较快发展

1）保障重点建设项目用地。一是争取增量。今年国土资源部将会适量增加新增建设用地计划指标，我们要积极争取，充分反映我省扩内需保增长对建设用地的迫切需求和实际困难，争取国土资源部的支持。实行差别化管理，统筹安排使用计划指标，既要确保中

央和省投资重点项目，又要兼顾地方和社会投资项目；二是盘活存量。加大闲置土地清理处理力度，积极盘活存量用地特别是批而未征、征而未供、供而未用、用而未尽地。争取国土资源部城乡建设用地增减挂钩试点；三是统筹管控。进一步加快土地利用总体规划修编进程，将扩大内需项目纳入新一轮土地利用总体规划统筹安排，优先安排用地，重点予以保障；四是快捷审批。进一步加快用地预审，适当扩大先行用地范围，主动跟进、提前介入、超前指导、简化手续、优化程序、压缩时限，建立土地审批快速通道，提高供地效率；五是严格把关。主动参与建设项目的前期论证，所有项目应该符合国家产业政策和土地供应政策，从供地总量、结构、布局和时序上协助地方政府把好关，防止"三高一多"项目搭车用地。

2）加强地质测绘技术信息服务和矿产勘查。一是拓展地质工作服务领域。全面加强工程、水文、环境、农业、城市地质工作。积极主动为各类建设工程选址提供高质量地质信息和技术服务；二是加强测绘技术和地理信息服务能力。加快我省大比例尺基础测绘图件更新、基础地理信息平台、高精度平面控制网、高程控制网体系建设，努力提高测绘服务水平；三是提高矿产资源保障能力。加大矿产资源勘查力度，特别是煤、铝、磷、锰、重晶石、钒、金等优势矿种勘查。加快矿产资源整合，以实现整装勘查和集约开发，形成大型资源基地。

3）严格执法监管。一是严格程序，保障权益。严格履行征地程序，保障被征地农民的合法权益；二是前移执法关口。全面落实国土资源执法动态巡查制度，切实做到对违法违规行为早发现、早报告、早制止、早处理；三是改进监管手段。配合做好全国"一张图"工程，形成综合监管平台，利用无人机航摄监测等新技术，提高监管时效；四是严格违法问责。认真贯彻执行《违反土地管理规定行为处分办法》，严格土地违法问责。

（2）健全和落实严格规范的农村土地管理制度

1）落实两个最严格的土地管理制度。一是严格耕地保护。认真开展市（州、地）政府耕地保护责任目标年度考核并进行综合排名，层层落实耕地保护责任制，配合有关部门做好耕地保护责任离任审计。结合规划修编落实耕地保有量、基本农田保护面积，划定永久基本农田，实施特殊保护政策，探索建立补偿机制。全面实行先补后占，坚决克服只占不补、多占少补、占优补劣。实施土地整理复垦开发重大工程，多途径补充耕地；二是严格节约用地。加强规划管控，各项建设不得突破土地利用总体规划确定的用地规模、区位和标准。实施新修订的建设项目用地标准，坚决核减超标准用地。严格执行公共设施和公益性事业领域用地标准。国家级和省级开发区土地集约利用评价结果向社会公示。探索建立节约用地奖励机制。推进经营性基础设施用地有偿使用。

2）加快推进农村土地确权登记颁证。结合第二次全国土地调查，全面查清集体土地所有权、集体建设用地使用权、宅基地使用权等权属状况。深化农村土地产权制度研究，进一步细化权利、显化主体、明确权能。征收农民集体所有土地，在办理征地手续前，必须完成集体土地所有权登记；进入有形市场流转的土地，必须经过确权登记，做到产权明晰、没有纠纷。加强农村各类土地登记资料的收集、整理、共享和汇交管理，提供农村土地登记结果查询服务。

3）改革征地制度和逐步建立城乡统一的建设用地市场。一是改革征地制度。做好征地统一年产值标准和区片综合地价的公布与实施工作，配合相关部门建立被征地农民社会保障制度和多元安置途径，完善征地补偿机制；二是逐步建立城乡统一的建设用地市场。明确农村集体经营性建设用地使用权流转范围。严格执行土地利用总体规划和土地用途管制制度。加快制度建设和土地有形市场建设。

（3）切实加强地质工作，提高地下水保障程度，努力实现找矿突破

1）继续加大地下水勘查力度，加强基础水文地质调查，加强地下水勘查项目管理和相关部门、地勘队伍的协调，提高地下水勘查的经济社会效益。颁布实施《贵州省地下水资源勘查规划（2009—2020年）》。

2）进一步加强地质勘查。按照"找新区、上专项、挖老点、走出去、依靠科技和人才"的思路，实施《贵州省地质勘查规划》，充分发挥省地质勘查基金的引导作用，完善矿产资源勘查部署，积极推进整装勘查，引入大企业，形成大投入，力争取得具有影响的找矿成果。坚持产学研紧密结合，加强我省优势矿种和国家急需矿种成矿规律和找矿潜力研究。积极推进构建"中央、地方政府和企业相互联动，公益性地质工作、商业性矿产勘查和地勘基金有机衔接，地质勘查与矿产开发紧密结合，地质找矿与矿业权管理、地勘队伍建设协调配合"的找矿新机制。支持我省地勘队伍走出去。

3）认真做好地质环境保护和地质灾害防治工作。全面落实《地质灾害防治"十一五"规划》，完成今年地质灾害威胁农房和69所学校的治理搬迁工作，强化监测预警和群测群防，推进防治机构和应急系统建设。严格规范矿山环境治理保证金缴存、使用和监管。加大地质遗迹的保护。

4）积极拓展地质工作服务领域。继续做好基础地质工作，提高我省基础地质工作程度。加强农业水土地球化学、地下水污染和环境水文地质调查，加快地下水监测网建设，推进我省地热资源的勘查开发利用。

5）加强和改善地勘行业管理。深入研究地勘行业改革政策，总结地勘单位改革发展的经验，加强对地勘单位的宏观指导和政策扶持，为地勘单位改革发展营造良好环境，严格勘查资质管理，推进行业自律。

（4）加强矿政管理，促进矿产资源合理开发利用

1）巩固整顿和规范矿产资源开发秩序工作成果，进一步深化整顿规范工作。完善部门联动机制，将无证勘查开采案件增减率、矿业权人违规违法案件发生率指标与日常监督、重点矿区监测相结合，全面落实相关考核制度，切实加强矿产资源开发秩序监管。落实国家和省的矿产督察员、矿产资源开发利用年检和矿山储量动态监管制度，充实基层矿管力量。

2）继续推进矿产资源开发整合，全面完成矿产资源开发整合任务。全面实行探矿权、采矿权统一配号，深化矿业权审批制度改革，严格规范矿业权管理，特别要加强和统筹探矿权管理，从源头上防止出现新的"小、散、乱"。全面推进矿产资源有偿制度改革，有序推进矿业权市场建设。加强对矿产资源综合勘查和综合利用的指导监督。

3）加强矿产资源规划管控。颁布实施《贵州省矿产资源总体规划2008—2015年》，

健全矿产资源规划实施制度。组织编制《贵州省矿产资源开发利用规划》、《贵州省镍钼钒矿产资源勘查与开发规划（2011—2015年)》、《贵州省重晶石资源勘查与开发利用规划（2011—2015年)》、《贵州省铝土矿资源勘查与开发规划（2011—2015年)》等我省优势矿产资源专项勘查开发利用规划，严格矿产资源规划管理。

（5）加强基础基层建设，增强管理基础支持保障能力

1）进一步推进国土资源法制建设。积极配合做好有关国土资源管理方面的地方法规和政府规章的起草、调研工作，重点推动《贵州省土地整理复垦开发条例》、《贵州省矿产资源监察条例》、《贵州省土地登记条例》和《贵州省测绘成果管理办法》的起草和调研，建立立法立规后评估制度，贯彻落实《国土资源管理系统全面推进依法行政规划（2006—2010年)》。

2）加强土地利用总体规划修编，完善土地利用计划管理。一是全面完成省级土地利用总体规划修编，争取3月初上报国务院审批。完成市（州、地）土地利用总体规划修编，全面开展县、乡土地利用总体规划修编，探索编制村级规划以及土地整理复垦开发、土地储备等专项规划。切实发挥土地利用总体规划的基础性和约束性作用；二是完善土地利用计划管理。严格执行土地利用总体规划和年度计划，强化土地用途管制，加强分类指导。实行土地利用计划动态管理，做好动态评估考核，发挥计划导向作用；三是加强农村宅基地管理，依法保障农户宅基地用益物权。结合乡镇土地利用总体规划编制，合理确定宅基地规模和布局。调整并严格执行宅基地指标和农村人均用地标准。积极探索宅基地退出机制。

3）加快进度，确保质量，全面完成全省第二次土地调查工作。一是采取有力措施，加快整体推进工作。以按照时限、全面完成、保证质量为重点，采取有力措施，加强信息通报，严格督导检查，对工作进展缓慢的地区进行重点督导；二是统筹协调，主动服务，加强土地调查成果应用。在全面推进第二次土地调查的基础上，统筹协调，重点抓好农村土地调查、基本农田调查以及城镇各类专项用地面积统计，确保按国务院要求时限汇总上报我省土地利用数据。按照"边调查、边应用"的原则，主动服务，及时将经审核确认的第二次土地调查成果，应用到国土资源管理各项工作中去。统筹考虑新一轮土地利用总体规划修编和第二次土地调查工作，提高修编工作的科学性；三是明确政策、统一标准、严肃法纪，如实上报土地调查数据。严格执行土地利用分类标准，依据土地利用现状进行地类认定。统一技术、数据汇总和转化标准。严肃土地调查法纪，及时查处非法干预土地调查工作、篡改和瞒报土地调查结果的行为，确保土地调查数据真实、准确。

4）加强调查研究和国土资源市场监测分析。继续推进国土资源可持续发展战略研究和重大问题调研，加快学习实践科学发展观活动国土资源专题调研成果的转化和应用。开展国土资源"十二五"规划前期研究和重大专项研究。加快推进矿产资源潜力评价、储量调查及矿业权核查。争取将我省列入国家国土规划编制试点。落实统计管理制度和统计报表制度，开展国土资源市场动态监测，加强和改进国土资源经济形势分析。

5）加强基础测绘工作。认真贯彻落实《贵州省人民政府关于贯彻落实国务院关于加强测绘工作的意见的实施意见》，组织实施基础测绘规划，完善基础测绘投入机制，探索

基础测绘项目、政府财政资金项目的质量监理办法。积极推进"数字贵州"地理信息空间框架建设及全省基础地理信息平台建设，扩大在公共事务管理、防灾减灾、应急处理等方面的应用范围。加快建立测绘应急保障机制。努力提高测绘资料社会化服务水平。

6）加强基层国土资源所建设。一是在硬件建设上按照"六个一"要求完成规范化建设；二是落实乡镇国土资源所人员参照公务员管理的意见，消除"一人所"和"无人所"现象；三是要围绕提高乡镇国土资源所工作人员的业务水平和整体素质，切实加强教育培训，用三年时间对全省乡镇国土资源所负责人轮训一遍。积极开展文明国土资源所创建活动，进一步提升乡镇国土资源所依法行政、文明执法的水平；四是全力推进乡镇国土资源电子政务建设，促进基层国土资源管理水平上新台阶。

7）加强国土资源信息系统建设，实现网络改造、系统升级、功能集成、保障有力。加强电子政务和门户网站建设。建立健全土地审批监管、土地市场和地价监测、矿业权管理、地质灾害预防应急指挥等信息系统，努力实现全省国土资源系统网上办文的电子监察和督办。

8）切实加强文化宣传，增强凝聚力。加强国土资源文化建设，促进国土资源系统广大干部职工形成保障发展、保护资源的共同愿景。开展"以从事国土资源工作为荣，为国土资源事业增光添彩"活动，形成积极向上、奋发有为的良好氛围。实行典型引路、注重发现典型、总结典型、宣传典型。加强国土资源重大决策和重要活动宣传，统筹搞好"世界地球日"、全国"土地日"、"测绘法宣传日"等主题宣传活动，及时回应热点难点问题，为国土资源工作营造良好舆论氛围。开展全系统文化体育活动，结合建国60周年庆祝活动，举办首届国土资源系统文化艺术节活动。

（6）加强队伍建设和党风廉政建设

1）切实加强领导班子建设和干部队伍建设。坚持以领导干部队伍建设带动全系统干部队伍建设。拓宽干部交流渠道。积极争取各级地方党委政府在地方换届选举中将国土资源部门干部纳入推荐范围，在干部管理中将国土资源部门干部纳入交流使用范围，构建国土资源系统干部与地方干部相互能进能出、纵向横向渠道畅通的交流渠道。进一步加大干部轮岗交流力度，对跨区域交流的干部，在不断总结经验的基础上着力研究解决交流干部后顾之忧的具体办法和措施，建立规范合理的干部轮岗交流工作机制。抓住本轮政府机构改革的有利时机，结合我省国土资源管理工作实际，提出省国土资源厅新"三定"方案建议，进一步完善省以下国土资源管理体制。加强全系统离退休管理工作。

2）加强干部教育培训工作，加大人才培养力度。制定国土资源部门干部队伍教育培训三年计划，用三年时间对县、乡级国土资源部门主要负责人轮训一遍。根据国土资源管理工作对专业人才的需求，以高等院校、科研院所、重大科研和工程项目等为平台，在立项、经费安排、学术交流、成果转化等方面给予支持，重点培养一批地质科学技术、土地规划整理、测绘工程、资源评价、地质灾害防治、信息技术等学科领域的高层次人才。按照"大国土"、"大地质"、优势互补的思路，建立人才资源整合机制，充分发挥地勘单位的技术人才优势，以重大地质勘查和科技攻关项目为依托，大力培养创新型人才、复合型人才和科技领军人才。

3）加强党风廉政建设。进一步抓好对中央《建立健全惩治和预防腐败体系2008—2010年工作规划》和省委实施意见的贯彻落实，按要求和时限完成各阶段的任务。抓好领导干部廉洁自律工作。开展多种形式的学习教育活动和廉政文化活动，认真学习胡锦涛总书记在十七届中纪委三次全会上的重要讲话和石宗源书记在省纪委十届三次全会上的讲话，加强领导干部党性修养，加强对党员干部的理想信念、党纪政纪和艰苦奋斗教育，弘扬先进，不断营造廉政勤政的良好氛围。完善党风廉政建设责任，切实做到任务到人、责任到人，加大责任追究的力度，建立党风廉政建设督查、奖惩、考评等工作机制。进一步加大对权力的监督力度。强化对领导班子和主要负责人的监督，对土地和矿权审批、土地开发整理、地质勘查、地质灾害治理、矿山整合、重大专项资金使用等重点环节和重点部位的监督，实行重大项目廉政责任制，继续开展领导干部述职述廉工作。加强干部作风建设，不断增强服务意识，维护人民群众的利益，努力在改进作风方面取得新成效。进一步严肃纪律，保持查办违纪案件的高压态势，严肃查处违法乱纪人员。进一步加强纪检监察干部队伍建设，不断提高纪检监察干部的整体素质和工作水平。

## 四、巩固和扩大学习实践科学发展观活动成果，不断推进国土资源管理改革发展

去年9月以来，按照中央、省委深入学习实践科学发展观活动统一部署，厅党组把学习实践活动作为一项重大政治任务和推动国土资源管理工作改革发展的重要契机，紧紧围绕"保障科学发展、节约集约资源、维护合法权益"活动主题，积极探索，扎实开展，广大党员干部认真学习深受教育，思想观念有了新转变，工作作风有了新改进，执行能力有了新提高，管理工作有了新进展。

但必须看到，当前我省国土资源管理工作贯彻落实科学发展观仍面临着许多矛盾和问题，突出表现为资源保障与保护统筹不够有效，基础工作比较薄弱制度建设相对滞后，资源权益和群众利益维护不够到位，执法监管不够硬朗，职能转变和能力建设不适应等，要使科学发展观在国土资源部门落地生根，必须深入巩固和不断扩大学习实践科学发展观活动成果。进一步加强学习，更新理念，推进体制机制创新，转变作风，增强执行力，切实把科学发展观落实到实处。

（1）进一步加强学习，增长本领

在实现经济社会发展历史性跨越进程中，资源问题始终是一个带有全局性、战略性和根本性的重大问题。今后一个时期，我省工业化、城市化快速发展及扩大内需对国土资源的需求将持续增长，资源供需矛盾更大、群众利益诉求更多、生态环境保护要求更高，要破解保障发展与保护资源"两难"的问题，就必须进一步加强学习，用科学发展观武装头脑，认识和把握规律。国土资源工作具有较强的政策性和专业性，全系统干部职工特别是领导干部要不断学习国土资源法律法规、现代管理、经济知识、科技知识等，增强促进科学发展的能力和素质，努力成为从事国土资源工作的行家里手。

（2）继续解放思想，更新理念

解放思想，是应对各种新情况新问题、不断开创工作新局面的一大法宝。解放思想有两个显著特征，一是有所遵循，是以实事求是为前提和基础，不是胡思乱想，随心所欲，必须遵循规律、遵守规则，不踩"红线"、不闯"红灯"；二是有所指向，是以推动现实发展为目的，落实到行动上，确保我省的扩大内需项目、固定资产投资、重点建设项目顺利落地。

当前，厅机关学习实践活动正进入整改落实阶段，我们要紧紧围绕保障和促进经济平稳较快发展这一首要任务，进一步转变不符合不适应科学发展的观念、做法和规定，以思想观念的转变推动工作的发展，着力构建保障和促进科学发展的新机制。一是共同责任机制。按照国土资源保护与合理利用责权利一致的要求，明确各级地方政府的责任主体地位，落实各级政府国土资源保护目标责任制。加强国土资源行政主管部门与相关部门的协作配合，明确管理责任。约束与激励相结合，强化执法监督，加强宣传教育，形成社会共识，调动地方政府、相关部门和广大农民的积极性，使国土资源保障和促进科学发展成为全社会的共同责任；二是宏观调控和市场配置机制。全面落实国家宏观调控政策，推进土地和矿业权市场体系建设，规范市场管理，完善以招标拍卖挂牌出让为核心内容的市场配置制度体系，制定公开公平公正的市场竞争规则；三是开源节流机制。坚持开源与节流并举，把节约放在首位，提高国土资源保障和促进科学发展的能力。加大土地整理复垦开发补充耕地力度，不断拓展建设用地新空间。完善鼓励矿产勘查风险投资制度，公益性与商业性地质工作合理分工、相互促进，勘查与开发紧密衔接、良性循环，争取找矿大突破；四是科技创新机制。进一步明确国土资源科技工作的定位和发展方向，加强基础、强化应用，实现资源成果共享，认真落实我厅"十一五"科技发展纲要目标。建立专家咨询委员会，组织实施国土资源重大科技攻关项目，努力实现地质找矿的重大突破。积极参与毕节地区改革，共同探索推进国土资源管理改革，创新体制机制，促进地方经济社会发展。

（3）切实转变作风，增强执行力

全省国土资源系统要大力发扬求真务实精神，真正把心思放在工作上，把本领用在促发展上，把功夫放在抓落实上，扎实做好工作，努力创造出新业绩。始终保持迎难而上、一往无前的精神状态，雷厉风行、扎实苦干。切实转变职能，转变作风，强化服务意识，把"主动服务、高效服务、优质服务，全过程服务"贯穿到为发展服务、为基层服务、为群众服务、为重点项目服务中去，进一步简化办事程序，提高工作效率。深入到重点建设项目业主和项目实施单位帮助解决难题，主动到基层一线，帮助解决基层单位的实际困难。切实改进工作作风，解决要求不够严、节奏不够快，工作质量和效率不够高，依法行政执行能力存在差距等问题，切实解决不同程度存在的"门难进、脸难看、话难听、事难办"现象的问题。采取切实有效的措施，建立完善国土资源信息快速报送、综合分析、及时应对机制，形成上下信息互通、资源共享、工作互动的良好局面。

同志们，今年是新中国成立60周年，也是推进"十一五"规划顺利实施的关键一年，做好今年国土资源工作，意义十分重大。我们要振奋精神，坚定信心，奋发作为，扎实工作，为实现我省经济社会发展的历史性跨越作出新的更大贡献！

## 2010 年：保障发展　保护资源　全面提升国土资源管理水平和服务能力
### ——在2010 年全省国土资源局长会议上的报告
厅长　朱立军
（2010 年2 月5 日）

同志们：

这次会议的主要任务是：全面贯彻中央经济工作会议、全国国土资源工作会议精神和全省经济工作会议、省十一届人大三次会议精神，回顾2009 年工作，分析当前形势，交流工作经验，部署2010 年工作，进一步提高认识，深化改革、改进作风，增强执行力，强化保障发展和保护资源效率，提高主动服务和严格监管水平，夯实基础和基层工作，全面提升全省国土资源管理能力和服务水平，更好地服务全省经济社会又好又快发展。

下面，我代表厅党组讲三个方面意见。

# 一、2009 年国土资源工作回顾

2009 年是贵州省经济社会发展极为困难的一年。面对国际金融危机的严重冲击和干旱等自然灾害的不利影响，在省委、省政府和国土资源部的坚强领导和有力指导下，厅党组带领全系统广大干部职工，全面落实党中央、国务院和省委、省政府应对国际金融危机的"一揽子"计划和相关政策措施，巩固扩大学习实践活动成果，积极主动服务、严格规范管理，以构建保障和促进科学发展新机制为主线，解放思想、改革创新，奋发作为、狠抓落实，全面开展"保经济增长、保耕地红线"行动和地质找矿改革发展大讨论，切实加强作风建设，国土资源工作服务经济社会发展成效明显。

（1）"双保"行动成效明显，为促进经济平稳较快发展提供有力支撑

扎实开展"双保"行动，积极主动服务扩大内需和重点建设项目。一是争取增量，盘活存量。新增建设用地大幅增长。国土资源部年初下达、年中奖励、年底两次追加我省新增建设用地计划共计12.15 万亩，较去年增加了1.21 万亩，有力保证了我省能源、水利、交通等扩大内需项目和循环经济、污水处理、垃圾填埋、三类住房、医疗卫生等重点项目以及城镇化建设等基础设施的用地需求。同时，国土资源部下达我省1.1 万亩用地计划周转指标，用于开展城乡建设用地增减挂钩试点，且可周转使用3 年，为统筹城乡各类用地和协调发展提供了基础。二是主动服务，快捷审批。按照"提前介入、主动跟进、超前指导、简化手续、优化程序、压缩时限"的要求，主动参与建设项目前期论证，加快用地预审，适当扩大先行用地范围，建立土地审批快速通道，优先安排扩大内需和重点建设项目用地，切实提高供地效率。建立厅领导分片区包重点项目用地督促责任制，深入一线，深入项目，实行全过程服务。通过举办培训班、召开现场协调会、发函催报等方式，指导项目业主做好用地申报，基本做到扩内需和重点项目用地申报不退件，报件质量和申报效率明显提高。不断拓宽服务领域，无偿提供压覆矿产资源查询及地质测绘技术信息服务。积

极为我省非公有制经济和东部产业转移搞好用地保障服务。2009 年，全省获国务院和省政府批准新增用地 22.33 万亩（其中使用国家用地计划 10.18 万亩），是 2008 年的 2.6 倍。加强闲置用地、批而未用和低效率利用土地的二次开发，实际供应土地 11.03 万亩，是 2008 年的 2.88 倍。三是严格规范管理，强化执法监察。妥善处理积极主动服务与严格规范管理的关系。严格履行征地程序，被征地农民的合法权益得到有效保护。土地违法已从过去项目违法占地占耕为主，转为农村个人建房违法占地占耕为主。通过一年的努力，政府主导、部门联动、牵头督导的国土资源执法机制初步建立，动态巡查、交叉检查、12336 违法举报和查处力度进一步加大，苗头性、倾向性的违法用地问题得到及时解决，违法行为被严肃查处。全省共发现违法用地 1 万件（其中，行政违法 0.09%，企事业单位违法 4.15%，农村个人违法 95.76%），涉及土地面积 1.1 万亩，通过巡查被及时制止 6763 件。立案查处 3115 件（立案率 96.23%）、占地面积 5382 亩，涉耕面积 3331.5 亩，分别比 2008 年下降 19.1%、71.9%、31.6%。

"双保"行动的扎实推进，有效促进了我省经济社会的平稳较快发展，有力维护了正常的土地管理秩序，得到了地方政府和社会各界的广泛好评。贵阳市、毕节地区、黔西南州兴仁市、省地质资料馆被国土资源部评为保增长、保红线行动成效显著单位。

（2）以"大讨论"为契机，促进地质找矿改革发展

按照部里的总体部署和要求，我们以开展"大讨论"活动为契机，以提高思想认识为先导，以加强和改进矿业权管理为抓手，以实现地质找矿重大突破为目的，扎实推进大讨论活动。一是思想认识提高，矿产资源规划管控成效初显。通过深入讨论，系统梳理了思想观念、体制机制、标准规范等方面的问题，完成了 15 个专题研究，取得初步成果，并逐步转化为推动地质找矿改革发展的驱动力。按照"找新区、上专项、挖老点、走出去、依靠科技和人才"的思路，坚持"系统规划、整装勘查、集约开发、合理配置、有序投放"的原则，发布实施了《贵州省地质勘查规划》。组织编制了《实施贵州省地质找矿突破战略行动"246"计划》，基础地质、矿产资源、民生-环境三大保障工程协调发展格局逐步建立。健全矿产资源规划实施制度，《贵州省铝土矿资源勘查开发规划》、《贵阳片区铝土矿资源保障规划》和《务正道地区铝土矿资源勘查开发规划（2008—2020 年）》发布实施，矿产资源规划体系进一步完善。二是地质矿产勘查成果突出，基础地质调查工作有序推进。2009 年新发现矿产地 88 个，其中大中型矿产地 43 个，较 2008 年增加 33 个。煤、铝、磷、锑、锰、钒等优势矿种资源量大幅度增加。工程性缺水地区地下水勘查工作取得明显成效。三是地勘行业管理和服务得到加强和改善，查处弄虚作假提供地质资料类违法案件取得新突破，起到极大的震慑和教育作用，矿产勘查进一步规范，行业自律得到增强。四是地质灾害防治和地质环境保护工作取得新成效。全省受地质灾害威胁严重的农房和学校搬迁治理工作全面实施，开阳、仁怀、钟山、平坝、都匀、施秉、黔西、江口等 13 个县（市、区）地质灾害群测群防"十有县"建设全面完成并获国土资源部命名和通报表扬。在遵义市桐梓县开展大型地质灾害应急预案示范教学演练，得到国土资源部有关领导的充分肯定。切实做好汛期地质灾害防治工作。厅领导实行分片区包干负责制，深入到重点地质灾害隐患点检查、指导各地切实做好地质灾害防治工作，认真落实各项严防死

守措施，强化监测预警和群测群防体系，去年共发生地质灾害 168 起，造成 26 人死亡，15 人受伤，直接经济损失 1 亿多元。与上一年同期相比，伤亡人数减少了 25%。成功预报 8 起突发性地质灾害，搬迁避让 786 人，避免了 1081 人伤亡和 728 万元财产损失。矿山环境恢复治理和地质灾害治理稳步实施，并达到预期效果，贵阳、六盘水、黔南、铜仁、毕节等地已编制完成了《矿山环境保护与治理规划》。地质遗迹保护力度不断加大，地质遗迹项目实施进展顺利。

开展"大讨论"活动一年来，集中了全系统的智慧，初步形成了思想、理论和制度成果，必将对我省地质找矿改革发展产生长久而深远的影响。

（3）两个最严格的土地管理制度得到认真落实

一是严把耕地"红线"。按照土地利用总体规划修编与第二次土地调查的要求，落实耕地保有量、基本农田保护面积，划定永久性基本农田。层层落实耕地保护责任制，圆满完成市（州、地）政府 2008 年度国土资源开发与保护实绩分析评价及耕地保护责任目标年度考核。2008 年度省级政府耕地保护责任目标通过国家检查组综合评定名列全国第七，被评为"好"等次，是我省历年考评最好成绩。不断加大土地整治力度，确保重点项目占补平衡。全省土地整治工作现场会在安龙县召开，全面推进全省土地整治工作。2009 年度，实施土地整理复垦开发项目 2320 个，总规模 59.12 万亩，总投资 16.8 亿元，获新增耕地 20.3 万亩，使用 10 万亩，累计节余 17.3 万亩，为今年建设用地报批提供了强有力的保障。铜仁、毕节、黔东南等地较好完成了土地整治及耕地补充任务。3 个国家级基本农田保护示范区和 6 个省级基本农田保护示范区建设全面推进。二是严格节约集约用地。严把审查关，加强规划管控，促进结构调整，抑制"两高一资"项目，产能过剩项目和重复建设项目。严格控制用地规模、区位和标准。会同省发改委、省统计局联合下发《贵州省单位 GDP 和固定资产投资规模增长的新增建设用地消耗考核办法》。首次对各地开展集约用地考核工作，2008 年毕节、铜仁、安顺、黔南、遵义达到优秀等次。全面完成开发区（园区）土地集约利用评价工作，贵阳经济、高新、遵义开发区等土地集约利用处于较高水平。在用地预审阶段指导业主科学论证选址方案，共核减用地 1.6 万亩、农用地 1.14 万亩；正式用地审查阶段，按照行业用地定额标准严把审查关，共核减用地 4335 亩、农用地 4065 亩。

（4）加强矿政管理，促进矿产资源合理开发利用

一是矿政管理进一步规范。省政府办公厅转发了《省国土资源厅关于进一步加强矿业权管理的意见的通知》，严格矿业权准入门槛和地勘行业管理，加强对矿产资源勘查开发的监督管理，整顿和规范矿产资源开发秩序，全省矿业权实现全国统一配号。着力推进资源开发整合，改善矿产开发的不合理局面，矿产资源勘查开发管理取得积极进展。切实加强对矿产资源综合勘查和综合利用的指导监督，组织矿产资源督察员对部分矿山企业进行实地抽查核实，完成了省、地、县三级颁发的采矿许可证矿山的矿产资源开发利用年检工作。出台了《关于贯彻落实〈关于坚持以科学发展观为指导，兼顾"三者"利益，建设和谐矿区的意见〉的通知》，"和谐矿区"建设在清镇、仁怀、瓮安、独山、天柱、松桃、威宁、盘县、兴仁等县（市）积极开展。巩固整顿和规范矿产资源开发秩序工作成果，严

厉打击非法开采矿产资源行为，专项清理探矿权采矿权招标拍卖挂牌出让制度执行情况。矿产违法案件数量与去年相比下降 2.07%，全省共立案查处矿产资源违法案件 900 件。其中：非法勘查占 4.78%，无证开采占 54.89%，越界开采 7.67%，非法转让占 6.67%，破坏性开采占 1%，其他占 24.9%。向司法机关移送犯罪嫌疑人 456 名，已以非法采矿罪判刑的有 440 人，以破坏性采矿罪判刑的 14 人。二是全面推进矿产资源有偿使用制度改革，有序推进矿业权市场建设。2009 年初，省人民政府发布《贵州省矿业权转让管理暂行办法》后，我厅相继出台了《关于贯彻落实〈贵州省矿业权转让管理暂行办法〉的实施意见》，与省地方税务局联合下发了《关于矿业权转让有关税费征收管理问题的通知》，全省矿业权市场建设和管理得到进一步加强，矿业权转让行为进一步规范，繁荣和活跃二级市场，资源性国有资产得到保值和增值，国家资源性资产权益和相关税费得到有效保护。矿业权有偿取得实行矿区范围一次划定、价款分期处置，资源处置方式、价款缴纳标准更趋科学合理，缓解了矿业权人缴纳价款的资金压力。全年共收缴矿业权价款 27.47 亿元。改进和完善矿业权有偿使用制度，实行征收和入库分离制度，严格矿产资源补偿费征收登记台账管理，进一步改进和完善矿产资源补偿费征收管理。全年共征收矿产资源补偿费 2.34 亿元。

（5）基础工作全面加强，支撑能力明显提升

坚持把国土资源调查、评价、战略研究、规划编制、法制建设等作为国土资源管理的基础工作统筹安排。一是《贵州省土地利用总体规划（2006—2020 年）》获国务院批准，标志着我省土地管理工作进入了一个新的历史时期，对于未来 12 年我省耕地保护、粮食安全、建设用地保障、统筹各类用地和协调城乡发展、实现我省经济社会发展历史性跨越具有重要意义。省以下各级土地利用总体规划修编全面推进，《安顺民用航空产业国家高技术产业基地土地利用专项规划》和《贵州茅台酒中长期（2010—2020 年）发展土地利用专项规划》编制完毕，待上报省政府批准实施。二是全省第二次土地调查"决战"成果显著。全省 88 个县（市、区）调查成果均通过省级预检并提交国家核查，成果质量总体较好，首批实地核实合格率均达 95% 以上。按时完成基本农田上图工作。"二调"数据与 2008 年变更调查比较，全省耕地面积增加 96.7 万亩，建设用地减少 13 万亩，基本农田保护率达 80% 以上。三是全省国土资源依法行政和法制建设深入推进。积极配合做好《中华人民共和国土地管理法》和相关国土资源管理的地方法规和政府规章的起草、调研工作。《贵州省土地整治条例》、《贵州省矿产资源监督检查条例》列入省人大 2010 年立法计划。《贵州省土地登记条例（修订）》、《贵州省测绘成果管理条例》列入省法制办 2010 年立法调研项目。国土资源政务信息网上公开力度进一步加大。四是国土资源调查研究和市场监测分析不断加强。国土资源专题调研部分成果得到转化和应用。清镇、惠水、湄潭等县农村土地管理政策调研深入开展。及时报送国土资源综合统计报表、发布《2008 年贵州省国土资源公报》。矿产资源潜力评价、储量调查和矿业权核查工作有序推进。土地市场动态监测与监管系统、土地管理动态监测分析系统运行良好，国土资源市场动态监测积极开展，国土资源经济形势分析得到进一步加强和改进。五是改革和完善征地制度。省人民政府批准了贵州省调整征地统一年产值标准和征地区片综合地价测算成果，各市、

州、地向社会公布并于 2010 年 1 月 1 日起正式施行。新征土地补偿标准平均提高 25%，被征地农民社会保障费用纳入测算范畴，认真做好新老征地补偿标准的平衡过渡和衔接准备。六是测绘工作得到全面加强。基础测绘经费大幅增加，"数字城市"地理空间框架建设全面启动，全省基础地理信息平台建设积极推进。贵州省三维基础地理信息平台基本建成并投入试运行。全省连续运行 GPS 基准站网和大地水准面精化工程项目基本建成。测绘行业监管得到加强，测量标志保护有偿使用和有偿保管制度得到落实，产权登记试点积极推进，整顿和规范地理信息市场工作取得阶段性成果。测绘工作在公共事务管理、防灾减灾、应急处置方面的应用进一步扩大。测绘资料社会化服务水平不断提高。七是国土资源科技信息支撑能力显明增强。成立了贵州省国土资源厅专家咨询委员会。思南乌江喀斯特地质遗迹、关岭化石群国家地质公园、织金洞岩溶地质 3 个科普基地获国土资源部批准。完成了涉密地质资料清理，为高效、优质地提供社会化服务奠定了基础。中欧合作在土地整理中的生物多样性保护示范项目取得阶段性成果。"贵州省国土资源无人机遥感监测技术与应用"项目取得重大进展，试运行获得圆满成功。以实现网络改造、系统升级、功能集成、保障有力为目标的国土资源电子政务和门户网站建设全面推进，乡镇国土资源电子政务系统运行良好。全省国土资源系统网上办文电子监察和督办进一步完善，与省监察厅电子政务办公监察系统实现数据自动交换。八是全省国土资源文化建设和宣传工作不断加强。举办了全省国土资源系统首届文化艺术节并取得圆满成功。县乡村三级干部培训和2008 年度国土资源系统十大新闻评选圆满完成。国土资源重大决策和重要活动宣传力度加大，各级政府和社会认知度全面提高，为国土资源工作营造了良好的舆论氛围。九是加强合作创新，共同推进国土资源工作促进地方经济社会发展。去年 5 月 14 日，省国土资源厅与毕节地区行政公署签署了《关于共同推进国土资源管理工作促进毕节试验区经济社会发展的合作备忘录》。9 月 19 日，《国土资源部贵州省人民政府共同推进国土资源工作促进贵州经济社会又好又快发展的合作协议》在京签署，标志着部省合作，共同推进土资源工作，进入一个新的发展时期。

（6）作风建设深入开展，队伍建设持续加强

一是厅机关作风建设活动取得阶段性成效。学习国土资源部机关作风建设经验，厅党组于 8～11 月在厅机关开展以"解放思想、改革创新，改进作风、增强执行力"为主题的机关作风建设活动。厅机关干部职工思想观念有了新转变，工作作风有了新改进，执行力有了新提升。建立了厅领导和处（室、局、中心）主要负责人接访及业务咨询工作制度，截至去年年底共接待来访人员 214 批次 453 人，接访咨询收到良好效果。二是干部队伍建设和教育培训工作切实加强。按照公平、公开、公正、择优的原则，在全省国土资源系统和部分国有地勘单位采取公开竞争方式选拔了 4 名处级领导干部，拓宽了选人用人视野，加大了干部交流力度，优化了干部队伍结构，得到省委组织部的充分肯定，并在全省干部人事改革工作座谈会作经验交流发言。国土资源事业单位人才队伍建设明显增强，技术支撑保障能力进一步提高。①省政府批准的省国土资源厅"三定"方案。②增设了总规划师、调控和监测处。③使国土资源工作得到进一步加强。在凯里、都匀开发区国土资源分局开展开发区国土资源管理体制改革试点。着力加大对基层国土资源干部的素质教育和能

力培养，全省1400多个乡镇国土资源所近5000名基层干部得到培训，继续选派基层干部到厅机关挂职锻炼。全系统离退休管理工作得到提高。三是党风廉政建设进一步加强。坚持每季度开展党风廉政教育活动，强化对领导班子和主要负责人的监督，领导干部述职述廉在安顺市国土资源局、安顺开发区国土资源分局、省测绘资料馆积极开展，毕节地区国土资源局巡视试点取得成效。开展行风建设明察暗访，进一步促进全系统行风建设。严格财经管理，积极开展"小金库"专项治理工作。国土资源工程领域突出问题专项治理稳步开展。进一步严肃纪律，保持查办违纪案件的高压态势，严肃查处违法乱纪人员。

同志们！一年来，全省国土资源系统广大干部职工认真贯彻省委、省政府和国土资源部的重大决策部署，怀着对事业的忠诚，对民众的感情，解放思想、锐意改革，齐心协力、沉着应对，真抓实干、共克时艰，为应对国际金融危机，促进贵州经济社会实现历史性跨越做出了巨大努力，得到省委、省政府的充分肯定和社会各界的好评。与此同时，国土资源工作的影响面不断加大，参与宏观调控的能力不断增强，广大干部职工经受了考验、增长了才干，向党和贵州人民交上了一份圆满的答卷。我们应该为此感到欣慰和自豪。

回首过去的一年，我们深刻感到成绩的取得来之不易，这得益于省委、省政府高度重视和正确领导；得益于国土资源部的关心帮助；得益于地方党委、政府和有关部门的理解、支持；更得益于全省国土资源系统广大干部职工开拓创新和不懈努力。在此，我代表厅党组向全省国土资源系统广大干部职工及其家属表示亲切慰问，向长期以来理解、关心和支持国土资源工作的地方各级党委政府、各有关部门、新闻媒体和社会各界，表示崇高的敬意和衷心的感谢！

## 二、2010年全省国土资源工作主要任务

2010年是国家实施西部大开发战略10周年，实施"十一五"规划最后一年，也是深化管理改革，谋划"十二五"规划，加快构建保障和促进科学发展新机制的关键一年。做好全省国土资源工作，为夺取应对国际金融危机冲击全面胜利、保持经济平稳较快发展提供强有力的保障服务具有十分重要的意义。

今年又是经济发展形势极其复杂的一年，机遇和挑战并存，既存在诸多有利条件，也有不少的困难和问题。从有利条件看，主要有：一是外部环境明显向好。二是中央政策好。三是我省后发优势正在逐步显现。从不利因素看，主要有：一是外部经济环境不确定不稳定因素很多。二是调整经济结构和转变发展方式任务十分艰巨，资源环境约束矛盾很突出。三是自我发展能力还不强，保持投资较快增长压力加大。

从总体上看，国土资源管理面临的形势依然非常严峻。有两个方面的情况总体没有发生变化，供地、找矿、监管和改革的压力进一步加大。近十年，银根、地根的相互影响呈现出很明显的规律性。银根松了，一段时间通常是半年到一年之后，土地的征用就会大幅度上升；银根紧了，半年到一年之后，土地的征用就会有比较大的下降。2009年我省投资增长率较高，全省社会固定资产投资增幅达30.8%，而且信贷的发放也比

较多，各地在建、拟建的项目规模大。所以，土地供需矛盾会更加突出，再加上应对金融危机、农村土地管理制度改革，还有中央经济工作会议提出来的"要稳妥推进城镇化进程"以及 2009 年度全覆盖的卫片执法检查，要按照《违反土地管理规定行为处分办法》（监察部，人力资源社会保障部，国土资源部 15 号令）实施问责，由此可见，"两碰头、一忧虑"的局面总体上没有根本改变。矿产资源冷暖交替与勘查开发投入不足并存。从全国来看，去年一年矿业投资增长 18.2%，比前年下降了 13.2%，但勘查投入仍然呈现增长势头。全球经济特别是新兴经济体的复苏，对大宗矿产资源的需求旺盛，美元贬值和市场流动性的充裕，以及资源稀缺性造成的供需矛盾，这三大因素决定了矿产资源价格将长期呈现震荡走高的趋势，矿产资源"一松一紧，震荡调整"的格局总体没有改变。

保障发展与保护资源的矛盾趋向复杂，工作的"两难局面"、"双重压力"更为突出。更加需要重视的是，我们还面临很多新的情况和问题，主要体现在四个方面：一是中央关于保持经济平稳较快发展、加快转变经济发展方式、加大城乡统筹发展力度的部署和要求，将对土地供应总量构成巨大压力，对土地供应结构调整增加较大难度，对监管服务工作构成严峻挑战。二是中央关于立足国内提高能源资源保障能力的要求，需要加快推进地质找矿改革发展，需要加快实现地质找矿重大突破，需要切实拓展地质工作服务领域、延长地质工作服务链。三是卫片执法检查第一次全覆盖，严格依照 15 号令实施问责，在违法违规现象仍然高发的状况下，对贯彻落实两个最严格的土地管理制度和"敢于碰硬、不怕得罪人"的要求，切实维护国土资源管理秩序是一个重大考验。四是地方政府和社会各方面对国土资源关注程度越来越高，对深化改革、坚持公平、维护权益的期待更加急迫，对土地、矿产领域腐败案件频发反映强烈，要求规范土地和矿业权市场的制度建设，真正用制度管人、管事、管权。

适应这些要求，破解这些难题，我们在思想观念、体制机制、管理方式、能力素质等方面还存在许多不足。在思想观念上，有进即满、安于现状，缺乏改革创新、迎难而上的意识和锐气，缺乏想全局、干大事和抢抓机遇、加快发展的开拓精神，缺乏对新问题和热点、难点问题的思考；在体制机制上，还不能很好地适应经济社会发展的需要，对经济社会发展的基础支撑能力发挥尚有空间；在管理方式上，管理职能、工作方式转变还不够到位，对工作布局和重大问题缺乏深入研究；在能力素质上，还需要不断培养提高。对此，我们一定要有清醒的认识，积极主动应对。

2010 年全省国土资源工作的总体要求是：全面贯彻落实中央经济工作会议、全国国土资源工作会议和全省经济工作会议、省十一届人大三次会议精神，以构建保障和促进科学发展新机制为主线，把稳定增长与调整结构、保障发展与保护资源、主动服务与规范管理有机结合起来，坚持解放思想、不断改革创新，继续开展"双保"行动，巩固扩大"大讨论"成果，深入推进作风建设。更加主动参与宏观调控，促进经济结构调整和发展方式转变；更加有效监督管理，完善和落实"两个最严格"的制度；更加有力地推进地质找矿工作，增强能源资源保障能力；更加自觉地推动国土资源制度改革，服务经济社会发展大局。重点要做好六项工作：

（1）深入开展"双保"行动，促进经济可持续发展

一是深入开展"双保"行动，合理安排 2010 年新增建设用地计划。根据国家产业政策和省委、省政府的重大工作部署，把握好土地调控的节奏和力度。认真贯彻落实《贵州省土地利用总体规划（2006—2020 年）》。争取增量、盘活存量，按照"计划指标保重点，一般项目靠挖潜"的原则，统筹安排年度新增建设用地计划指标，优先保障交通、水利等基础设施用地统筹安排城市化、工业化用地，切实保障民生工程、社会事业用地及新兴产业、低碳产业及非公有制经济和东部产业转移等项目用地。加大存量土地的挖潜改造，努力提高现有建设用地利用效率；认真开展批而未用土地专项清理，大力盘活闲置土地和低效利用土地，确保已批准建设用地能够及时有效供应。进一步改进工作作风和服务方式、提高服务效率，从用地预审、先行用地、用地报批、供地等关键环节入手，建立高效、规范的长效机制。提前介入、主动跟进、落实责任、督查督办，完善重点建设项目用地全过程服务和监管机制。继续为项目规划、选址提供地质信息与技术服务，保障建设项目顺利实施。二是加强房地产市场土地供应调控，促进房地产产业平稳健康发展。控制房地产单宗用地出让规模，正确处理好房地产用地与公益用地的关系，坚决避免为了片面追求房地产开发供地给政府带来的收益而牺牲公益事业用地的现象发生。尽快编制 2010～2011 年保障性住房用地供应计划，提高中低价位、中小套型普通商品房建设用地的比例，严格限制低密度、大套型住宅用地，确保保障性住房用地。进一步完善土地招拍挂出让制度，严格土地出让和划拨的监管，坚决打击囤地、炒地等违规行为。强化市场动态监测监管，加大信息公开力度，定期向社会公布供地计划、供应结果、实际开发利用情况及闲置土地处置等动态信息，强化社会监督。三是高度重视加快推进城市化的建设用地问题。省十一届人大三次会议指出，千方百计加快城市化，把推进农村人口向城市合理有序转移作为从战略上解决贵州发展问题的重要抓手。对此，我们要统筹协调好省土地利用总体规划对城市建设用地的安排，加快推进市、县、乡土地利用总体规划修编进程，科学安排年度计划，统筹城乡土地利用，优化建设用地布局，合理安排建设用地规模，切实保障城市发展用地需要，确保建设用地年度计划不突破。

（2）巩固扩大"大讨论"成果，切实增强能源资源保障能力

一是按照"立足国内，提高资源保障程度"的总体要求，进一步健全完善体制机制，并应用到地质找矿实践中去，转化为推动地质找矿工作的制度措施和实际行动。遵循地质工作规律和市场经济规律，加快构建中央、地方和企业相互联动，公益性地质工作与商业性地质工作及地勘基金有机衔接，地质勘查与开发密切结合，地质找矿、矿业权管理和地勘队伍改革发展协调配合的地质找矿新机制，充分调动各方面的积极性。努力争取国家财政和中央地勘基金向贵州基础性地质调查和矿产勘查的投入，省级地勘基金要起到扶持和调控的作用，进一步修改完善地勘基金管理办法，鼓励企业参与风险勘查。推进地勘行业改革，加强对地勘单位的宏观指导和政策扶持，为地勘单位改革发展营造良好环境。加强地质勘查资质管理，建立地质勘查监管体系，推进行业自律。二是努力实现地质找矿重大突破。根据我省工业发展思路，坚持"系统规划、整装勘查、集约开发、合理配置、有序投放"的原则，按照"找新区、上专项、挖老点、走出去、依靠科技和人才"的工作思

路和要求，实施《贵州省地质勘查规划》、《贵州省地质找矿突破战略行动"246"计划》，进一步加强优势和急缺矿种的整装勘查工作，争取在找矿、找水、找地热等方面实现新突破。切实做好基础地质调查等基础性和支撑性工作，加快省级地勘基金公益性、基础性项目库建设，提高我省基础地质工作程度。认真抓好今年省级地勘基金项目及其他地勘项目的管理，提高项目实施效率。积极组织申报第二批危机矿山接替资源找矿项目。争取国土资源部支持，继续加大地下水勘查力度，加强基础水文地质调查，提高地下水勘查的经济社会效益。三是着力提高矿产资源开发利用水平。巩固整顿和规范矿产资源开发秩序成果，坚决打好矿产资源开发整合这场硬仗，认真编制整合实施方案并组织实施，促进矿产资源勘查开发的规模化、集约化，逐步建立科学开发、综合利用、有效管理的长效机制。加强矿业权审批管理，进一步细化完善电子政务多级审批程序和审查标准。尽快对全省探矿权实施情况进行全面清理，为矿产资源整合提供准确依据。四是拓展地质工作服务领域，延长工作链。继续发挥农业地质、城市地质、环境地质、旅游地质工作的作用。开展全省地热资源现状普查以及省会城市浅层地温能调查。开展重点地区地下热水资源勘查和开发利用试点。加强地质资料汇交管理和信息化建设，全面推进地质资料信息的集群化和产业化。五是加大地质灾害防治和地质环境保护力度。积极做好136处地质灾害威胁农房搬迁治理工作，配合做好69所学校搬迁治理和全省校舍安全工程。强化汛期地质灾害气象预警预报，狠抓群测群防体系建设，把各项预防措施做实、做好、做到位。大力推进地质灾害防治机构和应急系统建设，全面开展群测群防"十有县"建设。加大矿山地质环境恢复治理力度，严格规范矿山环境治理保证金缴存、使用和监管。加大地质遗迹的保护力度。

（3）坚持保障发展与保护资源并重，认真落实两个最严格的土地管理制度

坚持把解决保障发展与保护资源放在一切工作的首位，树立在发展中保护、在保护中发展的理念，走出一条开源节流、节约集约利用资源的新路，实现发展与保护的双赢。一是进一步深入贯彻落实最严格的耕地保护制度，加大土地整治力度，确保重点项目耕地占补平衡。建立耕地保护补偿机制和激励约束机制，严格政府耕地保护责任目标考核，完善耕地保护责任制度。根据新一轮土地利用总体规划调整划定基本农田保护区，全面开展基本农田保护和建设工作，实施整治土地60万亩，新增耕地15万亩。充分利用第二次土地调查成果，开展土地整治专项规划编制。二是落实节约集约用地标准，完善用地准入制度，认真执行《贵州省单位GDP和固定资产投资规模增长的新增建设用地消耗考核办法》，促进全社会树立节约集约用地意识。积极开展国土资源节约集约模范县（市）创建活动。

（4）持续推进改革创新，不断为国土资源管理注入活力

一是规范推进农村土地管理制度改革。探索农村土地产权制度改革与建设试点。加快推进集体土地所有权、宅基地使用权、集体建设用地使用权确权登记颁证。继续深化征地制度改革，开展缩小征地范围试点。积极开展城乡建设用地增减挂钩试点，深化集体建设用地使用权流转政策研究，切实指导好毕节、湄潭实验区的试点示范并使之具有带动作用，推进城乡统一土地市场建设。持续稳妥推进征地制度改革，指导各地做好实施征地统

一年产值标准和征地区片综合地价的政策宣传，切实做好新老征地补偿标准的衔接过渡。积极配合相关部门建立被征地农民社会保障制度和多元安置途径，完善征地补偿机制。二是深化国土资源审批制度改革。按照当前改革不阻碍今后和权责一致与监管匹配的原则，切实把权利和责任放下去，把服务和监管抓起来。不断改进和完善城市批次用地审批制度改革措施，提高审批质量和效率，强化城市政府供地责任。探索推进规划、计划管理等相关制度改革，完善有保有压和差别化分配土地利用计划措施。完善耕地占补平衡制度，强化耕地占补平衡动态监管机制，确保实现先补后占、占补平衡。三是加快推进土地、矿产资源有偿使用制度改革和市场建设。充分发挥市场配置资源的基础性作用。持续推进国有土地有偿使用制度改革，推行经营性基础设施用地有偿使用；不断推进矿产资源有偿使用制度改革，进一步完善细化矿业权出让程序，探索建立公开透明，符合市场经济规律和地质工作规律的矿业权出让方式。四是规范推进国土资源管理改革试点。积极配合做好毕节试验区国土资源配套改革工作，全面实施"部省合作协议"和"厅署合作备忘录"。按照严格审批、局部试点、封闭运行、风险可控的原则，积极稳妥推进国土资源管理改革试点，及时总结规范，形成制度成果，做好相关政策储备。

(5) 严格规范管理，强化执法监察

一是按照"积极预防、引导规范、查处违法、完善机制、提高能力"的国土资源执法监察工作思路，完善监管体系，充分发挥现代科技的监管服务作用，转变监管方式，提高监管效率和质量，运用无人机遥感、GPS、计算机网络技术等手段，加快推进"一张网"、"一张图"和综合监测监管平台建设，扩大矿产资源勘查开采遥感监测重点矿区覆盖范围，努力实现以图管地、以图管矿，真正做到"天上看得清、地上查得实、网上管得住"的立体监管模式，维护国土资源开发利用正常秩序。巩固整顿和规范地理信息市场成果，加大对非法测绘的打击力度。落实政务信息公开制度，完善约谈、通报、信息发布制度。二是强化执法监察，严格落实问责制。认真开展 2009 年度卫片执法检查，周密部署，规范操作，抓实整改和查处。建立健全国土资源监管共同责任机制，认真贯彻落实《违反土地管理规定行为处分办法》及我省实施意见，严格土地违法问责。严格执行省委办公厅、省政府办公厅《关于严厉打击非法开采矿产资源行为的通知》要求，全面落实巡查责任制，切实做到防范在先、发现及时、制止有效、查处到位。严肃查处和公开曝光重大典型违规违法案件。积极配合国家土地武汉督察局做好有关督察工作。

(6) 夯实基础工作，提升支撑保障服务能力

基础工作是国土资源工作上水平、上台阶的重要保障。一是要高度重视用在当前，利于长远的国土资源法制建设，促进《贵州省土地整治条例》、《贵州省矿产资源监督检查条例》的出台。做好《贵州省土地登记条例》和《贵州省测绘成果管理办法》的起草和调研。积极推进依法行政，全面完成《国土资源依法行政规划》各项任务，做好新一轮依法行政五年规划编制。二是加快推进市、县、乡级土地利用总体规划修编。努力完成县、乡两级规划成果的编制和审批。开展《贵州省国土规划》编制前期工作，启动新一轮《贵州省地质勘查规划（2010—2020 年）》编制工作。认真做好《贵州省矿产资源总体规划（2008—2015 年）》、《贵州省地热资源勘查规划（2008—2015 年）》、《贵州省重晶石勘

查开发规划（2010—2015年)》发布和实施。编制贵州省镍钼钒等优势矿产资源专项勘查开发利用规划，严格矿产资源规划管理。三是全面完成全省第二次土地调查最后阶段任务。认真总结农村土地调查成果。全面完成城镇土地调查，加快农村集体土地所有权、使用权登记颁证工作。全面完成"二调"成果汇总，确保"二调"最终成果的真实、准确、可靠，积极推进成果应用和共享。四是加强调查研究和国土资源市场监测分析。充分发挥国土资源调控和监测职能作用，大力推进国土资源可持续发展战略研究和重大问题调研，转化成果应用。开展国土资源"十二五"规划前期研究和重大专项研究。全力推进矿产资源潜力评价、储量调查及矿业权核查，确保成果及时运用到矿政管理中。加强统计监测分析，建立国土资源利用宏观调控机制。五是进一步加强基础测绘，启动《基础测绘"十二五"规划》编制工作。积极推进"数字贵州"地理信息空间框架和"数字城市"建设，加快1∶1万地形图数字化产品更新。进一步升级完善全省基础地理信息平台，扩大推广应用范围和服务领域。规范独立坐标系设置并推广应用。充分发挥连续运行GPS基准站网作用，为国土资源管理提供安全可靠的信息技术支持，加快推进建立测绘应急保障机制。进一步加强测绘统一监管，巩固地理信息市场治理整顿规范成果，落实好测量标志有偿使用制度。完成测绘资质复审换证工作。六是切实加强国土资源科技工作和大力推进信息化建设。组织编制《贵州省国土资源"十二·五"科学和技术发展规划》。充分发挥贵州省国土资源专家咨询委员会作用，为我省国土资源管理提供各类咨询保障服务。进一步加快推进信息化及"一张图"管地、管矿的国土资源电子政务系统建设。大力推进国土资源信息服务集群化和产业化。七是大力做好国土资源宣传工作，及时回应热点难点问题，为国土资源工作营造良好舆论氛围。举办全系统首届体育节，积极开展文化体育活动。

## 三、加强国土资源管理部门自身建设

当前，我省正处于加快实现经济社会发展历史性跨越的关键时期，国土资源工作在经济社会发展中的作用、地位和影响日益突出，对做好国土资源工作提出了新的更高要求，我们必须不断加强国土资源管理部门自身建设，提高工作水平和服务能力。

（1）持续推进作风建设，不断增强执行力

充分认识作风建设在推动国土资源事业发展中的重要作用。现在，关于今年国土资源工作的大政方针和总体要求已经明确，关键在于抓好落实。作风的优劣决定了执行力的强弱，直接影响着贯彻落实的效果。增强执行力，必须树立和发扬优良作风。一是在勤奋学习中增强执行力。加强学习是统一思想和提高认识的基础，统一思想和提高认识是增强执行力的重要前提，只有思想的统一和认识的提高，才能保证行动上的一致。国土资源部门的干部，特别是各级领导干部一定要加强学习，把思想认识统一到科学发展观的要求上来，统一到今年国土资源工作的要求上来，把国土资源工作放到经济社会发展的大局中去谋划、去定位。今年，国土资源管理任务十分繁重，新情况新问题很多，我们只有加强学习，才能应对各种复杂局面，承担繁重任务。事有所成，必是学有所成。我们每一位领导干部都要把学习当成一种生活态度、一种工作责任、一种精神追求，作为我们终生的课题、长期的任务、不懈的追求，不断提高干事创业的能力。二是在真抓实干中增强执行力。增强执行力关键是要在"干"字上下工夫。真抓实干，国土资源部门各级领导干部首先要带头干，带头执行党中央、国务院和省委、省政府及厅党组的各项决策部署和要求，令行禁止，以身作则、率先垂范，不当"甩手掌柜"；第二要抓紧干，时间就是金钱，效率就是生命。定下来的事，就一定要抓紧干，千方百计把它干好，绝不能慢慢腾腾、疲疲沓沓、拖拖拉拉，高标准、高效率、高质量地干好自己承担的各项工作；第三要依法干。不断强化依法行政意识，提高依法行政能力，规范国土资源管理行政行为，严格按照法定权限和程序行使权力、履行职责，进一步提高国土资源管理工作的规范性。三是在改进作风中增强执行力。前不久，温家宝总理在国土资源部报送的关于土地督察工作的报告上做出了重要批示，要求国土资源管理部门要敢于碰硬，不怕得罪人。总理的批示，虽然是针对土地督察工作提出的，但对我们的各级国土资源管理部门来讲，都是非常重要的，为国土资源管理部门加强队伍作风建设指明了方向。我们要深刻领会总理的批示精神，切实抓好作风建设。要着力强化广大干部职工的宗旨意识和责任意识，培育恪尽职守、勇于进取、敢抓敢管、硬朗实干的工作作风。今年厅机关要在去年作风建设活动的基础上，进一步探索构建作风建设长效机制，把今年作为国土资源工作管理服务年，开展"进一步改进作风、增强执行力、服务基层"活动。同时，厅党组也要求各级国土资源部门都要结合各自实际开展作风建设活动。

（2）加强干部队伍建设。政治路线确定之后，干部就是决定性的因素

推动国土资源事业的发展，关键在于造就一支想干事、能干事、干成事的高素质干部队伍。一是要深化干部人事制度改革，完善国土资源部门干部工作机制。坚持选拔重用政治品德好、公道正派、求真务实、开拓创新、清正廉洁、敢抓敢管的干部。建立健全选拔任用提名制度，拓宽选人用人视野，加强对基层和长期在艰苦地区工作干部的选拔任用，加大干部轮岗交流力度，扩大干部交流范围。二是加强干部的管理和培养教育。认真贯彻落实《中共中央办公厅印发关于〈进一步从严管理干部的意见〉的通知》精神，对干部严格要求、严格管理、严格监督。加大对年轻干部的培养力度，继续推进上下互派干部挂职锻炼工作，积极争取与高等院校联合办学、选派学习、专业培训、项目合作等方式，为年轻干部创造多层次多渠道的学习锻炼机会。三是加强基层组织建设。国土资源系统的基层组织尤其是乡镇国土资源所是我们管理的最前沿，面临巨大压力，承担繁重任务，我们各级国土资源管理部门都要怀着深厚的感情和最大的爱心，给予精神和物质方面的有力支持，省厅今年要争取专项经费并从相关的工作经费中给予乡镇国土资源所更大的支持。以本次政府机构改革为契机，妥善解决基层执行监察、乡镇国土资源所的编制、待遇等遗留问题。

（3）加强党风廉政建设

全面贯彻中纪委、省纪委五次全会精神，认真落实党风廉政建设责任制，健全惩治和预防腐败体系，积极探索党风廉政建设责任制落实的激励机制。加强对党员干部特别是领导干部的党风廉政教育，加大对权力运行的监督力度，特别对土地和矿权审批、土地开发整理、地质勘查、地质灾害治理、矿山整合、重大专项资金使用等重点环节和重点部位的监督，针对漏洞和缺陷，严格建章立制，充分发挥制度预防的积极效用和制度惩治的威慑

效应，强化制度防腐。扎实开展国土资源工程领域突出问题专项治理，深入开展排查，加大土地出让、矿业权审批等领域的重点案件和涉及民生的国土资源违法违纪案件查处力度。加强预防腐败的调研工作。进一步加大行风建设力度，积极开展行风建设明察暗访活动。进一步加强纪检监察队伍自身建设。

同志们，回顾过去的一年，全省国土资源工作得到省委、省政府的充分肯定，得到地方政府及有关部门的普遍认可，得到社会各界的理解支持。我们为自己的辛劳付出感到充实和欣慰。展望未来，任重而道远，但我们依然精神振奋，充满信心。只要我们上下一心，团结一致，认真按照省委、省政府的决策部署，以时不我待、奋发进取的精神状态投入工作，我们就能够不断提升国土资源的管理水平，就能够担当起历史赋予我们的神圣使命，就一定能够迎来一个更加美好灿烂的明天。

春节就要到了，借此机会，我代表厅党组，向大家并通过你们，向全省国土资源系统的全体干部职工，致以亲切的问候，衷心祝愿你们新春快乐、阖家团圆、幸福安康！

## 2011 年：开创国土资源管理工作新局面　保障和服务经济社会更好更快发展

贵州省国土资源厅厅长、党组书记　朱立军

同志们：

这次会议的主要任务是，认真贯彻落实省委十届十次会议、全省经济工作会议暨深入实施西部大开发战略工作会议、全省工业发展大会和全国国土资源工作会议精神，以科学发展观为统领，系统总结 2010 年和"十一五"国土资源工作，分析和研判形势，明确"十二五"国土资源目标任务和工作思路，部署 2011 年重点工作，进一步解放思想、改革创新、转变作风、团结奋进、为保障和服务贵州经济社会又好又快、更好更快发展做出新贡献。

## 一、积极主动服务、严格规范管理，国土资源保障和服务经济社会取得显著成效，获得有益启示

刚过去的 2010 年，是不平凡的一年，也是经受严峻考验的一年，更是取得丰硕成果的一年。在省委、省政府的坚强领导和国土资源部的指导支持下，全面完成了 2010 年各项目标任务，为我省经济社会又好又快更好更快发展提供了有力保障和优质服务。

一是建设用地保障有力，整装勘查实现突破，资源保障能力得到进一步提升。2010 年，我省共获省级年度用地计划指标 14.07 万亩，较 2009 年 12.15 万亩增加近 2 万亩，并获国土资源部下达我省城乡建设用地增减挂钩周转指标 1.6 万亩。全年呈报国务院和省政府审批建设用地 37.42 万亩，是 2009 年 22.33 万亩的 168%，创历史新高，特别是使用国家建设用地计划指标达 23.88 万亩，占当年国家计划指标的 12.37%，成为全国占用国家计划指标最多的省份，有力保证了我省建设用地的强劲需求，使一大批项目顺利落地。全年实际供应土地 24.15 万亩，同比增长 61.80%，土地出让价款 197.33 亿元，是上一年度的 2.4 倍。先后启动了黔北务正道地区铝土矿、铜仁地区松桃锰矿和黔东南黄平地区铝土矿整装勘查。目前，整装勘查进展顺利，已取得阶段性重要成果，预计可新增铝土矿储量 2.6 亿吨，锰矿储量 3000 万吨。组织实施了 19 个地勘基金项目，发现大型以上矿产地 11 处，提交煤炭资源量 44.45 亿吨、铝土矿资源量 0.94 亿吨、磷矿 8.9 亿吨，在开阳洋水矿区深部探获磷矿资源量 7.82 亿吨，刷新了单一矿区探获最大磷矿资源量规模纪录，相当于再造一个开阳磷矿。

二是坚持管控激励、开源节流双管齐下，严格耕地保护，落实节约集约。2009 年度省级政府耕地保护责任目标顺利通过国家检查，排名在全国 31 个省（自治区、直辖市）前 10 位，获得五千亩建设用地指标奖励。稳步推进农村土地整治，全年共实施和完成土地整理复垦开发项目 6740 个，建设规模 65.97 万亩，新增耕地 37.95 万亩。目前，全省新增耕地指标节余 47 万亩，为全省今后一段时期项目用地储备了充足的耕地占补平衡指标。去年底，省人大审议通过了《贵州省土地整治条例》，为我省加大土地整治力度提供了法

规保障。土地综合整治示范工程建设和城乡建设用地增减挂钩试点工作稳步推进。认真落实《限制用地项目目录（2012 年本）》，坚决抵制"两高一低"、产能过剩和重复建设项目用地。严格执行节约集约用地标准，全年共核减用地近万亩。积极开展国土资源节约集约模范县（市）创建活动，我省遵义市播州区的经验被作为全国示范县典型经验推广。进一步加大闲置土地清理力度，共清理出批而未供、供而未用土地 12 万余亩，其中房地产囤地和闲置土地 179 宗，共计 7000 亩，对其中较为典型的案件，目前正在挂牌督办。加大矿产资源整合力度，提高矿业规模化集约化程度，全面启动全省 7 个优势矿种整合工作，138 个矿权整合为 50 个矿区，净减少矿权 88 个，使我省矿山企业"多、小、散、乱"的局面得到一定程度改观。根据贵州山多地少，建设用地供需矛盾突出的现实，提出了开发山地的工作思路和保障措施，总结铜仁地区的实践，为实施"工业梯田"工程，保障我省工业项目用地开拓了新路。

三是严格规范管理，强化执法监察，有力维护了国土资源管理秩序。认真做好 2009 年度土地卫片执法检查工作，周密部署、积极预防、提前介入、尽早发现、严肃约谈、抓实整改，效果显著。2009 年度卫片执法检查，全省建设用地违法违规占用耕地比例为 6.16%，是全国建设用地违法违规占用耕地比例最低的省份。共查处土地违法案件 2776 件，涉及土地面积 1.3 万亩。向纪检监察机关移送责任人 18 人，向司法机关移送 2 人追究刑事责任。严格矿业权管理，加大矿产违法案件查处力度，共查处案件 754 宗，向司法机关移送涉嫌非法采矿罪人员 182 名，涉及非法采矿点 176 个，有效遏制了我省矿产资源领域违法违规的高发势头。积极推进"和谐矿区"建设，矿产资源领域群众来信来访同比下降 20.33%。

四是夯实基础工作，加快信息化建设，国土资源管理水平和效能得到进一步提升。加快推进土地、矿产、地质灾害防治、测绘事业发展规划编制工作，《贵阳市土地利用总体规划（2006—2020 年）》已正式上报国务院审批，其他 8 个市（州、地）土地利用总体规划修编已经省政府审查批复，县级土地利用总体规划大纲全部通过评审批复。国土资源部正式批复《贵州省矿产资源总体规划（2008—2015）》，省政府批准实施《贵州省地下热水资源勘查开发利用专项规划（2008—2015 年）》。全面启动我省《贵州省国土资源事业中长期（2011—2020）发展规划纲要》、《贵州省土地整治规划》、《贵州省产业集聚区土地利用专项规划（2011—2020 年）》、《贵州省矿产资源勘查开发利用规划（2011—2020）》、《贵州省地质灾害防治规划》、《贵州省测绘事业"十二五"发展规划》、《贵州省国土资源"十二五"科技发展规划》、《贵州省国土资源管理信息化建设规划》八大规划编制工作。全面完成全省第二次土地调查工作，按时汇交数据。矿业权实地核查工作全面完成，并被评为优秀。矿产资源潜力评价和储量利用现状调查工作顺利推进。加快"数字贵州"地理信息空间框架和"数字遵义"建设，完成国家地理信息公共服务平台贵州子节点建设和基础测绘任务。国土资源科技和信息化建设取得重要进展，在全国国土资源系统率先实现遥感监测"一张图"管地管矿防地灾，全省国土资源综合监管平台基本建成，初步形成"天上看、地上查、网上管"的立体监管格局，徐绍史部长对我省国土资源"一张图"工程建设充分肯定和高度评价，并作为典型经验在全国国土资源系统予以推广。

五是维护权益，保障民生，服务抢险救灾。加强信访工作，建立厅领导和机关处（室）主要负责人接访和深入基层制度，了解国土资源领域社情民怨，维护群众合法权益。认真组织实施并严格落实新的征地补偿标准，严肃查处在征地、矿产资源开发过程中侵害群众合法权益的案件。加大保障性住房用地供应，全年城市住房供地 24 543 亩，同比增长 37.46%，其中，保障性住房、棚户区改造和自住性中小套型普通商品住房供地 19 557 亩，占住房用地总量的 79.69%。全力以赴参与重大抢险救灾。应急抗旱找水打井成效突出，组织 15 支地勘队伍 1200 余人，赴旱区 50 个县找水打井，解决了 86 万多人口、24 万头大牲畜饮水及部分农田灌溉水源问题。全力做好地质灾害防治工作，完成万村地质灾害防治知识宣讲活动，出色完成关岭县岗乌镇"6·28"特大滑坡碎屑流地质灾害抢险救灾工作，认真贯彻落实温家宝总理关于"同时防止周边地区发生类似事故"的重要批示精神，组织上百名专家和专业技术人员仅用三天时间查明方圆 75 平方公里范围 25 处地质灾害隐患点，并争取到国土资源部 6000 万元地质灾害防治经费，为灾区灾民搬迁和地质灾害治理提供了有力支撑。组织全省 28 家具有地质灾害勘查治理资质的地勘单位和科研院所，开展我省重点地区重大地质灾害隐患详细调查。启动全省地质灾害监测预警与决策支持平台建设项目。成功预测避让 24 起地质灾害，避免人员伤亡 3145 人和直接经济损失 4000 余万元。加大地质灾害和矿山地质环境治理力度，争取到国土资源部经费 3 亿余元。

六是转变作风，提高效能，服务基层，机关作风建设取得显著进步。深入学习实践科学发展观活动工作开展以来，持续巩固深化拓展活动成果，在 2009 年 8 月开展为期三个月以"解放思想、改革创新、转变作风、提高执行力"为主题的厅机关作风建设活动基础上，2010 年开展了以"进一步转变作风、增强执行力、服务基层"为主题的机关作风建设活动，并把 2010 年作为国土资源管理服务基层年。探索构建厅机关作风建设长效机制，推动厅机关作风建设常态化。全省领导干部大会、省委十届十次全会和省直机关作风建设交流推进会后，及时传达，认真学习，迅速行动，制定出台了《省国土资源厅关于保障和促进工业发展的实施意见》、《省国土资源厅开展作风建设年环境建设年项目建设年活动工作方案》，分别召开全省国土资源系统工作务虚会和厅机关"三个建设年"动员大会，进行广泛动员和全面部署，明确提出"人人转变作风有成效、处处皆是环境有改善、个个都保项目有进步"的目标要求，厅机关率先垂范，得到省委、省政府领导的充分肯定和服务对象的称赞。扎实开展"两整治一改革"专项行动，强力推进党风廉政建设。

2010 年是"十一五"收官之年。回顾过去的五年，全省国土资源系统在应对国际金融危机和抗击雪凝灾害、干旱和关岭"6·28"特大滑坡碎屑流地质灾害等历史罕见特大自然灾害、保障和促进我省经济平稳较快发展等方面做出了重要贡献。一是国土资源保障能力和服务水平不断提升。五年来共获批准新增建设用地 140 万亩，特别是 2008 年以来年均增长 6 万亩。土地出让收入 515.8 亿元。投入地质勘查资金 26.7 亿元，较"十五"增长 3.5 倍。发现大型矿产地 21 处，新增煤炭资源量 86.98 亿吨、铝土矿资源量 1.43 亿吨、磷矿资源量 8.78 亿吨。五年征收入库矿业权价款和矿产资源补偿费 115.26 亿元，其中矿业权价款 105.6 亿元，矿产资源补偿费 9.66 亿元，年均增长 42%，依法征收矿业权价款滞纳金 2.08 亿元。二是国土资源保护和监管秩序持续向好。坚守耕地保护红线，耕地保有量和基本农田保护面积分别稳定在 6657 万亩和 5426 万亩以上，省级政府耕地保护目标考核连续两年被国务院检查组评为优良，列全国前十名。完成土地整治项目 9512 个，建设规模 221 万亩，新增耕地 75.7 万亩，是"十五"期间的 3.3 倍。整合矿区 1771 个，减少矿业权 1064 个。矿业权管理逐步规范，矿业权市场建设得到国土资源部和国内同行充分肯定。矿业权出让、转让交易额近 30 亿元，实现税收 2 亿多元。土地矿产违法违规行为得到有效遏制，违法用地总数、面积和占用耕地面积分别下降 37.6%、48.6% 和 66.8%，矿产违法案件发生率下降 61.5%。三是国土资源维护民生力度不断加大。2010 年实施新的建设用地征地补偿标准，较原标准平均提高 25% 以上，保障性住房、棚户区改造和自住性中小套型普通商品住房供地 4.85 万亩。从 2007 年全面启动的利用地下水勘查成果解决我省农村饮水安全问题取得显著成效，四年共投入经费 1.9 亿元，总计施工探采结合孔 603 个，其中成井 476 口，日涌水量 30.41 万立方米，直接解决 156.7 万余人、53.23 万大牲畜饮水，并可为 30 万余亩耕地灌溉提供补充水源。加强地质灾害防治，开展重点地区重大地质灾害详细调查和地质灾害监测预警与决策支持平台建设，成功预报地质灾害 94 起，避免人员伤亡 8343 人，避免直接经济损失 1.3 亿元。四是基础工作不断夯实，有力支撑了我省国土资源事业发展。土地、矿产、测绘、地质灾害防治等国土资源基础规划全面完成，特别是我省土地利用总体规划是继河南、山东之后获国务院批复的第三家省级土地利用总体规划，为我省"十一五"乃至 2020 年经济社会发展提供了有力的用地保障。《贵州省地质环境管理条例》、《贵州省土地整治条例》颁布实施。基础地质、基础测绘工作程度进一步提高，国土资源调查成果作用日益显现，科技创新力度不断加大，电子政务和信息化建设成效明显，在全国国土资源系统率先实现"一张图"管地管矿防地灾，实现建设用地和矿业权远程并联审批。乡镇国土资源所"六个一"工程全面完成，信息化及电子政务广泛运用，交通工具和办公设施不断改善。

回首 2010 年，回顾过去的五年，深感成绩来之不易，这得益于省委、省政府的高度重视和正确领导；得益于国土资源部的指导、关心和帮助；得益于地方各级党委、政府和相关部门的理解和支持；更得益于全省国土资源系统广大干部职工的开拓创新和不懈努力。在此，我代表厅党组向长期关心、理解和支持国土资源工作的社会各界表示衷心感谢，向全省国土资源系统广大干部职工及其家属表示亲切慰问，并致以崇高敬意！

总结"十一五"我省国土资源改革发展实践与探索，我们不仅为我省经济社会发展提供了有力保障和优质服务，也为"十二五"乃至今后更长时期我省国土资源事业发展提供了有益的启示：一是必须坚持把国土资源工作放到经济社会发展的大局中去谋划、去定位，在服务经济社会发展过程中不断夯实国土资源事业发展的基础，在提高国土资源管理水平和能力同时推动经济社会又好又快更好更快发展。抓住主要矛盾和矛盾的主要方面，迎难而上，奋发作为，只有主动应对，才能从容应对，从而经受住大事、急事、难事的考验。二是必须坚持保障发展与保护资源并重、主动服务与规范管理并重。正确处理保障发展与保护资源的关系，坚持在发展中保护、在保护中发展。积极争取增量，有效盘活存量，严格节约集约，强化创新和规范，坚持管控激励、开源节流双管齐下。寓管理于服务之中，在积极主动服务中争取支持和理解。三是必须坚持解放思想深化改革，转变观念创新思路，创造性地开展工作。面对严峻形势、艰巨任务和双重压力、两难局面，传统的模式、习惯的做法和按部就班的套路难有作为，唯有解放思想、深化改革，冲破习惯的凝固化的管理理念、思维方式和管理模式，克服安于现状不想改、畏首畏尾不敢改、视野狭窄不会改的状况，勇于探索、勤于实践，思路决定出路，以重点领域和关键环节为突破口，以管理理念、管理职能和管理方式转变为抓手，为国土资源改革发展注入新的活力。四是坚持业务工作与党建工作有机交融和深度结合，不断提升干部队伍的素质和能力。持续巩固和深化拓展深入学习实践科学发展观活动成果，着力推动机关作风建设常态化，注重建立长效机制，不断提升执行力和战斗力。以创先争优活动和"两整治一改革"专项行动为契机，围绕服务中心、建设队伍，注重将业务工作的薄弱环节作为党建工作重要抓手，推进党建工作与业务工作深度融合，克服"两张皮"、避免"一般化"，做到两不误、双促进。

在看到成绩的同时，还应清醒地认识到，国土资源管理还存在一些亟待解决的突出问题和必须面对的难题，主要是供需矛盾突出，供需衔接不够，实现供需双向调节的任务艰巨；重点领域和关键环节的改革滞后，对国土资源管理工作的规律性还把握不够，思想解放还未跟上，开拓创新还不够；资源权益和群众利益维护不够到位，执法监管不够硬朗，基础工作比较薄弱；管理职能有待进一步转变，服务意识有待进一步提高，工作敏锐性有待进一步增强。对这些问题，我们一定要认真研究，切实加以解决。

## 二、正确把握形势，统一思想认识，坚定开创国土<br>资源管理工作新局面的信心

"十二五"时期是全面建设小康社会的关键时期，是深化改革开放、加快经济发展方式转变的攻坚时期，也是我国发展的重要战略机遇期，更是我省争取在 2020 年与全国同步进入全面小康社会、实现经济社会发展历史性跨越的关键时期。做好今年和"十二五"时期国土资源工作，我们必须正确把握形势，研究吃透政策，深刻领会党中央、国务院和省委、省政府的新的更高要求，高举发展、团结、奋斗的旗帜，统一思想，坚定信心，振奋精神，勇于探索，敢于担当，努力开创国土资源管理工作新局面。

1）正确把握形势。一是国际经济形势受金融危机的影响，世界经济格局正在发生深刻变化，世界经济有望继续恢复增长，但不稳定、不确定因素仍然较多。从国内看，今年乃至"十二五"时期，我国工业化、城镇化和农业现代化快速推进，土地和矿产资源需求将持续上升，供需矛盾加大，国土资源管理形势依然严峻。从我省看，省委十届十次全会确定了"加速发展、加快转型、推动跨越"的主基调，明确了重点实施工业强省和城镇化带动战略，省委、省政府在全省开展了"三个建设年"活动，全省上下谋发展、抓项目、促发展的热情空前高涨，对土地和矿产资源的需求井喷式的爆发，供需矛盾更加突出，压力前所未有，国土资源管理形势十分严峻。二是土地管理面临考量，两难局面和双重压力更加突出。2010 年第四季度全省用地量剧增，全年批准建设用地达 38 万亩，虽然年底部里追加建设用地计划指标达 2 万余亩，但缺口仍然很大。今年，虽然中央要求在"十二

五"开局之年要防止盲目铺摊子、上项目，严把土地"闸门"。但我省属欠开发、欠发达省份，正值加速发展的关键时期，中央领导对我省提出更好更快的明确要求，工业强省和城镇化带动战略的强力推进，区域发展规划实施、基础设施建设、产业园区的兴起、社会民生项目、旅游业等用地需求十分旺盛，土地供需矛盾非常突出。与此同时，土地供给相对不足与土地利用粗放浪费并存，建设用地计划指标紧张与大量批而未供、供而未用土地闲置并存，2010年因用地结构的不合理，有3万亩建设用地计划指标浪费，计划管控、盘活存量和节约集约的任务艰巨。2009年度土地卫片执法检查虽然全省平均违法违规占用耕地比例在全国最低，但部分县、市、区和部分行业用地违法违规仍然严重。土地管理"两碰头、一忧虑"的局面仍未根本改变，形势更为复杂和严峻。这对贯彻落实两个最严格的土地管理制度，切实维护国土资源管理秩序是一个重大考验。三是矿产资源保障能力亟待加强，矿产资源勘查开发监管难度加大，矿产资源领域的突出问题仍未得到根本解决，矿山企业"多、小、散、乱"的局面仍未有根本改观。矿业经济在我省经济中占有较大的比重，能矿产业是我省的支柱产业，重点实施工业强省和城镇化带动战略，必将会产生对矿产资源的强劲需求，央企和大量民营企业的进入，虽然矿产资源勘查开发迎来难得机遇，但同时也伴随着圈而不探、以采代探、行业垄断和资本操纵及炒卖等问题，进一步加大矿产资源勘查开发监管难度。矿业权出让、矿产资源开发整合、利益分配问题仍处在艰难探索之中，尚待进一步深入和规范。地方政府和社会各方面对国土资源关注度越来越高，对深化改革、坚持公平、维护权益的期待更加急迫，对国土资源领域腐败案件频发反应强烈，保障发展与保护资源的矛盾更加复杂，工作的两难局面、双重压力更为突出。

2）统一思想认识。做好今年的工作，为"十二五"开好局、起好步，需要我们围绕省委、省政府一系列重大决策部署，进一步统一思想认识，为保障和服务我省经济社会又好又快、更好更快发展打下坚实的思想基础。一是要把思想认识统一到省委、省政府的新思路、新要求上来。去年8月20日，战书书记、克志省长到贵州工作后，牢牢把握全省发展大局，根据中央对贵州工作的新要求，在大量调查研究、广泛听取意见的基础上，从战略和全局的高度，对加快发展提出了一系列新思路和新要求。例如，提出高举发展、团结、奋斗三面旗帜；提出实现又好又快、更好更快发展总要求；提出加速发展、加快转型、推动跨越的主基调；提出重点实施工业强省和城镇化带动战略；提出支持贵阳市加快发展，发挥对全省的"火车头"作用；提出加快黔中经济区、黔中城镇带建设，发挥对全省的"发动机"作用；提出在全省开展"三个建设年"、"四帮四促"活动，等等。这些思路和决策，既实事求是，又与时俱进；既是对省情认识的重大升华，又是对发展阶段性特征和发展规律的准确把握。认真贯彻落实好这些重大思想和决策，是做好2011年各项工作的重要保证。二是要把思想认识统一到省委、省政府对国土资源工作提出的新的更高要求上来。从省委十届十次全会和全省经济工作会议精神以及近期省委、省政府领导对国土资源工作一系列重要批示看，省委、省政府的要求主要是：一要加速发展，实施工业强省和城镇化带动战略，就要求我们不断提高资源保障能力。二要扩大投资促进结构调整和发展方式转变，就要求我们加大矿产资源整合力度，严格资源节约集约，建立和完善精细化、差别化管理，增强国土资源管理工作的针对性、有效性。三要深化改革、扩大开放，就要求我们建立健全全省国土资源要素市场，更好地发挥市场配置资源的基础性作用。四要保障和改善民生，促进社会和谐稳定，就要求我们不断提升维护群众利益和服务社会的能力和水平。对省委、省政府的要求，我们必须深刻领会，坚决贯彻落实。

3）坚定开创国土资源管理新局面的信心。面对复杂严峻的形势，按照省委、省政府的要求，我们要更加准确地把握国土资源工作在经济社会发展中的方位、承担的职责、肩负的使命，更加准确地定向、定位、定思路。当前和今后一个时期，国土资源是影响经济社会发展的最重要因素之一，事关工业化、城镇化进程，事关我省经济社会发展实现历史性跨越，既是重大的经济问题，也是重大的政治问题。国土资源管理面临保障发展、保护资源、节约集约、执法监管、维护权益等多重压力，这些压力将在相当长一段时期内存在。但同时也要看到，压力动力相伴而生，挑战和机遇时常伴随。应对得当，就能变压力为动力，化挑战为机遇，应对不好，就会错失机会，贻误发展。因此，我们在看到当前国土资源管理面临的压力和困难的同时，更要看到所孕育的重大机遇和推进事业发展的有利条件。从国家政策要求看，"十二五"时期坚持以科学发展为主题、转变经济发展方式为主线，坚持资源供需双向调节、实施节约优先战略，坚持区域统筹开发、城乡统筹发展，促进节能减排和应对气候变化等，都是加强资源管理和推进改革的重大历史机遇，为国土资源改革发展提供了大有可为的广阔空间。从外部环境看，一方面，资源供应的刚性影响逐步加大，特别是"十二五"时期资源供应总量的制约将进一步加大，将倒逼着资源利用方式发展转变，促进资源节约集约约束机制形成；另一方面，全社会的发展理念也在发生深刻变化，为提高资源利用效率、走节约集约道路提供了良好的外部环境。从自身条件看，近几年来，国土资源管理工作取得了长足进步，整体工作布局已经明确，地质找矿新机制基本形成，综合监管体系基本建立，信息化支撑平台基本建成，队伍和作风建设明显加强，国土资源管理工作已经站在新的起点上。

# 三、明确"十二五"国土资源管理目标任务，扎实做好 2011 年重点工作

"十二五"时期国土资源管理的基本思路是：坚持解放思想，深化改革创新，全面构建保障和促进科学发展新机制，积极主动服务、严格规范管理，统筹保障发展和保护资源，大力实施节约优先战略，显著提高国土资源保障能力和保护水平，促进经济社会又好又快更好更快发展。主要目标是：

1）耕地面积不减少、质量有提高。基本农田稳定在 5426 万亩以上，土地整治 200 万亩，补充耕地 75 万亩。严格落实耕地占补平衡，建设占用耕地足额补充。

2）地质找矿取得重大突破。扎实推进地质找矿新机制和"358"目标落实，逐步形成新的大型能源和原材料资源基地，保障能力显著增强。

3）节约集约利用水平明显提升。全面落实节约优先战略，实现单位 GDP 建设用地消耗下降 30% 以上，矿产资源总回收率提高 3% ~ 5%。

4）维护民生做出新贡献。优先保障民生用地供应，保障性住房用地做到应保尽保，

严格落实被征地农民的补偿政策，全面建立地质灾害调查评价、监测预警、防治和应急体系，防灾减灾能力明显提高。

5）测绘服务保障能力更加增强。测绘控制基准体系更加完善，"数字城市"建设在市（州、地）所在城镇和建设经济强县全面开展，基础测绘工作体制更加完善。

6）违规违法行为有效遏制。执法监管共同责任机制不断健全，国土资源利用和管理秩序根本好转。

7）市场体系更加健全。城乡统一的建设用地市场和统一、竞争、开放、有序的矿业权市场初步建成。

基本要求是：把保障和促进科学发展作为国土资源管理的首要任务，完善政策、主动服务。把强化国土资源保护作为国土资源管理的战略要求，坚守红线、毫不动摇。把推进资源节约集约利用作为破解发展与保护难题的根本途径，牢牢把握、大力推进。把维护权益、服务社会作为国土资源管理的工作准则，勇于担当、不断强化。把加强执法监察，维护土地矿产管理秩序作为国土资源管理的重大举措，敢于碰硬、毫不松懈。把解放思想、深化改革作为国土资源管理的强大动力，迎难而上、重点突破。

2011 年是"十二五"开局之年，做好国土资源管理工作具有十分重要的意义，重点做好以下七方面工作。

1）扎实推进"双保工程"，着力促进发展方式转变。一是按照"规划先行、计划保障、盘活存量、节约集约、把握时序、开发山地"的工作思路和要求，提高建设用地保障能力。认真贯彻落实《贵州省土地利用总体规划》及市级土地利用总体规划，2011 年上半年，全面完成县、乡两级土地利用总体规划修编工作，逐步建立土地利用总体规划动态评估与滚动修编机制。加强和完善计划管控，把握时序，探索实行精细化、差别化管理，对重点工业项目用地计划"点供"，建设经济强县和威宁县用地计划"直供"。加大批而未征、征而未供和供而未用等闲置土地的清理力度，加快闲置用地处置。严格节约集约用地，深入推进国土资源节约集约模范县（市）创建活动。尽快制定节约集约指标体系和产业园区用地准入条件。开发山地、向山要地，实施"工业梯田"工程。二是健全完善耕地保护制度。认真贯彻落实最严格的耕地保护制度，严格政府耕地保护责任目标考核，完善耕地保护责任制度，部署划定永久基本农田，选择有条件的地区开展耕地保护补偿试点，确保重点项目耕地占补平衡。强化耕地占补平衡动态监管。做好农用地分等定级估价和土壤微量元素测评分析成果应用，加强土壤地球化学研究，探索成果动态更新机制，开展耕地质量变化监测试点工作，促进耕地质量保护。三是严格规范增减挂钩试点，切实做好农村土地整治。农村土地整治与增减挂钩试点相结合，是促进城乡统筹发展的重要平台和抓手，我们要认真学习、深刻领会《国务院关于严格规范城乡建设用地增减挂钩试点切实做好农村土地整治的通知》精神，准确把握其核心要求：严格规范增减挂钩试点，切实做好农村土地整治。迅速组织开展增减挂钩试点和农村土地整治情况检查。做好农村土地整治工作，关键是要加强引导，规范管理，因地制宜，循序渐进，尊重农民意愿，惠及农民群众。加大土地整治力度，提高土地整治规模效益，实施农业良田工程，落实配套资金和工程监管。

2）高举推进新机制和开展"358"行动两面旗帜，切实增强资源保障能力。一是认真履行地质找矿第一责任人职责，全面推进地质找矿新机制。省、市、县三级国土资源管理部门作为本级人民政府负责矿产资源管理的组成部门，理应承担起本地区地质找矿第一责任人的职责，全面推进"公益先行、基金衔接、商业跟进、整装勘查、快速突破"的地质找矿新机制。国土资源管理部门主要从"准确定位、统筹协调，创新机制、打造平台，优化环境、培育主体"六个方面来认真履职，做好工作。二是启动实施"358"行动，国土资源部从战略和全局的高度提出了"358"宏伟目标（三年有重大进展，五年有重大突破，八年重塑地质矿勘查开发格局），并决定从今年开始实施。我们要科学编制我省地质找矿"358"行动纲要，精心组织实施国土资源调查评价工程和地质找矿工程。通过3年取得三大成果，体现"3年有重大进展"：①基础地质调查评价取得重大成果；②成矿地质条件和找矿靶区研究取得重大成果；③我省优势矿产（铝土矿、锰矿、煤炭、磷矿、金矿、钒矿等）整装勘查取得重大成果。通过5年达到五大突破，体现"五年有重大突破"：①基础地质研究有重大发现；②区域成矿规律、成矿理论研究有重大创新；③勘探技术方法有重大突破；④深部找矿和危机矿山找矿有重大突破；⑤贵州优势矿产和国家急需矿产找矿有重大突破。通过8年实现八大目标，体现"八年重塑地质矿产勘查开发格局"：①规划科学；②整装勘查；③保障有力；④集约开发；⑤综合利用；⑥地矿兴旺；⑦群众受惠；⑧生态良好。

3）加强矿政管理，促进矿产资源优势向经济发展优势转化。坚持"系统规划、整装勘查、合理配置、有序投放、集约开发、综合利用"。编制矿业经济区和重大矿业经济基地矿业权设置方案。根据矿产资源禀赋情况、开发种类、产业类型、产能规模，合理配置主要矿产资源和配套矿产资源。根据省政府确定的能矿资源和其他优势矿产资源开发利用的要求和市场需求，编制探矿权采矿权投放计划，做到有序投放、保证重点、实现可持续发展。支持大矿大开、优势资源优先开、小矿资源整合开。加强对矿产资源开发的引导，深入推进矿产资源开发整合，优化矿产资源勘查开发结构和布局，鼓励不同主体采取资金、技术等其他方式参与矿产资源开发整合，实现矿业经济可持续发展。组织实施好矿产资源节约与综合利用专项工作，继续开展矿产资源利用现状调查，加强矿山企业"三率"考核，积极推进"和谐矿区"建设。鼓励矿产资源综合利用，为延长产业链、增加产业幅和精深加工的循环经济矿山企业优先提供矿产资源保障。开展煤矿、磷矿、铝土矿等优势矿产资源的综合评价，促进煤及煤化工、磷及磷化工、铝及铝加工产业的优先发展。加快推进织金磷矿的磷及稀土分离试验工作，力争在选冶工艺和提取技术上取得突破，将磷及稀土资源优势转化为经济优势。以国家把我省列为页岩气找矿先导区为契机，大力寻找页岩气，努力改变我省缺油、少气状况。

4）保障民生，维护权益，加强地质灾害防治。一是加大保障性住房土地供应力度，加强房地产市场土地供应调控，促进房地产业平衡健康发展。尽快编制2011～2012年保障性住房用地供应计划，提高中低价位、中小套型普通商品住房建设用地比例，严格限制低密度、大套型住宅用地，确保保障性住房用地。控制房地产单宗用地出让规模，正确处理好房地产用地与公益用地的关系，坚决避免片面追求房地产开发供地给政府带来的收益而牺牲公益事业用地的现象发生，进一步完善土地招拍挂出让制度，严格土地出让和划拨的监管，坚决打击囤地、炒地等违法违规行为。强化市场动态监测监管，加大信息公开力度，定期向社会公布供地计划、供应结果、实际开发利用情况及闲置土地处置等动态信息，强化社会监督。二是加强地质灾害防治。地质灾害防治工作关系千家万户、关系国计民生、关系发展大局，坚持把地质灾害防治作为崇高的生命任务，把保护人民群众生命安全作为防治工作的最高价值，举全省之力，努力做好地质灾害防治工作。结合我省地质灾害防治规划和山洪地质灾害防治专项规划的实施，全面开展重点地区重大地质灾害详细调查评价和监测体系建设，继续开展特大型地质灾害治理。抓紧抓实群测群防体系建设，进一步推进群测群防"十有县"建设。加大矿山地质环境治理恢复力度。三是加强信访工作，完善厅领导和机关处（室）主要负责人接访制度和深入基层联系点负责制及市（州、地）、县（市、区）国土资源管理部门负责人接访制度，维护群众合法权益，认真组织实施并严格落实新的征地补偿标准，严肃查处在征地、矿产资源开发过程中侵害群众合法权益的案件。

5）持续推进改革创新，不断为国土资源管理注入活力。一是规范推进农村土地管理制度改革。探索农村土地管理制度改革与建设试点，加快推进集体土地所有权、宅基地使用权、集体建设用地使用权确权登记颁证。深化征地制度改革，加强集体建设用地使用权流转政策研究，切实指导好毕节、湄潭试验区的试点示范并使之具有带动作用，推进城乡统一土地市场建设。积极配合相关部门建立被征地农民社会保障制度和多元化安置途径，完善征地补偿机制。二是深化国土资源审批制度改革。按照当前改革不阻碍今后和权责一致与监管匹配的原则，切实把权利和责任放下去，把服务和监管抓起来。不断改进和完善城市批次用地审批制度改革措施，提高审批质量和效率，强化政府供地责任。探索推进规划、计划管理等相关制度改革，完善有保有压和差别化分配建设用地计划措施。三是加快推进土地、矿产资源有偿使用制度改革和市场建设。充分发挥市场配置资源的基础性作用，进一步推进国有土地有偿使用制度改革，推行经营性基础设施用地有偿使用；不断推进矿产资源有偿使用制度改革，进一步完善矿业权出让程序，建立公开透明、符合市场经济规律和地质工作规律的矿业权出让方式。四是规范推进国土资源管理改革试点。积极配合做好毕节试验区国土资源配套改革工作，全面实施"部省合作协议"和"厅署合作备忘录"。按照严格审批、局部试点、封闭运行、风险可控的原则，积极稳妥推进国土资源管理改革试点，及时总结规范，形成制度成果，做好相关政策储备。

6）严格规范管理，强化执法监察。坚持"积极预防、引导规范、查处违法、完善机制、提高能力"的原则，全面强化执法监察工作，提高国土资源监管水平。一是加强督促、检查，引导依法依规用地，着力查处违反产业政策、"搭车"用地等行为。二是认真做好2010年度土地卫片执法检查，配合国家土地武汉督察局做好相关督察工作。三是完成铜仁地区开展利用乡镇国土资源网进行动态巡查情况直报试点工作，总结、修改完善乡镇动态巡查网络，全省进行推广运用。四是在矿业权核查的基础上，以无证勘查、越层越界开采、地质勘查成果弄虚作假等案件为重点，严厉打击矿产资源违法行为。五是利用GPS、卫星遥感、无人机技术，结合"一张图"工程，深化科技手段在执法监察中的应用。六是推动省、市、县三级 12336 举报电话实现互联互通，及时发现和打击违法行为。

7）夯实基础工作，提升保障服务能力。基础工作是国土资源工作上水平、上台阶的重要保障。一是高度重视国土资源法制建设。严格执行《贵州省土地整治条例》，积极促进《贵州省矿产资源监察条例》的出台。做好《贵州省土地登记条例》和《贵州省测绘成果管理办法》的调研和起草工作。积极推进依法行政，认真编制新一轮《国土资源依法行政规划》。二是开展贵州省国土资源系列规划编制工作。认真组织编制"八大规划"——国土资源中长期发展规划、土地整治规划、产业集聚区土地利用专项规划、矿产资源勘查开发利用规划、地质灾害防治规划、国土资源信息化建设规划、国土资源科技发展"十二五"规划、测绘事业发展"十二五"规划。三是加强国土资源市场监测分析。充分发挥国土资源调控和监测职能作用，大力推进国土资源可持续发展战略研究和重大问题调研，促进成果转化应用。建立国土资源宏观调控机制，加强统计监测分析，全力推进矿产资源潜力评价、储量利用现状调查和矿业权实地核查成果应用。四是进一步加强测绘工作。积极推进"数字贵州"地理信息空间框架和"数字城市"建设，加快 1∶1 万地形图数字化产品更新。进一步升级完善全省基础地理信息平台，扩大应用范围和服务领域。规范独立坐标系设置并推广应用。充分发挥连续运行 GPS 基准站网作用，为国土资源管理提供安全可靠的信息技术支持，加快推进建立测绘应急保障机制。进一步加强测绘统一监管，巩固地理信息市场治理整顿规范成果，落实好测量标志有偿使用制度。完成测绘资质复审换证工作。五是切实加强国土资源科技工作和大力推进信息化建设。充分发挥省国土资源专家咨询委员会作用，为我省国土资源管理提供智力支持。进一步加快推进信息化及"一张图"管地、管矿和防地灾的国土资源电子政务系统建设，实施"一张图"建设工程。大力推进国土资源信息服务集群化和产业化。六是大力做好国土资源宣传工作，及时回应热点难点问题，为国土资源工作营造良好舆论氛围。

## 四、扎实开展"三个建设年"活动，进一步加强国土资源管理部门自身建设

当前，我省正处于"加速发展、加快转型、推动跨越"的关键时期和战略机遇期，国土资源工作在实现我省经济社会又好又快、更好更快发展中的作用、地位和影响日益突出，对做好国土资源工作提出了新的更高要求，我们要以"三个建设年"活动和"两整治一改革"专项活动为契机，推进创先争优工作，不断加强国土资源管理部门自身建设，努力提升党建工作的科学化水平，建设一支政治强、业务精、作风实的干部队伍。

1）扎实开展"三个建设年"活动，深入推进创先争优工作。今年国土资源工作的目标任务和具体要求已经明确，关键在于抓好落实。我们要紧紧围绕"转变作风、提高效率、服务基层、推动跨越"主题，针对影响和制约国土资源管理部门"三个建设年"活动的突出问题，特别是建设用地审批，矿业权管理等基层和群众关切的问题，在改进作风、优化环境和项目落地上创先争优，切实信守向社会作出的"简、优、快、争"四字庄重承诺。"简"即简政放权，简化事项，简化审批程序。行政许可审批项目、非行政许可

审批项目和建设用地报件减少 30% 以上，推进开发区国土资源分局属地化管理改革。"优"即优质服务，主动服务、上门服务、深入基层、提前介入、超前服务，实行厅领导分区域包重点建设项目用地、矿产资源保障服务责任制。"快"即快捷办理，优化审批流程，加快实行并联审批，严格限时办结制度，推行超时默认和责任追究制度，建设用地审批时限由法定的 60 个工作日减缩为 12 个工作日，建立重点项目审批快捷通道。"争"即争取支持，积极争取国土资源部的支持和帮助，主动为我省上报国土资源部审批项目协调沟通，帮助指导项目业主提高报件质量，促进项目尽快落地。

2）深入推进"两整治一改革"专项活动，加强党风廉政建设。认真贯彻落实中纪委、省纪委六次全会精神，落实党风廉政建设责任制，健全惩治和预防腐败体系，积极探索党风廉政建设责任制落实的激励机制。进一步提高认识，深入推进"两整治一改革"专项行动，促进建立统一规范的土地和矿业权交易市场，同步推进廉政风险防控体系建设与国土资源管理制度"立、改、废"，探索建立适应国土资源管理特点的防控体系。加强对党员干部特别是领导干部的党风廉政教育，加大对权力运行的监督力度，严格建章立制，充分发挥制度预防的积极效用和制度惩治的威慑效应，强化制度防腐。进一步加大行风建设力度，积极开展行风建设明察暗访活动。进一步加强纪检监察队伍自身建设。

3）加强干部队伍建设。政治路线确定后，干部就是决定性的因素。推动国土资源事业的发展，关键在于造就一支想干事、能干事、干成事、不出事的高素质干部队伍。一是深化干部人事制度改革，完善国土资源部门干部工作机制。坚持选拔重用政治品德好、公道正派、求真务实、开拓创新、清正廉洁、敢抓敢管的干部。建立健全选拔任用提名制度，拓宽选人用人视野，加强对基层和长期在艰苦地区工作干部的选拔任用，加大干部轮岗交流力度，扩大干部交流范围。二是加强干部的管理和培养教育。认真贯彻落实《中共中央办公厅印发〈关于进一步从严管理干部的意见〉的通知》精神，对干部严格要求、严格教育、严格管理、严格监督。加大对年轻干部的培养力度，继续推进上下互派干部挂职锻炼工作，积极争取与高等院校联合办学、选派学习、专业培训、项目合作等方式，为年轻干部和专业技术人才创造多层次多渠道的学习锻炼机会。三是加强基层组织建设。国土资源系统的基层组织尤其是乡镇国土资源所是我们管理的最前沿，面临巨大压力，承担繁重任务，我们各级国土资源管理部门都要怀着深厚的感情和最大的爱心，给予精神和物质方面的有力支持，省厅今年要继续争取专项经费并从相关的工作经费中给予乡镇国土资源所更大的支持。

同志们，国土资源管理使命神圣、责任重大。在当前特殊的发展阶段，面对省委、省政府的要求和群众的期盼，我们一定要保持昂扬奋发的精神状态、攻坚克难的充沛激情、锐意改革的坚定决心，振奋精神、扎实工作，努力开创国土资源管理工作新局面，为保障和服务经济社会又好又快、更好更快发展做出新的更大贡献，以优异成绩迎接建党 90 周年。

元旦刚过，春节将至，我代表厅党组，向全省国土资源系统广大干部职工和家属，致以诚挚的问候和衷心的祝福，祝大家工作顺利，身体健康，阖家幸福！

谢谢大家！

## 2012 年：攻坚克难　开拓奋进　努力提高国土资源保障能力和服务水平
### ——朱立军同志在 2012 年全省国土资源工作会议上的报告
#### （2012 年 1 月 15 日）

同志们：

这次会议的主要任务是：深入贯彻落实中央领导同志关于国土资源工作的重要讲话、全国国土资源工作会议、全省经济工作会议和 2012 年贵州"两会"精神，认真学习贯彻战书书记、克志省长近日对国土资源工作的重要批示精神，回顾总结 2011 年工作，分析当前形势，部署 2012 年工作，进一步统一思想、明确重点、善治善为、开拓创新，努力提高国土资源保障能力和服务水平。

下面，我受厅党组委托，讲三方面意见。

# 一、关于 2011 年的工作

刚刚过去的 2011 年，是不平凡的一年，也是经受严峻考验的一年，更是取得丰硕成果的一年。在省委、省政府的坚强领导和国土资源部的大力支持下，全省国土资源系统认真学习贯彻中央领导同志关于国土资源工作重要讲话精神，主动作为、扎实工作，全省国土资源工作呈现出"保障有力、保护有效、民生优先、秩序向好、作风转变、环境改善"的良好态势，为我省经济社会发展提供了有力保障和优质服务。

1）建设用地保障有力，转变方式破解难题。2011 年我省共获省级年度新增建设用地计划指标 16.35 万亩，同比增长 16%。全年共审查通过呈报国务院和省政府审批建设用地 734 宗，建设用地面积突破 45 万亩，同比增长 25% 以上（其中工业批次用地 269 宗，占全省批次用地面积的 46.71%），创历史新高，并实现了"两最"（使用国家计划指标最多和获国土资源部奖励追加指标最多）。全年供地 16.2 万亩，同比减少 39.6%。加强计划管控，改革计划分配方式，控制规模、把握时序，推进精细化、差别化管理。吃透用好政策，盘活存量，全面清理 2007~2008 年批而未用建设用地指标 21 万亩。转变土地利用方式，优化建设用地结构，未利用地得到较好利用，2011 年我省未利用地年度计划指标全部用完。大力推进"工业梯田"工程，并在全省上下达成共识和积极响应，得到国土资源部的充分肯定和大力支持，成为全国示范和首批低丘缓坡荒滩等未利用土地开发利用试点省份，《中国国土资源报》两次头版头条报道我省转变土地利用方式向山要地的探索情况和成功经验。

2）耕地保护成效明显，节约集约有所进步。在连续两年省级政府耕地保护责任目标年度考核名列全国前 10 位基础上，2006~2010 年省级政府耕地保护责任目标顺利通过国家检查，并得到充分肯定和高度评价，成为 2011 年国土资源部奖励追加建设用地计划指标最多的省份之一。认真贯彻落实《贵州省土地整治条例》，完成土地整治 48.7 万亩，新增耕地 27.76 万亩，新增耕地指标节余 57.56 万亩，为今后一段时期建设用地储备了较充足的耕地占补平衡指标。严格执行项目建设用地控制指标，认真实施《贵州省产业园区工业建设项目用地控制指标（试行）》和《贵州省产业园区工业地价优惠办法（试行）》，全年共核减超标准用地1万余亩。全面开展批而未用土地清理，供地率明显提升。黔西县、小河区开展节约集约模范县（区）创建活动获部表彰。

3）整装勘查加速推进，地质找矿实现突破。2010年启动的务正道地区铝土矿，铜仁地区锰矿，凯里—黄平地区铝土矿整装勘查快速推进，已取得阶段性重要成果。2011年先后启动了瓮安地区白岩背斜磷矿、威宁地区煤矿、赫章地区煤矿、习水地区煤矿、瓮安—龙里地区铝土矿、黔西南地区金矿、遵义地区锰矿7个优势矿产整装勘查项目，遵义地区锰矿整装勘查项目获中央地勘基金立项。页岩气勘查取得突破性进展，我省成为全国页岩气勘查开发最具潜力的地区之一。新发现大型矿产地11处，新增铝土矿资源量2.2亿吨、锰矿资源量2000万吨、煤炭资源量44.45亿吨、磷矿资源量8.9亿吨。全年矿业权价款入库42.5亿元，矿产资源补偿费收缴4.46亿元，地质勘查投入大幅增加。

4）矿产开发管理有序，资源利用有所提升。矿山开采规模化、集约化程度进一步提升，强力推进全省7个优势矿种整合，在整合矿区1771个，减少矿权1064个的基础上，新整合矿区128个，减少矿权78个，并通过监察部牵头检查验收。19个矿种现状调查通过国土资源部验收，优良率达100%。遵义县山盆镇隆鑫煤矿被批准为全国第一批矿产资源开发整合先进矿山。开阳磷矿、黄平页岩气被列入全国首批40家矿产资源综合利用示范基地建设名单，"十二五"期间将获10亿元示范基地专项建设资金。开阳磷矿、烂泥沟金矿被确定为首批37个国家级绿色矿山试点单位。磷矿资源开发的"区域监管联动，共促矿区和谐"联创齐争行动在我省启动。煤炭矿业权审批管理改革试点有序推进，新投放煤炭产能1080万t/年。矿业权市场建设深入推进，省、市两级矿业权有形市场基本建成，矿业权交易实现"五公开"，交易规则统一运行，矿业权网上出让交易试点稳步推进。矿业权数据更新换证工作有序开展。

5）保障民生维护权益，地灾防治显著增强。严格执行新的征地补偿标准，进一步规范征地程序，有效化解征地矛盾。"三类住房"供应土地3.14万亩，占住宅用地供应总量的88%。其中保障性安居工程1.6万亩，国家下达的26.66万套保障性住房用地全面实现应保尽保。全面推进农村集体土地确权登记发证，集体土地所有权确权登记率达94.22%，集体建设用地使用权确权登记率达52.43%，宅基地使用权确权登记率65.9%。地质灾害防治部署早、力度大，成效突出，与2010年同期相比，地质灾害发生起数虽增加8%，但死亡和失踪人员减少90%、直接经济损失减少47%。全年成功避让重大地质灾害8起，避免人员伤亡726人。完成41个县（市、区）重点地区重大地质灾害隐患详细调查，新发现威胁100人以上地质灾害隐患点530处。地质灾害监测预警与决策支持平台建设重大专项取得阶段性成果，并成功配套地将地灾防治国家重点实验室主任、国际工程地质学会副主席黄润秋教授及其团队引进贵州，为我省地质灾害防治工作提供了强有力的科技支撑。组织全省有地质灾害防治资质的专业队伍，对口帮助指导88个县（市、区）地质灾害防治工作，探索构建专群结合地质灾害防治的长效机制。在2011年7月召开的全国贯彻落实《国务院关于加强地质灾害防治工作的决定》电视电话会议上，我省作为三个典型示范省之一作大会交流发言。主动服务我省抗旱救灾，组织省内外专业队伍 21 支 670 余人找水打井 465 口，成井 415 口，解决了 60 万人、20 万头大牲畜饮水。

6）规范管理严格执法，管理秩序总体向好。加大国土资源执法监察力度，初步形成了"全省覆盖、全程监管、科技支撑、执法督察、社会监督"五位一体的国土资源综合监管体系。认真做好 2010 年度土地矿产卫片执法检查工作，周密部署、认真检查、扎实整改、严肃约谈，把握政策、区别对待，积极争取国土资源部和国家土地武汉督察局的帮助指导，通过整改和补办手续，使全省建设用地违法占耕比例降至 15% 的问责线以下，达到了既保障发展又保护资源、既维护法律尊严又保护领导干部、保持发展热情和维护社会稳定的良好效果。全年共查处土地违法案件 1588 件，涉及土地面积 1.48 万亩，追缴土地出让收入 1.38 亿元。查处矿产资源领域违法案件 568 件，同比案件发生数下降 36%，群众来信来访下降 25%。有效遏制了土地矿产违法违规强烈反弹的势头。

7）深化改革夯实基础，管理能力明显提升。积极推进煤炭矿业权审批管理改革试点工作，共批准煤炭投放计划探矿权 28 个、划定矿区范围 21 个、采矿权登记 36 个，初步实现合理配置、有序投放和规范管理。城乡建设用地增减挂钩工作进一步完善和规范。积极推进《毕节试验区国土资源管理制度配套改革试点方案》编制工作，已上报国土资源部审批。深化管理体制改革，凯里、都匀经济技术开发区国土资源分局属地化管理改革试点进展顺利、取得成果，全面推进开发区国土资源分局属地化管理已取得省编办支持。加快推进"一张图"管地管矿防地灾的国土资源信息化系统建设，地质资料信息服务集群和产业化试点有序开展。测绘地理信息工作进一步加强，积极发挥国土资源专家咨询委员会的智库作用，组织包括 8 位院士在内的 20 余位专家聚集贵阳帮助指导我省地质找矿和整装勘查。进一步加大宣传工作力度，主流媒体正面宣传效应凸显。

8）转变作风改善环境，廉政建设扎实推进。以开展"三个建设年"、"四帮四促"活动为契机，推动创先争优活动全面开展。机关作风进一步转变，努力营造优质高效的政务环境、公平开放的市场环境和严格规范的执法环境，切实兑现"简、优、快、争"的四字庄重承诺。党风廉政建设和"两整治一改革"专项活动扎实推进、成效显著，实现了"两升两降"，即：厅机关行风评议名次和省直机关绩效目标考核排位大幅上升，名列前茅；对党员干部违纪违法行为举报件数不断下降，全系统党员干部的违纪违法案件不断下降。国土资源部门形象得到根本性改变，赢得了广泛认同和充分肯定。一批国土资源系统干部得到提拔重用，厅党组被评为省直部门 2009～2011 年度党建工作先进党组，在最近国土资源部召开的"为民服务创先争优"经验交流会上作大会交流发言。进一步加强离退休工作，为离退休老同志办了 10 件实事。

在充分肯定成绩的同时，我们还应该清醒看到自身存在的不足和问题：一些重点工作重部署轻落实，进展和成效还不够理想；管理理念、管理职能、管理方式转变还不到位，改革创新的力度有待加大；精神不振、能力不强、作风不实、工作肤浅、态度粗俗和"事难办"的情况不同程度存在。对此，我们必须高度重视，切实加以改进。

# 二、认清形势，坚定信心

今年是实施"十二五"规划承上启下的重要一年，将召开党的十八大和省第十一次党代会。我省国土资源工作面临新情况新形势：一是国内外经济形势复杂严峻，国土资源部将从严从紧投放建设用地计划。我省进入了加速发展的关键时期，工业化、城镇化和农业现代化的快速推进期。二是中央领导同志关于国土资源工作的三次重要讲话、全国国土资源工作会议、全省经济工作会议和今年我省"两会"，对做好国土资源工作提出了新的更高要求。三是迎接党的十八大和省第十一次党代会胜利召开，营造良好的社会和政治环境，维护社会和谐稳定的任务更加繁重。我们要清醒认识形势，准确把握要求，明确努力方向。

1）建设用地供需矛盾更加突出。根据国务院批复的《贵州省土地利用总体规划（2006—2020 年）》安排，今后 5 年我省新增建设用地规模为 150 万亩。综合分析全省"十二五"经济增长和城镇化发展目标，预计全省新增建设用地需求在 300 万～350 万亩，超过规划安排 150 万亩以上，目前正在编制中的《黔中经济区城镇协调发展规划（2011—2020 年）》，其规划建设用地规模就达到 150 万亩，而国家安排的新增建设用地规模为 90 万亩。据初步预测，今年我省建设用地需求量在 130 万亩以上，去年我省使用的建设用地计划指标（省级加国家）也仅有 45 万亩左右，今年供需缺口很大。

2）耕地保护难度越来越大。2009 年 8 月，国务院正式批复《贵州省土地利用总体规划（2006—2020 年）》，对耕地保有量和基本农田保护面积两个最重要的约束性指标，给予了我省以最大的支持，耕地保有量从 2005 年的 6757.50 万亩减为 2020 年的 6556.05 万亩，基本农田保护面积从 2005 年 5632.05 万亩减为 2020 年 5425.95 万亩，减量为全国各省（市、区）第一位，这也是我省耕地保护的"红线"。当前面临的难题：一是城镇和产业园区建设对耕地双向挤占，特别是对坝区优质耕地的占用。我省仅有 47 个万亩以上的耕地坝区，总面积 125 万亩，占全省耕地面积的 2%，是我省基本农田和优质耕地最集中的地方，也是我省的"米袋子"和"菜篮子"。二是我省生态建设还将继续减少大量耕地。全省现有 25 度以上坡耕地 1227.60 万亩。三是我省耕地后备资源匮乏，占优补劣情况普遍。

3）土地和矿产利益调整引发的社会矛盾和问题凸显。随着城镇化过程中土地价值的显化，城乡土地利用结构和利益格局发生深刻调整，地方政府、农村集体经济组织、农民和用地单位等多元主体之间的利益诉求协调难度加大。在土地征收过程中，许多失地农民未能同步实现居住、就业和社会保障的城镇化，已成为发展稳定的重要隐患。近年来，我厅信访案件中涉及征地问题的占到六成以上。当前，我省矿业秩序整顿和矿产资源整合，特别是煤矿的整合重组，涉及面广、情况复杂，既存在历史遗留问题，又受限于现实国家宏观调控政策，多元主体之间的利益诉求协调难度更大。

4）土地和矿产资源利用方式粗放。一是城镇快速扩张，用地粗放，新城、新区建设呈现低密度、分散化态势。城市建设中宽马路、大广场、大水景等工程建设屡禁不止。二是产业用地效率不高。目前，我省园区工业用地容积率仅为 0.48。2010 年，全国 31 个省（自治区、直辖市）土地集约利用考核评估，我省排位倒数第四，为此扣减了我省建设用地计划指标 1000 亩。三是矿产资源利用粗放浪费。矿业规模化集约化程度低，矿山企业"多、小、散、乱"仍较突出。矿产资源综合利用水平和深加工能力较低，产业链短，附加值低。选冶技术和环保问题使我省一些优势矿产和国家急缺矿种，如稀土、钒、稀有金属（锗、镓、铟、硒等）、铁矿等难以利用或成为"呆"矿。

5）基础工作薄弱。基础地质工作程度低，全省 1∶5 万区域地质调查和 1∶5 万水文地质调查面积覆盖全省土地面积还不到三分之一，家底不清。矿产资源勘查结构性投入不足，勘查工作相对滞后，与矿产资源勘查相关的基础性地质工作和新增可供持续开发的基础储量勘查工作程度低，导致我省主要优势矿产，如煤炭、磷矿、铝土矿、锰矿等矿产资源储采比严重下降，特别是煤炭储采比已降至 80/100（据 2008 年全球煤炭储采资料，中国：120/100、世界：160/100）。基础测绘长期投入不足，工作相对滞后。

6）土地、矿产领域违法违规行为易发多发、形势严峻，建设用地违法反弹压力大监管任务重。2010 年度土地卫片执法检查结果显示，我省违法用地强烈反弹，新增建设用地中，违法用地 1517 宗，面积 4.58 万亩，其中耕地面积 2.55 万亩，分别占新增建设用地宗数、面积、耕地面积的 42.29%、25.97% 和 24.98%，按违法占用耕地面积排序，在违法占用耕地面积比例超过 15% 的省份中排名第 5 位。从土地用途看，交通运输违法用地最为突出，工矿仓储违法用地次之，土地管理"两碰头、一忧虑"的局面仍未根本改变，形势更为复杂和严峻。

当前，国内外经济形势复杂多变，我省经济社会发展刚刚进入快速发展期，对国土资源需求强劲的势头将持续相当长的时期，应对复杂严峻的形势，落实更新更高的要求，对国土资源系统既是挑战也是机遇。当前，一方面"两难"压力巨大，另一方面发展动力十足；一方面挑战相当严峻，另一方面机遇千载难逢。对此，我们既要有清醒的认识，又要有充足的信心。做好国土资源工作具备许多有利条件和积极因素，省委、省政府的高度重视和国土资源部的大力支持，地方各级党委、政府的重视支持理解，各级国土资源部门的工作积累，为我们做好工作创造了良好环境、奠定了坚实基础。我们一定要坚定决心和信心，变压力为动力，化挑战为机遇，不断提高国土资源保障能力和服务水平。

# 三、今年的重点工作

根据全省经济工作会议和全国国土资源工作会议精神，按照省委、省政府的决策部署，围绕实现今年我省经济社会发展目标，全省国土资源系统要重点做好六个方面的工作。

1）全力保障建设用地，着力化解建设用地供需矛盾。一是争取增量、盘活存量。吃透政策、把握机遇、抓住关键、做好工作，尽最大努力争取国土资源部最大支持，确保今年省级年度新增建设用地计划指标有较大幅度增长，更多地使用国家建设用地计划指标。进一步加大"批而未征、征而未供、供而未用、用而未尽"等存量土地和闲置土地的清理处置力度，严格执行建设用地计划投放与供地率挂钩，积极推进闲置工业用地和工矿废弃地的调整利用。二是计划管控、把握时序。继续采取"点供"、"直供"、"切块"等计划管控方式，加强对城乡建设用地增减挂钩的管控，合理安排增减挂钩规模、布局和时序。把握好城市和工业批次用地规模和时序，适度增加批次数量，坚持小批量、多批次。三是调整结构、向山要地。调整建设用地结构、优化建设用地布局，全面开展低丘缓坡荒山等劣质农用地和未利用地开发利用试点，推广"工业梯田"，推进城镇上山，尽快制订试点工作方案，经省政府同意后报国土资源部批复；加强对各地的指导和培训，统筹协调、形成合力、用好用活用足政策。切实抓紧《国务院关于进一步促进贵州经济社会又好又快发展的若干意见》贯彻落实。

2）坚持最严格的耕地保护制度和最严格的节约用地制度，突出重点、抓住关键，进一步提高耕地保护的成效。一是严格耕地保护，落实政府耕地保护责任目标，完善耕地保护责任制。以突出坝区优质耕地保护为重点，抓住耕作层保护利用这一关键环节，探索建设用地占用耕地耕作层保护利用的途径和办法，制定支持鼓励政策，构建长效机制。开展全省五千亩以上坝区耕地的调查评价工作。加强农村土地整治，完成土地整治40万亩。力争年底完成省、市、县三级土地整治规划编制，落实我省高标准基本农田建设任务，完善土地整治监测监管系统，实现上图入库，强化全面全程信息化监管。强化耕地质量管理，全面推进耕地质量等级变更监测和评价，严格土地整治新增耕地质量评定和验收。积极探索通过土地整治提高耕地质量等级、折抵新增耕地占补平衡指标的途径。二是大力推进节约集约用地，严格土地使用标准，提高经济开发区和产业园区土地利用效率，落实土地市场化配置制度和节约集约用地评价考核制度。抓紧制定我省"十二五"期间单位GDP建设用地消耗下降30%目标的实施方案，推动土地利用方式转变，促进我省经济发展方式转变。三是严格执法监管。坚持和完善"全省覆盖、全程监管、科技支撑、执法监察、社会监督"五位一体的综合监管体系。扎实做好2011年度土地矿产卫片执法检查工作，加强与变更调查配合协调，做到早动手、早发现、早整改、早查处，增强工作的主动性和预见性。强化建设用地批后监管、落实动态巡查和零报告等制度。继续保持对违法违规用地打击的高压态势，挂牌督办、严肃查处一批典型违法违规案件，坚决维护法律的尊严。

3）加快整装勘查，加强矿政管理，提高矿产资源保障能力和管理水平。一是落实和完善新机制，努力实现"358"目标。国土资源管理部门要切实履行地质找矿第一责任人职责，加快推进已启动的10个整装勘查区勘查工作，抓紧编制我省优势矿产和国家急需矿产新片区整装勘查项目，尽快完善《贵州省地质找矿"358"计划战略行动总体方案》并组织实施。切实加强公益性、基础性地质工作，科学编制和组织实施一批基础地质研究、区域成矿规律、成矿理论研究和找矿技术方法创新的重大专项，并通过地质找矿重大专项的实施，聚集、培养和引进一批地质找矿人才。加大我省页岩气的调查评价和勘查开发力度。加强地下水勘查管理和监测工作。二是加强矿政管理，转变矿产资源利用方式，提升矿产资源开发利用水平。实现矿业权科学合理配置是矿产资源管理的核心任务，充分发挥我省作为煤炭矿业权审批改革试点省份的优势，抓住矿业权设置方案、年度投放计划、审批结果备案和配号信息监管等关键环节，强化矿产资源管理，提高矿产资源配置效率，推进矿业权市场建设。全面开展矿业权出让网上交易，不断规范矿业权市场，进一步强化市场配置资源的基础性作用。落实省委、省政府提出的煤电钢、煤电铝、煤电化、煤电磷"四个一体化"资源配置要求，促进矿产资源优势向经济发展优势转化。积极推进矿产资源开发整合，优化矿产资源管理开发结构和布局，推进矿产资源节约与综合利用试点工作，帮助指导开阳磷矿、黄平页岩气综合利用示范基地建设，加强矿山企业"三率"考核。

4）维护权益服务民生，大力加强地质灾害防治。一是切实维护农民土地合法权益。严格规范征地程序，完善征地统一年产值标准和征地区片综合地价，适时调整补偿标准，有效维护被征地农民的合法权益，完善补偿安置机制。全面完成农村集体土地所有权确权登记颁证，加快推进农村集体建设用地特别是农民宅基地使用权确权登记颁证工作，为农村产权制度改革打好基础，赋予农民合法有据的权利保障。二是切实做好保障性住房和普通商品住房用地供应，加强"和谐矿区"建设。切实做到保障性住房用地应保尽保、特事特办、随到即办。加强对保障性住房和普通商品住房用地报件的指导和审批，提高报件质量和审批效率。合理增加普通商品住房用地供应，及时编制住房供地计划并向社会公布，科学把握土地出让节奏和时序，促进市场平稳运行。积极推进"和谐矿区"建设，开展"矿山复绿"行动，加强矿山环境恢复治理。进一步推进落实矿山地质环境恢复治理保证金制度，完善管理办法。三是大力加强地质灾害防治。坚持和遵循"生命为天、预防为重，科技先行、专业保障，群测群防、综合治理"的地质灾害防治指导思想和原则，全面落实《国务院关于加强地质灾害防治工作的决定》，基本完成全省重点地区重大地质灾害隐患详细调查，完成地质灾害监测预警与决策支持平台一期工程建设，认真组织专业队伍对口支援帮助县（市、区）地质灾害防治工作，扎实做好地质灾害的群测群防工作，努力减少民众生命财产损失。

5）深化改革增强活力，夯实基础提升能力。一是积极推进体制机制创新，深化资源配置体制改革。积极推进城乡综合配套改革试点工作，加强集体建设用地使用权流转政策研究和实践指导。推进城乡统一土地市场建设，积极推进毕节试验区国土资源综合配套改革。认真总结我省耕地占补平衡指标市场化交易实践探索，积极争取跨省耕地占补平衡指标交易试点和城市建设用地征转分离试点。扎实做好煤炭矿业权审批制度改革试点，力争形成一批制度成果并推广到其他矿种。积极开展矿产资源配置体制改革，深化矿产资源有偿使用制度改革。开展矿产资源国家所有权益与勘查投资权益分体运行机制改革探索和矿业权"探采分离"改革探索。按照构建"党委领导、政府负责、部门协同、上下联动、公众参与"国土资源管理工作新格局的要求，选择部分市（州）总结推进共同责任机制建设经验，建立更加规范和谐的省厅与市（州）关系，形成新的工作格局。全面推进开发区国土资源分局属地化管理改革，加强新设立省级开发区国土资源管理工作。积极推进直属事业单位分类改革，支持地勘查单位改革发展。二是进一步夯实基础工作，不断提升保障服务能力。认真落实进一步推进依法行政实现国土资源管理法制化的要求，积极推进《贵州省矿产资源执法监督检查条例》、《贵州省测绘成果管理办法》、《贵州省土地登记条例》等相关地方性法规制度建设。加快推进我省国土资源规划体系建设。加强国土资源调查评价和测绘地理信息工作，建立全省统一的地质资料、测绘地理信息管理系统和共享服务平台，提高服务的集群化和产业化。组建省测绘地理信息局，加快推进国土资源科技创新园建设。完成全省国土资源"一张图"管地管矿防地灾一期工程建设，构建全省"一张图"批、供、用、补、查的一体化管理格局，切实增强网上监管和服务能力。加强国土资源宣传工作，强化舆论引导，回应热点难点问题，为国土资源工作营造良好的舆论氛围。

6）持续转变作风，不断改善环境。一是深入开展创先争优、基层组织建设年、"联创齐争"、"三个建设年"、"四帮四促"、"两整治一改革"等活动，不断加强作风建设，努力营造优质高效的政务环境，公平开放的市场环境和严格规范的执法环境，切实兑现"简、优、快、争"四字庄重承诺。坚持将业务工作的薄弱环节作为机关党建工作的重要抓手和切入点，着力解决干部精神不振、能力不强、作风不实、工作肤浅等突出问题，打好作风建设的攻坚战、持久战。积极推进省厅与毕节市、仁怀市、茅台集团以及开阳磷矿等的"联创齐争"工作。二是切实加强干部队伍建设。深化干部人事制度改革，完善国土资源部门干部工作机制，加强干部培训教育，坚持厅党组集中学习制度和学习报告会制度，加大干部交流力度，扩大干部交流范围，积极推进竞争性选拔干部工作，提高干部管理工作的规范化水平。加强基层国土资源部门建设，研究和探索解决乡镇国土资源所工作环境、身份待遇等突出问题。三是深入推进反腐倡廉工作。认真贯彻落实中纪委七次全会、省纪委七次全会精神，坚持标本兼治、综合治理、惩防并举、注重预防的方针，严明纪律，大力构建预防腐败的"三道防线"，认真执行党风廉政建设责任制，大力开展廉政文化建设，以党风廉政建设的实际成效树立国土资源部门和干部队伍的良好形象，为推进国土资源事业的发展提供有力保障。

国土资源工作支撑各行各业，影响千秋万代。做好国土资源工作任务艰巨、责任重大。让我们团结一心、攻坚克难、开拓奋进，努力完成今年的各项任务，以优异的成绩迎接党的十八大和省第十一次党代会的胜利召开！

春节即将来临，我代表厅党组向全省国土资源系统广大干部职工和家属，向长期以来关心支持我省国土资源工作的各位同志和朋友拜个早年，祝大家龙年吉祥、工作顺利，身体健康、阖家幸福！

## 2013 年：深化改革创新　提升服务水平　为贵州实现科学发展后发赶超提供资源保障

### ——朱立军同志在 2013 年全省国土资源工作会议上的报告

（2013 年 1 月 22 日）

同志们：

这次会议的主要任务是：认真学习贯彻党的十八大、全国国土资源工作会议和省第十一次党代会、全省经济工作会议精神，总结回顾 2012 年全省国土资源工作，安排部署 2013 年重点工作，进一步统一思想认识、深化改革创新、提升服务水平，为贵州实现科学发展、后发赶超、同步小康提供资源保障。下面，我代表厅党组讲三点意见。

# 一、关于 2012 年工作

过去的一年，是我省国土资源工作不简单、不平凡的一年，也是取得显著成效的一年。在省委、省政府的坚强领导和国土资源部的大力支持下，全省国土资源系统认真学习贯彻党的十八大精神、省第十一次党代会精神，按照省委、省政府的决策和部署，创造性地开展工作，全省国土资源工作呈现出"保障有力、保护有效、民生优先、改革深化、作风转变"的良好态势，初步走出了一条符合贵州资源省情和时代要求的国土资源工作之路，在全国国土资源领域形成了一些特色和亮点。

1）抓保障发展，要素支撑经济发展更加有力。一是城乡建设用地保障有力。通过争取增量、盘活存量、节约集约、把握时序、向山要地等举措，2012 年全省获各类建设用地指标 40.17 万亩，其中新增建设用地年度计划 18.44 万亩，同比增长 25.9%，用地计划结构更趋合理。实施城乡建设用地增减挂钩试点周转指标 1.6 万亩。争取首轮低丘缓坡荒滩等未利用地开发利用试点规模 5 万亩，实施 4.95 万亩。全年批准建设用地 52.7 万亩，同比增长 17.1%，其中：国家批准 23.72 万亩，成为使用国家计划最多的省份；省级审批 28.98 万亩。批准工业用地 10.09 万亩，占省级审批总量的 35%。新增建设用地有偿使用费入库 30.5 亿元，同比增长 36.2%。实际供应土地 65.81 万亩，同比增长 235.5%，出让收入 524.78 亿元，同比增长 61.5%。二是矿产资源保障程度大幅提升。加快推进整装勘查，制定实施了我省地质找矿突破战略行动"246"计划，安排实施 42 个整装勘查项目，其中：已实施的 12 个整装勘查项目取得阶段性重要成果，新发现大中型矿产地 20 余处，新增煤炭资源量 6.06 亿吨、铝土矿 1.05 亿吨，锰矿 1.25 亿吨、金矿 20.81 吨；新立的 30 个整装勘查项目全部进入实质性开工阶段。页岩气调查评价全面展开，5 块页岩气招标区块（约 5000 平方公里）全部中标，引进勘查投资 31.11 亿元，国土资源部把贵州作为全国首个页岩气勘查开发利用试点示范省。省级登记探矿权 445 个、采矿权 1168 个。收缴矿产资源补偿费和矿业权价款 69.41 亿元，同比增长 27.44%。国土资源部批准计划投放煤炭探矿权 22 个，划定矿区范围 34 个，采矿权 28 个，为我省煤电钢、煤电铝、煤电化、煤电磷"四个一体化"建设提供了有力的矿产资源保障。三是基础和技术保障能力明显增强。认真落实进一步推进依法行政实现国土资源管理法制化的意见，《贵州省矿产资源监督检查条例》经省人大十一届常委会审议通过。测绘地理信息投入力度不断加大，"天地图"、"数字城市"建设协同推进，应用成效突出，新技术和装备水平不断提高，无人机、应急监测车、轻型直升机系统应用范围不断拓展，为贵安新区规划建设提供翔实的测绘地理信息数据，测绘地理信息技术支撑保障能力和水平大大提升。国土资源调查评价工作稳步推进，矿产资源利用现状调查成果被国土资源部评为优秀。率先实现全国地质资料汇交监管平台颁发汇交凭证，及时向各类建设项目提供地质资料信息服务。土地年度变更调查遥感监测工作，与年度土地卫片执法检查工作协同推进。土地利用总体规划、矿产资源利用现状调查与储量等专题数据库投入应用。国土资源管理信息技术支撑保障作用更加突出，获 2012 年度全国信息化成果一等奖，"一张图"工程建设取得新成效，在全国率先初步实现"一张图"管地管矿防地灾。

2）抓保护资源，促进生态文明建设更加有效。一是耕地保护取得新成效。着力强化耕地保护责任制，完成 2012 年度政府耕地保护目标考核。完成省、市、县三级土地整治规划编制工作。在严格保护 47 块万亩大坝的基础上，完成 118 块五千亩以上坝区耕地调查评价。实施高标准基本农田建设 120 万亩。全省完成土地整治 63.54 万亩，新增耕地 42.11 万亩，新增耕地指标节余 68 万亩。大力推进耕作层剥离利用，实施"耕地搬家"工程，形成具有贵州特色的多元化耕地保护新格局。二是节约集约用地取得新进步。层层分解落实"十二五"期间单位国内生产总值建设用地下降 30% 的目标，认真落实节约集约用地八项制度，严格执行土地使用标准，推广多层标准厂房建设，提高产业园区建设密度、综合容积率、投资强度和产出效率。全省开展"批而未用"和闲置土地的清理处置，供地率全面提升。2012 年清理闲置土地 7800 亩，批后未按期开竣工违约率由处置前的 39.2% 下降到 4.14%。全年共核减超标准用地 1.52 万亩。积极开展国土资源节约集约模范县创建活动。三是矿产资源综合利用取得新进展。制定了我省推进矿产资源节约与综合利用的管理实施办法，帮助指导开阳磷矿、黄平页岩气资源节约与综合利用示范基地建设，开磷集团 3 家矿山企业被评为全国矿产资源节约与综合利用优秀企业。磷矿地下充填法采矿、磷矿伴生氟、碘资源综合利用 3 项新技术，列入首批全国矿产资源节约与综合利用先进技术目录。开展重要矿山"三率"综合调查、评价和考核。加强矿山环境恢复治理，积极开展"矿山复绿"行动，开阳磷矿、烂泥沟金矿国家级绿色矿山试点效果明显。松桃杨家湾锰矿、盘江火烧铺煤矿、水城那罗寨煤矿、纳雍比德煤矿列入全国第三批绿色矿山试点。

3）抓保障民生，服务社会管理措施进一步完善。一是维护群众合法权益。严格执行新的征地补偿标准，进一步规范征地程序，有效化解征地矛盾。全面推进农村集体土地确权登记发证，集体土地所有权确权登记率达 99.97%，集体建设用地使用权确权登记率达 79.2%，宅基地使用权发证率 83.9%，为农村土地产权制度改革奠定了坚实基础。积极推进"和谐矿区"建设，维护国家、矿业权人和群众的利益。畅通信访渠道，认真做好信访工作。二是确保民生项目用地供应。保障性安居工程、教育等民生项目用地实现应保尽保，保障性住房用地供应 1.05 万亩，占任务数的 123%；"三类住房"供应土地 3.7 万亩，占住宅用地供应总量的 70.54%；农民宅基地建房计划实行单列保障，批准用地 1.1 万亩。三是积极应对各类自然灾害。加强地质灾害防治，全省重点地区重大地质灾害隐患详细调查基本完成，地质灾害监测预报与决策支持平台建设加快推进，构建了群专结合的地灾防治长效机制。争取中央地灾防治资金 1.47 亿元。成功预测并避让了 18 起突发性重大地质灾害，避免了 785 人伤亡和重大经济损失。出色地完成了岑巩县"6·29"特大山体滑坡地质灾害、"9·7"威宁地震等重大自然灾害应急抢险救灾任务。加强地下水勘查管理和保护，完成了 2007 年以来全省找水打井的调查评估。

4）抓深化改革，要素市场发展活力切实增强。一是矿产资源配置改革全面推进。省委、省政府出台了《关于矿产资源配置体制改革的意见》（黔党发〔2012〕18 号），明确了"政府掌控资源、市场配置资源"的原则，省级矿业权储备明显加强，省级矿业权出让实现网上交易，煤炭矿业权审批管理改革试点有序推进。全面开展磷矿资源开发的"区域监管联动，共促矿区和谐"联创齐争活动。二是土地管理方式不断改进。新增建设用地年度计划实行差别化管理，采取"点供"、"直供"、"切块"等计划管控方式，与供地率挂钩，统筹安排各类用地计划。总结推广向山要地和建设"工业梯田"成功经验，积极开展低丘缓坡荒滩等未利用地综合开发利用试点，探索形成了大方"经济"模式、龙里"生态"模式、红花岗"统筹"模式。探索水库建设用地精细化管理。三是国土资源综合改革稳步推进。国土资源管理制度配套改革和差别化政策综合改革试点在毕节试验区开始起步。以土地管理制度改革为主的农村综合改革试点在湄潭县积极推进。开发区（风景名胜区）国土资源分局实行属地化管理。

5）抓作风建设，促进工作管理水平进一步提升。一是转变作风改善环境。在全省国土资源系统持续推进以"转变作风、提高效率、服务基层、推动跨越"为主题的作风建设，营造人人转变作风有成效、处处皆是环境有改善、个个都保项目有进步的良好氛围。坚持在重大事项、改善民生、服务群众等方面开展创先争优，营造优质高效的政务环境、公平开放的市场环境和严格规范的执法环境。全面兑现"简、优、快、争"的四字庄重承诺。二是廉政建设和干部队伍建设扎实推进。扎实抓好源头防腐，狠抓党风廉政教育，分解落实党风廉政建设和反腐败工作年度责任目标，强化权力监督和制衡，扎实开展"两整治一改革"、"三项清理"等专项活动，抓好领导干部述职述廉，党员干部违纪违法行为举报件数同比下降 50%，全系统党员干部的违纪违法案件同比下降 45%。竞争性选拔干部力度进一步加大，干部轮岗交流工作有序推进。三是机关党建水平明显提升。以开展基层组织建设年、"帮联促"工作和创先争优"联创齐争"活动为载体和平台，推动党建工作与业务工作有机结合、深度融合，积极推进我厅与毕节市、仁怀市、省交通运输厅、茅台集团以及开阳磷矿等的"联创齐争"工作，构建"上下联动、优势互补、协同共进"的开放式党建工作新格局。厅党组被评为 2011 年度省直机关"十佳领导班子"，在全省创先争优工作总结大会上作交流发言。

回首过去的一年，我们取得的成绩突出，保障了我省工业化、城镇化和交通、水利等基础设施快速发展，促进了农业现代化，维护了民众权益，为我省保增长、调结构、增活力、惠民生、促和谐做出了积极贡献。在此，我代表厅党组，向全省国土资源系统广大干部职工付出的辛勤劳动，向地方各级党委政府、有关部门和社会各界对国土资源工作的关心、支持和理解，表示衷心的感谢！

## 二、研判形势、抢抓机遇，提振做好工作的信心

当前，我省国土资源工作面临突出矛盾和"双重压力"，主要体现在以下几方面：

1）新增建设用地将保持强劲势头，保障压力持续加大。我省城乡建设用地规模小，按规划到2020年新增建设用地仅171.6万亩，我省要与全国同步实现小康，年均城镇化率将提高两个百分点，至少需要年均新增建设用地30万亩，新增建设用地供需缺口依然很大。

2）矿产资源需求还在向峰值继续攀升，保障程度有待提高。由于地质勘查结构性投入不足，勘查程度不高，多个矿种保障能力与矿业开发的需要矛盾较为突出。据预测，到2015年我省煤炭年需求量达2.5亿吨、磷矿达2500万吨、铝土矿达1540万吨、金矿石达340万吨、锰矿达310万吨。

3）资源利用总体粗放，节约集约任重道远。一些地方用地粗放，建设呈现低密度、分散化态势。我省15个开发区工业用地容积率仅为0.51，未达到控制指标0.6的最低值，土地利用程度不高。除黔中、黔北的开发区产业用地投入产出效益较高外，其他开发区产业用地投入产出效益普遍较低。矿产资源综合利用率低，矿山生产技术装备总体水平低，综合回收率较低。矿业加工产业链短，矿产品多为原矿或粗加工产品，精加工产品较少。产业链较长的磷矿业也仅有10余种磷化工产品。

4）耕地保护难度不断加大，耕地质量亟待提高。据调查，全省五千亩以上的集中连片耕地仅有165块（其中万亩大坝47块）245万亩，占全省耕地不到5%。由于工业化、城镇化的快速推进，对耕地形成双向挤占，特别是占用坝区优质耕地；另外，我省生态建设和石漠化治理还将继续减少大量耕地。耕地保护难度越来越大，占优补劣情况未有明显改善。

5）国土资源违法违规形势严峻，反弹压力大监管任务重。全省各地项目未报即用、未批先用等违法违规行为未得到有效遏制，土地执法工作面临巨大压力。2011年度土地卫片执法检查，我省违法占耕比名列全国第一，遵义市和铜仁市碧江区被国土资源部约谈，黔东南州和遵义新蒲新区被国家土地督察武汉局约谈。2012年全省新开工项目2028个15.55万亩，违法用地1408宗8.1万亩，其中未报即用739宗2.31万亩，宗数占新开工项目1/3还多。矿产资源配置存在行政与市场"双轨"运行，资源配置与产业发展不相适应，圈而不探、以探代采、占而不建、提供虚假地质报告、非法转让等违法违规行为时有发生。

6）土地和矿产利益调整引发的社会矛盾和问题进一步显现。随着"两加一推"和"四化同步"的快速推进，城乡土地利用结构和利益格局发生深刻调整，矿业秩序整顿和矿产资源整合，涉及面广、情况复杂，多元主体之间的利益诉求协调难度进一步加大。

当前我省正处在重要战略机遇期、经济发展加速期和社会矛盾凸显期，面临"赶"和"转"的双重任务，面临着外部机遇聚合、内部机遇凸显的双重机遇，具备比较优势明显、后发优势突出的双重优势。做好国土资源工作也面临难得机遇和有利条件，除了国家的关心和支持，省委、省政府及各级地方党委、政府的高度重视和支持，还存在节约有潜力、开源有空间、改革有动力的有利条件。一是节约有潜力。全省存量土地和城市低效可二次开发利用土地面积相当可观。矿产资源节约与综合利用潜力巨大。二是开源有空间。全省未利用土地和工矿废弃地复垦调整开发利用前景广阔。整装勘查地质找矿有许多新空间。三是改革有动力。土地管理制度差别化改革深入推进，矿产资源配置体制改革环境和条件良好，自身改革创新能力明显增强，将释放最大红利。

## 三、统筹谋划、设计抓手，扎实做好 2013 年工作

总体要求是：坚持以党的十八大精神为统领，坚持"稳中求进、提速转型"的总基调、总目标，围绕"加速发展、加快转型、推动跨越"主基调，促进工业强省和城镇化带动主战略，坚持资源利用的经济效益、社会效益和生态效益相统一，落实最严格的资源保护制度和节约集约利用制度，突出以优化城乡用地格局作为促进城镇化健康发展的重要举措、以找矿突破战略行动作为提高资源保障能力的重要途径、以国土综合开发整治作为推进生态文明建设的重要平台、以执法监察作为维护秩序和权益的重要手段、以深化改革创新加快制度供给作为增强事业发展活力的重要源泉，为贵州实现科学发展、后发赶超、同步小康提供强有力的资源保障和优质服务。

2013 年，我们要围绕一个主基调，保障和促进两大主战略，着力推进"地质找矿、整治违法占耕、矿山复绿"三项行动，大力实施"向山要地、百万亩土地整治、地质灾害防治、'一张图'建设"四大工程，切实做到"五个坚持"。

（1）坚持把保障发展作为国土资源工作的第一要务

1）全力保障经济社会发展合理用地需求。一是力争今年国家下达我省新增建设用地年度计划指标有所增加，更多使用国家建设用地计划指标，增加低丘缓坡试点规模和范围，增加城乡建设用地增减挂钩周转指标，争取更多试点政策，积极推进贵安新区建设。二是实行年度用地计划差别化管理。切实打好"组合拳"，将年度新增建设用地计划指标、救灾项目用地计划指标、增减挂钩周转指标、低丘缓坡试点建设用地指标等用地计划进行统筹管理。继续采取"点供"、"直供"、"切块"等计划管控方式。计划以"切块"下达为主，进一步强化各市（州）计划管控职责，保障重点和民生，兼顾区域平衡，控制用地结构和规模，把握建设时序，确保项目核心区用地。符合"一户一宅"要求的农民宅基地应保尽保，凡落实不到位的相应扣减计划指标。贵安新区用地计划单列"直供"。三是强化土地规划统筹管控。建立土地利用总体规划评估调整机制，规范土地利用总体规划管理，建设用地规模边界调整，上半年按照部已出台的相关管理办法制定规范性意见。四是优化城乡土地利用格局。加强土地利用总体规划与城镇建设规划的衔接，合理安排城镇新增建设用地计划。规范城市新区、产业园区土地利用秩序。五是创新土地利用方式。继续

开展向山要地工程，积极稳妥推进低丘缓坡荒滩等未利用土地开发利用试点，适度扩大试点规模和范围。积极探索城镇建设用地整治新模式，促进城镇低效用地再开发。不断完善和规范城乡建设用地增减挂钩试点，优化城乡土地利用布局和结构。六是加强土地储备和供应调控。科学制订和实施土地储备和供应计划，进一步增强调控的预见性和科学性。规范土地储备和融资管理，支持以增强政府调控和供应能力为目的的土地储备融资。

2）实现地质找矿重大进展，提升资源保障能力。以整装勘查为抓手，加快推进地质找矿战略行动"246"计划，实现找矿成果新突破。一是着力推进整装勘查。确保第一批12个整装勘查项目，今年6月底前完成野外地质工作验收，10月底前提交成果报告。第二批30个整装勘查项目，严格按照整装勘查实施进度倒排工期、加强督导、全力推进，争取早见成效。加快推进我省页岩气资源调查评价，着力推进页岩气勘查开发和综合利用示范基地建设。二是加强基础地质和成矿理论研究，推进重要成矿区带基础地质调查和综合研究。完成务（川）-正（安）-道（真）铝土矿、铜仁地区松桃锰矿和黔西南贞丰—普安金矿等三个国家级整装勘查区1∶5万地质调查全覆盖，全面开展我省整装勘查区1∶5万地质调查工作。以整装勘查区为重点，组织开展我省优势矿种和急需矿种的成矿规律研究及相关科技攻关，为找矿突破提供科技支撑。三是科学编制整装勘查区矿业权设置方案，3月底前报部批准后实施。建立整装勘查区"三公开三明确"制度，向社会公开整装勘查区找矿信息、公开探矿权投放安排、公开探矿权投放进度情况，2014年前全部完成探矿权投放，以"三优先"原则向社会公开出让的项目比例不得低于70%，社会资金勘查投入不得低于60%。

（2）坚持把保护资源作为国土资源工作的第一责任

1）严守耕地保护"红线"。一是落实最严格的耕地保护制度。完善耕地保护责任制，落实政府耕地保护责任目标。从严控制建设占用耕地，严格执行并不断完善耕地占补平衡制度。二是加快实施土地整治规划。完成160万亩高标准基本农田建设任务。实施"百万亩土地整治"工程，争取中央资金支持我省乌蒙山区域实施"兴地惠民"农村土地综合整治重大项目。加强土地整治项目实施监管。三是加大坝区优质耕地保护力度。实施"耕地搬家"工程，全面推进非农建设占用耕地耕作层剥离利用。完成全省耕地质量等别年度更新和监测评价。开展"整治非法占耕"专项行动，严厉打击非法占用耕地特别是占用坝区优质耕地行为。

2）大力推进节约集约用地。一是认真落实节约优先战略。坚持经济效益、社会效益、生态效益协调统一，全面落实节约集约用地8项制度。严格执行土地使用标准并加强监管，严格限制"两高一资"、产能过剩和重复建设项目用地。落实我省"十二五"期间单位GDP建设用地消耗下降30%年度目标。二是严格执行《闲置土地处置办法》。进一步加大全省土地供应和利用监管力度，切实加强"批而未征、征而未供、供而未用、用而未尽"等存量土地和闲置土地的清理处置，抓好典型案件挂牌督办和公开查处，对供地率低的市、县开展专项督办，严格实行供地率、土地利用违约率、土地闲置率与建设用地指标安排、建设用地审批挂钩。三是推动土地利用方式转变。组织开展建设用地普查评价，今年完成可利用非利用地资源调查评价，盘活空闲、废弃、闲置、低效等土地的开发利用，全面开展节约集约模范市、县创建活动。

3）加强矿产资源综合利用。一是积极推进我省煤、磷、铝、锰、金等优势矿种保护和合理利用。加快重点矿种、重点区域的专项规划编制和实施，促进综合勘查、综合评价、综合开发。二是加强矿产资源勘查开发监管服务。基本实现勘查开发在线监管。深化矿产资源储量管理和评审体制改革，将储量管理贯穿矿产勘查、开采和储量消耗全过程。三是加强重要矿产"三率"指标的监管和考核。严格重要矿产资源开发利用方案的审查，落实资源补偿费计征与矿产资源开采回采率挂钩的有关规定，探索运用经济技术手段提高资源利用效率。推进矿产资源综合利用示范基地建设。

4）积极推进国土综合整治。一是优化国土空间开发格局。启动省级和区域国土规划编制。积极申报国土综合开发整治试点示范工程。以我省实施石漠化综合治理和生态文明建设为切入点，开展国土综合整治修复工程。二是进一步完善和全面落实矿山地质环境恢复治理保证金制度。大力发展绿色矿山，扎实推进"矿山复绿"行动和绿色矿业发展示范区建设。三是加强地下水勘查管理和监测工作。加大水文、工程、环境、农业等地质调查评价，为生态文明建设提供地质信息和技术服务。

5）严格执法监管维护良好秩序。一是扎实抓好 2012 年度土地矿产卫片执法检查工作。各级国土资源部门增强工作的主动性，加强与年度土地变更调查衔接，切实做到早发现、早报告、早制止、早整改、早查处，构建违法违规用地预警机制，严防大面积违法违规用地，争取今年摘掉违法违规用地比例名列前茅的帽子。二是及时查处纠正违法违规行为。加强动态巡查，把违法行为消灭在萌芽状态。落实公开通报和挂牌督办违法案件制度，重点查处违反国家产业政策、污染环境、粗放利用、损害群众利益等违法违规用地行为和无证勘查开采矿产资源行为，维护良好的国土资源管理秩序。三是切实做好国土资源信访工作。坚持和完善领导干部接访和业务咨询工作制度。

（3）坚持把民生优先放在国土资源工作的突出位置

1）做好保障性安居工程用地供应。对今年我省实施农村危房改造 40 万户、30 万套保障性安居工程和生态移民搬迁工程的新增建设用地，继续实行计划专项安排，提前单独报批，应保尽保。

2）加强地质灾害防治。实施地质灾害防治工程，完成全省重点地区重大地质灾害隐患详细调查，建设完成地质灾害监测预警与决策支持平台，继续开展地质灾害防治"十有县"建设，认真组织专业队伍对口支援帮助县（市、区）地质灾害防治工作，扎实做好地质灾害的群测群防工作，加强重点地区重大地质灾害防治和综合治理，努力减少民众生命财产损失。

3）切实维护农民土地权益。加强农村地籍调查和土地权属纠纷调处，加快推进包含农村宅基地在内的集体建设用地使用权确权登记颁证和宗地统一代码编制，推进全省土地登记信息动态监管查询系统建设。严格征地程序和补偿标准，强化征地实施监管，补偿资金不落实的不得批准和实施征地，维护被征地农民合法权益。

4）积极推进和谐矿区建设。探索矿产资源开发收益向资源所在地倾斜的政策措施，加快建立矿区群众共享资源开发利益新机制。

（4）坚持把改革创新作为国土资源事业的发展动力

1）深化土地管理改革。按照"产权明晰、权能完整、流转顺畅、保护严格"的原则，深化农村土地产权制度改革探索。深入推进征地制度改革试点。深入开展集体经营性建设用地流转试点，推进城乡统一土地市场建设。加快推进国有经营性基础设施和各类社会事业用地的有偿使用。推进工业用地出让弹性年期和租赁制，探索存量工业用地退出机制。积极推进水库用地差别化管理改革试点。不断完善建设用地总量控制、供需双向调节、差别化管理政策。探索城镇低效土地再利用和工矿废弃地复垦调整利用试点，及时总结经验。支持毕节开展差别化管理政策综合试点。

2）全面推进矿产资源配置改革。坚持政府掌控资源、市场配置资源、依法监管资源的原则，完成全省矿业权勘查开发利用专项清理，健全矿业权进入退出制度。积极促进煤矿企业兼并重组。探索矿产资源的矿种、区域和产业差别化管理办法，严格执行矿产资源规划和矿业权设置方案制度，科学把握矿业权投放总量、结构、布局和时序，严格总量控制、最低开采规模、综合利用效率、环境保护等准入条件，优先向"四个一体化"和就近就地转化项目配置资源，从源头上保障合理布局，促进资源开发整合和秩序规范。深入推进矿产资源有偿取得和使用制度改革。实行矿产资源国家所有权益与勘查投资权益分体运行机制，理顺矿产资源勘查开发投资收益和矿产资源国家权益分配关系。构建全省统一、开放、竞争、有序的矿业权二级市场。继续做好煤炭矿业权审批制度改革试点。

3）加大基础工作力度。全面推进依法行政，贯彻《贵州省矿产资源监督检查条例》。启动《贵州省土地登记条例》、《贵州省测绘管理条例》立法调研。加快推进我省国土资源规划体系建设。完善矿产资源规划制度，开展规划实施情况的评估。加强地质资料汇交监管和地质资料信息服务集群化产业化。开展全省缓坡耕地和千亩耕地调查。加快推进国土资源科技创新园建设。加快实施全省国土资源"一张图"工程，建成全省国土资源"一张图"管地管矿防地灾决策支持平台、监测分析和决策服务信息系统、电子文件交换和视频会议系统，完成电子政务协同办公平台更新，构建全省"一张图"批、供、用、补、查的一体化管理格局，切实增强网上监管和服务能力。加强国土资源科技宣传工作。

4）加强测绘地理信息工作。继续抓好数字城市建设工程，切实加大地理国情监测力度，不断完善"天地图·贵州"省级节点服务功能，着力强化测绘地理信息行业统一监管，不断加大基础测绘工作力度，切实加强测绘地理信息应急保障能力建设，不断完善测绘地理信息管理体制机制，充分发挥测绘地理信息在促进工业化、信息化、城镇化、农业现代化"四化"同步发展和五位一体总体布局中的服务保障作用，大力提升测绘地理信息服务能力和水平。

（5）坚持把转变作风作为国土资源工作的根本要求

1）深入学习党的十八大精神。紧密结合工作实际，把学习贯彻党的十八大和省第十一次党代会精神与国土资源业务管理工作有机结合，进一步统一思想、凝聚共识，着力在学深学透、融会贯通上下工夫，找准国土资源管理工作在服务经济社会发展全局、"五位一体"总体布局、促进"四化"同步推进方面的切入点和着力点，以实际行动和实践成效，全面落实十八大报告和省第十一次党代会提出的任务要求。

2）不断转变工作作风。切实贯彻落实中央和省委关于改进工作作风、密切联系群众的有关规定，以及厅党组的贯彻实施意见。围绕中心工作、职能职责、工作任务、工作实际和干部思想，深入开展"十破十立"解放思想大讨论和党的群众路线教育实践活动，推动全省国土资源系统党风、政风、作风不断转变，取得明显成效。

3）着力强化干部队伍建设。继续深化干部人事制度改革，坚持正确的用人导向，加大干部交流和教育培训力度，积极推进竞争性选拔干部。落实好《省人民政府关于调整省级以上经济开发区（风景名胜区）国土资源机构管理体制的批复》要求。认真做好贵安新区国土资源局组建工作。切实加强基层国土资源部门特别是乡镇国土资源所建设。做好离退休干部工作。

4）切实加强党风廉政建设。坚持把反腐倡廉建设摆在更加突出位置，坚持标本兼治、综合治理、惩防并举、注重预防的方针，着力构建预防腐败的"三道防线"，强化党风廉政建设责任制，大力开展廉政文化建设，全面推进惩治和预防腐败体系建设，全面落实好各项任务，以实际成效树立全省国土资源良好形象，为国土资源事业保驾护航。

同志们，做好今年国土资源工作，责任重大、任务艰巨、使命光荣。我们要在党的十八大精神的指导下，朝着省委、省政府提出的宏伟目标，解放思想、改革创新，凝聚力量、攻坚克难，齐心协力、真抓实干，努力完成2013年各项任务，为贵州实现科学发展、后发赶超、同步小康做出更大贡献！

2013年春节将至，我代表厅党组向各级地方党委、政府，向全省国土资源系统广大干部职工和家属，向长期以来关心支持我省国土资源工作的各位同志和朋友，致以节日的问候和良好祝愿，祝大家工作顺利、身体健康，阖家幸福、万事如意！

## 2014 年：深化改革 服务大局 进一步提升国土资源保障和管理服务水平
### ——朱立军同志在 2014 年全省国土资源工作视频会议上的报告
### （2014 年 1 月 22 日）

同志们：

这次会议的主要任务是：以党的十八大和十八届二中三中全会、省委十一届四次全会精神为指导，认真贯彻中央有关会议精神、全国国土资源工作会议精神、省有关会议精神，深刻领会中央领导同志关于国土资源工作的新论述和新要求，总结回顾 2013 年工作，分析形势，找准定位，统一思想，明确任务，安排部署 2014 年工作。下面，我代表厅党组做工作报告。

# 一、关于 2013 年工作

过去一年，在省委、省政府坚强领导和国土资源部的大力支持下，全省国土资源工作呈现出"保障有力、保护有效、维权显力、秩序向好、改革深化、作风改进"的良好态势，初步走出了一条既符合中央和部省要求，又适应贵州资源省情和时代要求的国土资源工作之路，在全国国土资源领域形成了一些特色和亮点。

（1）保障发展能力增强

1）转变土地利用方式，城乡建设用地保障有力。2013 年共获得各类建设用地指标 22.15 万亩，其中，年度新增建设用地指标 15.69 万亩，较上年度增加 6645 亩。实施向山要地工程，开展低丘缓坡开发利用，规范实施城乡建设用地增减挂钩，出台了《贵州省土地利用总体规划实施办法》，实施差别化计划管理，精细化审批用地，全年保障各类建设用地突破 60 万亩，保障率达 85%。"5 个 100 工程"和贵安新区建设等重要发展平台，富士康、贵阳综合保税区、中国移动、中国电信、中国联通数据中心等重点项目和民生工程得到优先保障。国土资源部大力支持我省交通基础设施建设，同意由我省立项的新增国家高速公路使用国家计划，相关连接线由国家和省各占一半解决，仅此类用地全年累计使用国家计划达 10 万亩以上，定向下达乌蒙山片区 10 县市新增建设用地年度计划 3000 亩。

2）加快推进整装勘查，矿产资源保障能力显著提升。我省"246"计划第一阶段取得重大进展，首批 12 个整装勘查项目成果显著，共新增铝土矿 7 亿吨、锰矿 3.4 亿吨、磷矿 30 亿吨、金 164 吨、煤炭 31 亿吨、地热水 4000 万立方米/年，完成了国家"358"地质找矿战略行动计划第一阶段目标。"贵州铜仁松桃锰矿整装勘查"被评为 2013 年度全国十大地质找矿成果。新设煤炭采矿权 33 个，划定矿区范围项目 45 个，是全国煤炭采矿权投放最多的省份。第二批 30 个整装勘查项目进展顺利，第三批 14 个整装勘查项目全面启动。页岩气调查评价全面完成，预测资源量达 13.54 万亿立方米，跃居全国第三。习水页岩气勘查取得重大突破，首次在贵州境内成功实施深井水平压裂，获得高产工业气流（日均 5 万立方米）页岩气钻井。

3）盘活存量挖掘潜力，节约集约用地有力推进。全年供应国有建设用地42.63万亩，其中盘活使用存量用地4.39万亩。通过专项督查，全省平均供地率提高10%。全省单位GDP用地消耗下降9.2%；全年以招拍挂方式出让国有建设用地13.21万亩，与上年度基本持平，出让价款721.18亿元，同比增加34.28%；用地预审核减不合理用地9765亩。完成了全省未利用地、工矿废弃地、空闲地、闲置土地、低效建设用地调查评价。落实73个省级开发区"四至"范围，完成40个开发区节约集约评价，工业用地利用结构和效益明显提高。

4）开展地理国情普查，测绘地理信息保障能力不断增强。我省第一次地理国情普查全面启动。市县测绘地理信息管理体制进一步完善，基础测绘投入大幅增长，测绘科技水平明显提升，机载激光雷达与摄影测量技术应用研究首获国家局科技进步二等奖，无人机应用范围不断拓展，首架轻型直升机低空数字测绘航空摄影系统、激光雷达移动测量车等先进测绘装备投入应用。天地图·贵州和数字城市建设稳步推进。完成贵安新区978平方公里1：2000地形图测量。测绘地理信息市场逐渐规范，产业规模逐步扩大，服务产值近10亿元，比上年净增1亿元以上。

5）抓"一张图"工程建设，技术保障能力明显提升。全省国土资源系统实现网络四级全覆盖联网运行，国土资源"一张图"GIS数据实现共享应用。全省国土资源电子公文和政务信息系统投入使用，二代电子政务平台建成试运行。开发国土资源执法在线监管系统。地质灾害监测应急指挥中心投入使用，实现省市两级视频会商。

（2）保护资源成效明显

1）强化国土资源保护，促进生态国土建设。全面开展耕作层剥离利用。实施"百万亩土地整治"工程。120个省级高标准基本农田建设项目与现代高效农业示范园区项目、示范小城镇建设、旅游景区建设有机结合。完成全省五千亩以上坝区耕地调查评价。基本农田划定完成40%。实施非农业建设占用耕地耕作层剥离1.4万亩。

2）调整矿产开发结构，推进矿产合理利用。争取国家下达我省矿产资源节约与综合利用示范基地建设资金1.6亿元，瓮福（集团）等3个企业成为矿产资源节约与综合利用先进适用技术推广应用示范矿山。开阳磷矿、瓮福磷矿、福泉磷矿成为"资源节约型、安全环保型、矿地和谐型"矿山创建试点单位。深入调研我省砂石土资源开发利用现状，提出加强砂石土资源开发管理的意见，促进了砂石土矿山集约开发利用。

3）严格规范执法监管，有效遏制违法违规势头。开展整治非法占耕专项行动，共立案查处新发现土地违法案件968件，涉及土地面积6780亩（耕地3620亩），与去年相比，分别下降32%、38%（28%）。立案查处矿产违法案件433件，同比下降16%；收缴113个矿山采矿权价款滞纳金9455万元。全省发现非法采矿点2610个（次），非法采矿数量大幅下降，矿业开发秩序持续向好。2012年度土地矿产卫片执法检查部署早、措施实，全省土地卫片执法违法占耕比例5.7%，同比下降10个百分点，实现了违法占耕比例大幅下降和"零问责"。松桃县国土资源局副局长陈代富同志被评为全国十佳国土资源执法卫士。

（3）维护权益更加有力

1）维权行动成效初显，群众权益得以落实。扎实开展维护被征地农民合法权益专项行动，落实征地补偿安置费 6713 万元，补交社会保障费 168 万元，处理有关责任人 23 人，查处涉及被征地农民合法权益的土地违法案件 53 件，一批被征地农民反映强烈的问题得到集中解决，成为全国 9 个先进典型省份之一。

2）切实做到民生优先，民生用地应保尽保。优先安排农村危房改造、城镇保障性安居工程、生态移民用房、救灾项目、教育项目用地。贵阳市获批中心城区 4702 亩保障性安居工程用地，居全国 105 个报国务院审批用地的城市之首。供应住宅用地 6.6 万亩，其中供应中低价位、中小套型普通商品住房、经济适用房、公租房用地共计 5 万亩，占供应住宅用地总面积的 75.8%，有力地保障了普通住宅的用地需求。

3）全面开展确权登记，夯实打牢维权基础。完成农村集体土地确权登记发证工作，发证率达 99.97%，集体建设用地使用权发证率达 84.9%，宅基地使用权发证率达 87.1%。开展土地登记动态监管查询系统建设，被国土资源部列为全国 10 个示范基地之一。

4）地灾防治生命为天，平安度过多灾之年。完成第二期 47 个县重点地区重大地质灾害隐患详细调查和地灾监测预警与决策支持系统项目一期建设，项目成果得到有效应用，成功对 16 起重大地质灾害实施预警避险，避免 1765 人伤亡和重大经济损失。实施织金县织河煤矿片区等矿山地质环境治理示范项目，争取中央资金 3.56 亿元，较去年增加 50%。

（4）改革创新动力显现

1）积极推进矿政改革，资源配置改革深化。实施《深化矿产资源配置体制改革工作方案》。规范矿业权二级市场交易，在全国率先实现矿业权网上交易。全年承办矿业权转让交易 43 宗，合同金额 18.5 亿元。协同做好煤矿企业兼并重组工作，办理 120 个主体企业兼并重组报件 3672 件，组织签订煤矿转让合同 979 宗，700 个煤矿完成过户。

2）创新资源利用方式，促进发展方式转变。低丘缓坡未利用土地利用、城乡建设用地增减挂钩试点工作受到国土资源部肯定，被评为"好"的档次。获得年度城乡建设用地增减挂钩周转指标 1.8 万亩，比去年增加 2000 亩。国土资源部支持我省开展水利水电用地报批精细化管理试点工作（水利水电项目用地只需先报批坝区占地），芙蓉江流域清溪水电站等水电站用地获批，共节省了新增建设用地指标 1.26 万亩。毕节试验区国土资源差别化政策综合改革试点方案获国土资源部批准，9 项改革创新措施启动。

3）简政放权转变职能，行政审批规范提效。行政许可审批项目由 2011 年 12 项减少到 9 项，减少幅度达 25%，非行政许可审批项目由 2011 年 10 项减少到 8 项，减少幅度达 20%，3 项行政审批事项下放管理层级。采用交办形式，将土地、规划审核审查工作下放 9 个市（州）、贵安新区、国家级经济技术开发区和仁怀、威宁两个省直管试点县（市），减少审批环节，缩短审批时间 6 个工作日。完善和优化《贵州省国土资源厅业务工作规程》和《办事指南》。

（5）转变作风再上台阶

1）聚焦"四风"开展活动，阶段成果初步显现。以党的群众路线教育实践活动为契机，加强作风建设。厅领导带头示范开展批评与自我批评，逐一整改落实梳理出的 49 条意见建议，废止制度 6 项，修订完善制度 7 项，新建制度 12 项。优化电子政务中心工作流程，提高了办事效率，提升了服务形象。严格执行中央八项规定省委十项规定，"三公经费"和会议费支出较去年同期减少了 35%。会议、文件简报较去年精简了 25%。坚持领导干部接访和业务咨询制度。服务对象满意率达 90% 以上。深入开展"讲、访、帮、促"活动，争取到我厅帮扶联系点威宁县迤那镇、仁怀市和普安县青山镇帮扶资金 1.22亿元。"同步小康驻村"仁怀工作队走访勤、调研细、作风实，赢得基层干部群众赞誉。

2）推进党风廉政建设，干部素质能力提升。着力健全内控机制，构筑制度防线。切实加大对重点领域、关键环节、重要岗位权力运行的监督检查。对 2011~2012 年实施涉及资金 16 亿元的 62 个省级投资土地整治重点项目，进行了专项监督检查；将全省国土资源系统 1427 个、23 亿元的涉农项目全部纳入贵州省涉农资金监管网络平台进行监管。连续五年实现"一升一降"（行风测评名次上升，违法违纪案件下降）。通过选拔、交流、调任、引进等方式，任用县处级干部 88 人，厅机关处室和直属单位主要负责人轮岗交流面达到 57%。举办以学习贯彻党的十八大、十八届三中全会和省委十一届四次全会精神为主题的培训班，全省国土资源系统 190 余名县处级干部参加培训。

过去一年，我们为全省经济社会发展实现稳中有进、稳中有为、稳中向好提供了有力保障和优质服务，取得的成绩来之不易。在此，我代表厅党组，向全省国土资源系统广大干部职工付出的辛勤劳动，向地方各级党委政府、有关部门和社会各界对国土资源工作的关心、支持和理解，表示衷心的感谢！

在充分肯定成绩的同时，我们要清醒地看到存在的问题。主要是：保障发展的能力不够强、办法不够多；坚持最严格的耕地保护制度不够坚决；资源利用方式粗放，节约集约利用制度缺乏统一规划，标准体系建设滞后；改革创新的意识不够强，调查研究不够系统深入；维护群众权益没有摆到应有位置，土地问题引发的社会矛盾积累较多；违法违规形势面临反弹压力；对土地矿产管理权力缺乏有效制约，系统内腐败案件时有发生。

## 二、认清形势，准确定位

去年年底以来，习近平总书记、李克强总理等中央领导同志在不到两个月的时间里，多次集中系统地讲土地和资源保护问题，并对贵州工作做出最新指示，充分表明了党中央、国务院对国土资源工作的高度重视和对贵州的亲切关怀。中央领导同志关于国土资源工作和贵州工作的新论述、新指示，对如何做好国土资源工作方向讲得很明确、要求提得很严格，是做好我省国土资源工作的行动指南和尚方宝剑。国土资源部党组坚决贯彻落实中央领导同志关于国土资源工作的新论述、新要求，准确定位，把"尽职尽责保护国土资源，节约集约利用国土资源，尽心尽力维护群众权益"作为当前和今后一个时期国土资源工作的重点和主线，这就是全国国土资源工作大局。

我省正处于从低收入向中等收入迈进的关键时期，处于发展加速期、结构调整期、改革攻坚期。贫穷落后仍然是贵州的最大矛盾。坚持又好又快就是贵州的大局，坚持主基调主战略也是贵州的大局，牢牢守住发展和生态两条底线同样是贵州的大局。把握住全国国土资源工作大局和贵州经济社会发展大局，我们才能根据时代要求、发展需要和贵州实际，准确定位。厅党组认真学习领会中央领导同志对国土资源工作和贵州工作的新论述、新指示，按照国土资源部和省委省政府的决策部署，结合近年来我省国土资源工作的实践和探索，提出"坚持把保障科学发展作为国土资源工作第一要务，坚持把保护资源作为国土资源工作第一职责，坚持把维护群众权益作为国土资源工作根本出发点和落脚点，坚持把改革创新作为国土资源工作根本动力，坚持把转变作风、提高效能作为国土资源工作根本要求"作为当前和今后一个时期我省国土资源工作在大局中的定位。要切实做到"五个坚持"，必须重点在"保、护、改"三个字上下工夫。

"保"，就是要切实把保障科学发展作为国土资源工作的第一要务。加快发展是贵州的主要任务，贵州经济在现阶段只能"加速"，不能"失速"。国土资源是生活之基、生产之要、财富之源、生态之本，按照守住加快发展和生态保护"两条底线"的基本要求，确保完成全省经济增长速度12.5%的发展底线，就是我省国土资源工作今年的首要任务。特别要把保障加快发展的合理建设用地需求作为今年工作的重中之重，进一步加大工作力度，加强调查研究、吃透政策、争取增量，精细管理、用好计划，挖掘潜力、盘活存量，提高效率、节约集约，统筹协调、把握时序，创新方式、向山要地。

"护"，就是尽职尽责保护国土资源和尽心尽力维护群众权益。近年来，在国土资源部的大力支持和全省各级国土资源部门的共同努力下，为我省工业强省和城镇化带动战略的实施提供了有力的建设用地保障，支撑了我省加快发展。但我们应当清醒地看到，建设用地的大幅度增加和土地资源粗放利用，特别是近年来，优质坝区耕地的快速减少，仅47个万亩大坝、优质耕地就减少12万亩，对我省的"米袋子"和"菜篮子"造成了严重的威胁，这种发展是不可持续的。习近平总书记在中央经济工作会议讲话中，不仅指出耕地是保障国家粮食安全的根本，更提出耕地红线要严防死守，现有耕地数量要基本稳定，耕地质量要不断提高；要像保护文物，甚至要像保护大熊猫那样保护耕地。尽管我省土地二次调查显示耕地账面数量有所增加，达到6844万亩，但实际耕地还是那么多，五千亩以上的坝区耕地面积仅有175万亩，25度以上坡耕地达1227万亩。耕地保护的形势十分严峻，任务非常艰巨。我们必须坚持最严格的耕地保护制度，以守不住耕地红线"提头来见"的担当精神，肩负起党和国家赋予的历史责任。国土资源工作与百姓生产生活、与群众利益紧密相连，我们要对人民群众常怀敬畏之心，为老百姓办事常抱歉疚之情，切实把维护群众权益作为国土资源工作的根本出发点和落脚点。

"改"，就是要把改革贯穿于国土资源工作的全过程各环节。坚持以改革统揽全局，以改革保发展，以改革护资源，以改革维权益。党的十八届三中全会作出了全面深化改革的决定，省委十一届四次全会提出了贯彻落实中央决定的实施意见，国土资源领域改革是全面深化改革的重要组成部分。我们要按照中央的要求和省委的部署，认真学习、吃透精神、因地制宜、积极稳妥推进。一是对方向明、基础好、见效快的改革，要加快推进、不等不看。如矿产资源配置体制改革。二是对认识还不深入，但又必须推进的改革，必须坚守底线、试点先行、稳妥推进。如农村土地制度改革。三是对基础制度比较薄弱，形成总体方案需要做些功课的改革，要充分论证、试点探索、夯实基础，如自然资源管理制度和管理体制改革。

# 三、2014 年重点工作

2014 年，围绕全省经济社会发展和全国国土资源工作大局，以深化改革作为动力，服务科学发展，坚定"五个坚持"，实施"五项行动、五大工程"。"五项行动"即：实施国土资源节约集约利用行动、找矿突破战略行动、维护群众合法权益行动、矿山复绿行动、矿产资源"圈而不探、占而不采"专项治理行动；"五大工程"即：向山要地工程、百万亩土地整治工程、耕作层再利用工程、地质环境治理工程、"一张图"信息平台建设工程。

（1）全力做好国土资源保障

1）保障科学发展合理用地。按照促进生产空间集约高效、生活空间宜居适度、生态空间山清水秀的要求，启动我省国土规划编制，争取国土资源部同意我省开展土地利用总体规划修编，加强与相关规划的协调衔接，配合指导市、县探索实施"三规合一"或多规融合。用好国土资源部对口帮扶我省乌蒙山片区和毕节试验区国土资源差别化综合改革试点政策，力争今年国家下达我省新增建设用地指标有所增加，更多使用国家建设用地指标。强化规划管控、用途管制和土地供应调节，完善土地利用计划管理方式，切实保障重点项目合理用地需求。转变土地利用方式，实施向山要地工程，向荒山要地，向工矿废弃地要地，向未利用地要地。

2）提高矿产资源保障能力。编制实施20个"四个一体化"重点项目资源保障专项规划。加快实施我省找矿突破战略行动"246"计划。完成第二批30个整装勘查项目，加快推进第三批14个整装勘查项目，做好整装勘查战略选区研究和全省1∶5万水文地质编图。加强页岩气勘查开发，启动"黔北页岩气勘查开发综合示范区"建设。

3）提升测绘地理信息工作能力和水平。坚持"边普查、边应用"，全力抓好地理国情普查，确保按时保质完成普查任务。加快推进数字城市、天地图·贵州和地理国情监测三大平台建设。完善测绘地理信息体制机制，加强基础测绘投入。强化测绘地理信息统一监管、成果管理应用和测量标志保护，加强国家版图意识教育。

4）强化基础工作和技术保障。认真做好我省第二次土地调查成果的汇报、公布、宣传和解读，加强应用和更新维护。扎实做好年度土地变更调查与遥感监测。实施全省国土资源信息化建设三年提升计划，加快推进"一张图"信息平台工程建设，全面实现省市县"一张图"管地管矿防地灾，一半以上乡镇用上"一张图"。实现二代电子政务平台与政府协同办公系统无缝集成，完成国土资源网上办事大厅建设。升级改版厅门户网站。编制并实施信息系统安全规划。

（2）尽职尽责保护国土资源

1）严防死守保护耕地。切实把保护耕地作为保护国土资源的首要任务，开展全省千亩以上坝区耕地调查评价，盯牢守住千亩以上坝区耕地。划定永久基本农田，首先从市（州）中心城市周边和五千亩以上耕地坝区划定永久基本农田，落地到户，上图入库，明确保保护责任，完善保护标识，利用卫星遥感、动态巡查、网络信息、群众举报、无人机航拍、视频监控等手段，实行全天候、全覆盖监测。启动五千亩以上坝区永久基本农田视频监控网建设工程。完善耕地占补平衡和保护补偿机制。从数量、质量、生态等方面研究完善耕地保护责任目标考核指标和评价体系。继续实施百万亩土地整治工程，争取我省乌蒙山"兴地惠民"土地整治重大项目国家立项，建设高标准基本农田150万亩，加强项目实施监管。开展耕地质量等级评定与监测。推进耕作层再利用工程，全面实施耕作层再利用制度，建立和完善政府主导、国土牵头、部门配合、各司其职的共同推进机制，将土地整治工程和耕作层再利用工程紧密结合，编制实施县级耕作层再利用专项规划。制定耕作层再利用工程指南和技术规范。

2）严格执法监管。强化耕地保护全天候、全覆盖执法监管。建立五千亩以上坝区耕地动态巡查和周报告制度。严格建设用地占用千亩以上坝区耕地审批和事中事后监管。做好2013年度土地矿产卫片执法检查。严肃查处违反规划占用耕地、违反供地政策、破坏矿产资源的违法违规案件，抓好典型案件挂牌曝光和公开查处。会同有关部门采取有效措施，坚决遏制违法建设、销售"小产权房"行为，严厉追究责任人责任。加大对卫片执法、信访维稳、执法监察工作不力单位和领导督促检查。

3）推进生态国土建设。统筹协调土地整治、矿山复绿、工矿废弃地复垦利用等工作，加强地质环境治理和矿山生态恢复治理。实施矿山复绿行动计划和地质环境治理工程，完成第一批25个矿山复绿项目，实施第二批71个矿山复绿项目。做好织金洞世界级国家地质公园申报工作。开展资源环境承载力评价，严密监测资源数量、质量、生态环境、国土开发强度和国土空间格局动态变化。强化砂石土资源开发管理。加强地下水勘查管理和环境监测，开展岩溶地下水系统功能可持续利用研究。

（3）节约集约利用国土资源

1）实施节约集约利用资源行动。编制实施我省行动计划，把节约集约利用资源的要求贯穿于国土资源管理的方方面面和事前事后各个环节。按照严控增量、盘活存量、优化结构、提高效率的要求，综合运用规划和政策调控、市场调节、标准控制、执法监管等手段，创新土地利用方式和管理制度，全面推进节约集约利用资源。将申报用地增量与盘活存量挂钩，强化工业园区用地内涵挖潜，因地制宜盘活农村建设用地。推进城镇低效用地再开发和工矿废弃地复垦利用。加大处置批而未供土地力度，提高供地率。推进城镇周边未利用地开发利用。加强国土资源节约集约模范县市创建和矿产资源综合利用示范基地建设。落实地区单位GDP用地消耗年度下降7%的目标。加快国土资源开发利用科技创新，鼓励矿产资源采选冶技术创新，不断提升我省土地、矿产资源节约集约利用程度。开展国土资源国情教育，引导公民树立资源节约集约利用意识。

2）加强节约集约利用制度建设。进一步扩大土地有偿使用范围，有条件的地区，要将可划拨的或原划拨的经营性用地采取多种方式实行有偿使用。完善土地租赁、招拍挂出让制度，建立长期租赁、先租后让、租让结合的工业用地供应制度，探索存量工业用地退出机制，更加注重发挥价格、税费等经济手段的作用。建立有效调节工业用地和居住用地合理比价机制，提高工业用地价格。完善开发区节约集约用地考核和奖惩制度，引导开发区提高土地节约集约利用水平。完善资源节约集约评价制度与监测体系，开展地级、县级市建设用地节约集约用地评价。加强矿产资源开发利用方案管理，积极推进以"三率"为核心的矿产资源节约集约利用标准体系建设。

（4）尽心尽力维护群众权益

1）切实维护群众合法权益。持续开展维护群众权益行动，从深化改革、政策制定、征地拆迁、保障房供地、土地整治、矿产开发、地灾防治、执法监察等各个方面和决策、执行、监督的各个环节，落实好维护好群众合法权益。严肃查处违法征占农民土地侵害群众合法权益等案件，推动维护被征地农民合法权益工作常态化，督促地方落实好被征地农民合法权益。继续推进和谐矿区建设。农村危房改造、保障性安居工程、生态移民、符合法定条件的农民宅基地等民生用地，实行应保尽保。

2）做好信访和信息公开。推广社会稳定风险评估"铜仁经验"和基层矛盾化解"余庆经验"，认真细致做好国土资源信访工作。加强"信、访、电、网"资源整合，畅通群众反映渠道，及时解决群众合理诉求，最大限度减少问题积累、矛盾上行。全面推行政府信息公开，规划、征地、审批、交易、招标等信息及时公开，主动接受社会监督，保障群众知情权、监督权。加强新闻宣传工作，强化政策解读，及时回应社会关切，正确引导社会舆论。

3）加强地质灾害防治。强化汛期地质灾害防治，加大人类工程活动引发地灾的防范力度，完善地质灾害监测预警体系。推进地质灾害防治高标准"十有县"建设，进一步夯实县乡村组群测群防体系，提高基层地质灾害防治能力。加强重点地区重大地质灾害勘查、治理和风险评估。争取中央资金支持我省矿山环境治理示范项目、资源枯竭型城市矿山环境治理项目、灾后重建地质灾害治理项目建设。

（5）积极稳妥推进改革创新

1）深化矿产资源配置体制改革。坚持矿产资源分级分类管理，大力推进矿产资源市场配置，完善矿业权出让制度，严控协议出让矿业权，矿业权转让一律进入公共资源交易平台交易。深化矿产资源储量管理改革。进一步完善矿业权有偿使用制度。探索探（矿权）采（矿权）分离和矿产资源储备制度。推行"一体多元化"勘查投资合作模式。深化矿政审批改革，强化省级审核监管职责。配合做好煤炭企业兼并重组相关工作。开展矿产资源"圈而不探、占而不采"专项治理行动。

2）积极稳妥推进土地管理制度改革。坚持守住底线、试点先行的改革原则，全面开展农村集体建设用地、宅基地等确权登记颁证，夯实扩大农村土地权能基础。配合各级政府建立征地争议调处裁决机制，保障被征地农民知情权、参与权、申诉权和监督权。探索逐步缩小征地范围，规范征地程序，完善被征地农民合理、规范、多元保障机制。在示范小城镇范围内，开展农村闲置、废弃的宅基地等农村集体建设用地流转交易试点。

3）开展自然资源管理制度和体制改革调研和试点。指导每个市（州）选择 1 个县开展建立自然资源产权制度和用途管制制度试点。按照国家统一部署，围绕统一登记机构、登记依据、登记簿证、登记信息平台的要求，主动对接国土资源部，积极沟通相关部门，开展全省不动产统一登记准备工作。探索建立自然资源资产负债表。推进矿业权登记信息动态监管查询系统试点工作。

（6）进一步转变作风、提高效能

1）构建反对形式主义、官僚主义、享乐主义、奢靡之风的长效机制。巩固党的群众路线教育实践活动成果，认真贯彻中央、省委关于作风建设的各项要求，深入推进机关作风教育整顿，建立完善"去庸求进、去懒求勤、去慢求快、去浮求实、去贪求廉"的长效机制。深入推进机关效能革命，着力解决干部意识慢、工作节奏慢、部门协调慢、职能转变慢的问题。严格执行服务承诺、限时办结、首问责任等制度，建立健全效能督查问责制。围绕推进建设学习型、服务型、创新型党组织的目标，着力加强机关和基层党建工作。

2）进一步加强党风廉政建设。把党风廉政建设和反腐败斗争作为国土资源工作的"生命线"，全面落实《建立健全惩治和预防腐败体系 2013—2017 年工作规划》，加强反腐倡廉教育，大力开展廉政文化建设。强化对关键环节和核心业务的监督，全面推行廉政风险防控管理，开展项目评审专项清理整顿，强化权力运行制约监督，有效防范国土资源领域腐败问题滋生，以"零容忍"态度惩治腐败，建设起干部与腐败之间的"防火墙"，构筑起防范权力出轨的"高压线"。

3）进一步加强干部队伍建设。推进国土资源系统干部人事制度和事业单位分类改革。加大厅直属事业单位干部轮岗交流工作，加强市（州）国土资源部门领导班子和干部队伍建设，协调对接好厅直属事业单位职能调整工作。以发展为导向，做好厅直属事业单位专业人才规划和人才库储备。加强全省国土资源系统干部综合业务培训，面向基层，突出县乡。

做好离退休干部、安全生产、国安保密、对口扶贫、计划生育、统计监测等专项工作，加快推进国土资源科技园建设。

# 四、振奋精神，狠抓落实

同志们，中央对国土资源工作的要求已十分明确，国土资源部、省委省政府对今年的工作也已作出部署，任务艰巨、责任重大，我们必须发扬"钉钉子"精神，以踏石留印、抓铁有痕的劲头抓好落实。

（1）服务大局突出重点抓落实

不谋全局者，不足以谋一域。厅党组已经明确了我省国土资源工作在全国国土资源工作和全省经济社会发展大局中的定位，提出了六大重点工作，厅机关各处（室、局、中心）和厅直属事业单位也要找准自己在厅党组中心工作中的位置，抓住主要矛盾和关键环节，突出工作重点。对六大重点工作、五项行动和五大工程要逐一落实到单位和责任人，列出时间表、路线图，确保按时限高质量完成。

市（州、区）和县（市、区、特区）国土资源部门，要紧紧围绕全省国土资源工作和地方经济社会发展大局，把厅党组的要求与当地党委政府中心工作紧密结合起来，抓住重点，在当地党委政府领导下，创造性地开展工作。

（2）精细管理提高效能抓落实

抓工作，抓而不紧，等于不抓；抓而不细，事倍功半。细节决定成败。今年，全省国土资源工作任务繁重艰巨，只有抓紧、抓实、抓细才能确保完成。因此，我们要树立精细化管理理念，采用精细化管理方法，对重点工作目标任务实行台账式督办管理，把任务落实到每一个环节、每一个部门、每一个责任人，特别是要落实敏尔省长提出的"盯牢守住千亩以上耕地坝子"。要建立千亩以上耕地坝区责任人制度和五千亩以上坝区耕地周报告制度。今后，凡涉及占用万亩大坝耕地报件，厅建设用地处和耕地保护处必须派人到现场勘测审核；涉及占用五千亩以上坝区耕地报件，市（州、区）国土资源局必须派人到现场勘测审核；涉及占用千亩以上坝区耕地报件，县（市、区）国土资源局必须派人到现场勘测审核。各级国土资源部门主要负责人要切实担负起千亩以上坝区耕地保护第一责任人职责，省国土资源厅厅长就是全省47块万亩大坝耕地保护的第一责任人，市（州）国土资源局局长就是所在地五千亩以上坝区耕地保护第一责任人，县（市、区）国土资源局局长就是所在地千亩以上坝区耕地保护第一责任人。

（3）敢于担当团结协作抓落实

敢于担当是我省国土资源系统干部应当具备的基本品质。面对当前耕地保护、执法监管的严峻形势和巨大压力，我们要敢于碰硬、勇于担当。树立一种"事不避难、勇于担当"的精神。面对急难险重任务，必须豁得出来，顶得上去，绝不能畏缩不前。同时，在当前国土资源领域矛盾复杂、专业性强的情况下，我们既要有担当的勇气，还要有担当的本事，要勤奋学习、刻苦钻研，克服本领恐慌，做到"讲得清、道得明、抓得准"。

国土资源工作与各行各业密切相关，要内外协调、团结合作。对外，经常联系就有发改、财政、工信、农业、水利、住建、林业、统计等多个部门，有时我们是在不同角度做着同一件事情，有时一项工作需要相关部门共同完成。我们要有"功成不必在我"的胸怀和高度自觉的协同意识，无论是牵头单位，还是做参与部门，都要与人真心相处，主动沟通，换位思考，携手共进。对内，厅机关各处（室、中心）和直属事业单位要形成合力，在各司其职中加强团结，互相尊重，互相支持，共同商量，拧成一股绳，向着一个目标努力。省市县三级国土资源部门更要形成合力，厅的各项工工作落脚点在市县国土资源部门。厅机关要增强服务意识，加强与地方沟通联系，及时帮助解决地方工作中遇到的问题，形成"兄弟同心，其利断金"的强大力量。

同志们，新年伊始，万象更新。新的一年孕育着新的希望，新的一年我们要比以往做得更好。我们要紧紧围绕全省经济社会发展和全国国土资源工作大局，按照省委省政府、国土资源部决策部署，深化改革、锐意创新、求真务实，努力做好2014年各项工作，进一步开创我省国土资源事业的新局面，为推动我省经济社会科学发展做出新贡献！

## 2015年：全面深化改革　建设法治国土　扎实做好新常态下的
## 国土资源管理工作
### ——在2015年全省国土资源工作会议上的报告
### 朱立军
### （2015年1月20日）

同志们：

这次会议的主要任务是：以党的十八大和十八届三中、四中全会，省委十一届四次、五次全会精神为指导，认真贯彻全国国土资源工作、全省经济工作等有关会议精神，分析新形势，认识新常态，总结2014年工作，部署2015年工作。下面，我代表厅党组做工作报告。

# 一、关于2014年工作

过去的一年，在省委、省政府的坚强领导下，在国土资源部关心指导下，按照"五个坚持"的国土资源工作新定位，着力在"保、护、改"三方面狠抓落实，实施"五项行动"，推进"五大工程"，全省国土资源工作呈现出"保障有力、保护有效、民生优先、改革深化、管理规范、基础加强、作风转变"的良好态势，各项工作都取得了新的成绩。

（1）保障有力，促进经济社会发展跃上新台阶

1）争取国家各项支持成效显著。2014年，国家在新增建设用地总量减少30万亩的情况下，下达我省新增建设用地指标17.51万亩，同比增长11.6%。继续争取国土资源部支持我省交通基础设施建设，我省立项的新增高速公路建设用地指标由国家和省各占一半解决，全年使用国家计划4.83万亩。安排我省2014年城乡建设用地增减挂钩指标1.9万亩，较上年增加1000亩，集中连片特困、生态移民搬迁地区的部分节余指标，可以在全省范围内挂钩使用。特批我省为工矿废弃地复垦利用试点省，下达计划1万亩，在毕节、六盘水、黔南和黔西南开展工矿废弃地复垦利用试点。争取到新增建设用地有偿使用费、地质灾害防治、基础测绘等各类中央资金7.63亿元。

2）建设用地得到有力保障。研究落实国家建设用地审批新政，强化规划管控、用途管制和土地供应调节，完善建设用地会商调度机制，差别化计划管理，精细化审批用地。全年审批办理建设用地926宗，面积36.82万亩，其中：国家16宗9.37万亩；省政府910宗27.46万亩，同比增长19%。我省"5个100"、"双服务"、工业"百千万"、贵安新区建设、交通、水利建设等重大工程、民生工程的建设用地应保尽保，特别是需在2015年底建成通车的32个高速公路项目用地全部获批。

3）矿产资源保障能力增强。我省找矿突破战略行动"246"计划取得重大进展，第二批30个整装勘查项目成果显著，煤炭、磷矿、铀矿、铝土矿、锰矿实现找矿突破，锰

矿找矿成果填补了全国锰矿找矿的短板，普定五指山、都匀牛角塘铅锌矿整装勘查取得重大突破，结束了我省无大型铅锌矿的历史。第三批 15 个整装勘查项目加快推进。地质基础工作稳步开展，完成 1：5 万区调 6500 平方公里，全省覆盖率达到 47%。页岩气勘查持续推进，国土资源部批准设立黔北页岩气综合勘查试验区，全年企业投入勘查资金 7.3 亿元，习水丁页 2HF 井取得日产 3 万立方米以上的稳定商业气流，岑巩天星 1 井成为目前全国在牛蹄塘层系中唯一实现持续点火的页岩气井。探索煤层气勘查开发新模式，盘县松河、织金珠藏煤层气勘查工作取得突破。

（2）保护有效，守住生态底线做出积极贡献

1）耕地保护更加严格。将五千亩大坝耕地保护与建设用地审批联动，实行建设占用坝区耕地分级现场核查。启动五千亩以上坝区耕地动态视频监控网建设。建立了五千亩以上坝区耕地动态巡查和周报告制度。全面落实耕地占补平衡，执行"占优补优，占水田补水田"新要求。出台《贵州省土地整治项目管理办法》，加快推进百万亩土地整治工程，建成高标准基本农田 202 万亩，贵阳、遵义备案量超过任务量。全面实施耕作层再利用工程，完成耕作层剥离 5.5 万亩，结合土地整治项目，部分区域实现了占优补优，提高了耕地质量，得到国土资源部充分肯定，并作为典型经验在全国推广。

2）推进资源节约集约利用。新增建设用地审批与供地率、盘活存量挂钩，加大批而未供土地处置力度。全年供应国有建设用地 29.39 万亩，其中盘活使用存量土地 11.88 万亩。全省近五年农转征项目供地率达到 77.98%，位列全国第四。出让国有土地 11.58 万亩，出让价款 651 亿元。全省单位 GDP 用地消耗下降 6%，提高了土地利用价值。实施向山要地工程，向荒山、工矿废弃地、未利用地要地 5800 亩。用地预审核减不合理用地近万亩。贵阳、遵义、仁怀等 13 个城市开展了建设用地节约集约利用评价。启动新一周期国土资源节约集约模范县市创建活动。加强矿产资源开发利用管理，将"三率"指标纳入开发利用方案。矿产资源节约与综合利用示范基地建设稳步推进，我省磷石膏转化制硫酸铵等 2 项技术列入全国第三批先进适用技术推广目录，应用范围不断拓展。砂石土资源开发管理进一步规范，全年关闭砂石土矿 537 个，推动了全省砂石土资源集约开发利用。

3）生态国土建设成效初显。加强地质环境整治和矿山生态恢复治理，强化矿山地质环境治理恢复保证金监管使用，累计缴存保证金 97.2 亿元，按规定退还和使用 40.8 亿元，1200 处矿山生态环境得到恢复治理，矿区 2 万余户 7.6 万多群众及时搬迁。"矿山复绿"行动深入开展，复绿矿山 55 个，面积 2775 亩，矿山环境治理初见成效。贵阳龙洞堡机场周边环境全面整治，地貌景观明显改善。地质遗迹保护和地质公园建设不断加强。开展全省岩溶地下水系统功能可持续利用研究。承办了生态文明贵阳国际论坛 2014 年年会——"发展绿色矿业，建设绿色矿山"分论坛，初步形成了大力发展绿色矿业，促进矿产资源可持续开发利用的共识。

（3）民生优先，维护群众权益更加有力有效

1）地质灾害防治切实加强。把防治地质灾害作为"生命任务"来抓，健全领导干部包片督促检查地质灾害防治工作责任制，实行 24 小时值班和零报告制度。全省受威胁 50人以上的 5767 处地质灾害隐患点，全部组织了应急综合演练。完成了全省地质灾害隐患

点的再排查，建成了 39 个地质灾害防治高标准"十有县"，地质灾害监测预报与决策支持平台建成使用，地质灾害综合防治能力进一步提升。全年成功预报地质灾害 106 起，避免 9056 人伤亡，占全国的四分之一；特别是思南兴隆镇"6·05"、平坝十字乡"7·16"、印江木黄镇"7·17"等特大型滑坡，监测预警成功，紧急撤离及时，避免了重大人员伤亡和财产损失。对 47 处重大地质灾害隐患实施治理和应急处置。统筹 3.79 亿元专项资金，对全省受地质灾害威胁的 238 所学校进行治理。积极支持福泉市"8·27"山体滑坡灾后重建。

2）民生用地实现应保尽保。出台四项支持措施，保障"四在农家·美丽乡村"基础设施建设用地。启动 51 个万亩大坝农民宅基地集中建设规划编制。全年保障基础设施、保障性住房、救灾、农村建房等民生项目用地 6.35 万亩，占年度建设用地总量的 26.71%，实现应保尽保。贵阳市保障性安居工程用地获国家批准用地 3500 亩，居全国 106 个直报城市之首。积极主动参与房地产调控，供应住宅地 4.96 万亩，其中"三类"住房用地占 70%，有力保障了群众住房需求。

3）维护群众权益尽心尽力。把信访作为维护群众权益的着力点，有序推进"信、访、电、网"资源整合，实行领导包案制度，主动开展信访案件排查，化解了 87 件社会影响较大的信访积案。全年办理信访举报 461 件，办结 412 件，办结率 89%。通过直接查处、联合办案、挂牌督办、交办等方式，严肃查处多起较为重大的涉及群众合法权益案件，实现维护群众合法权益常态化。

4）扶贫攻坚取得显著成效。发挥部门优势，突出行业特点，批准乌蒙山、武陵山、滇桂黔石漠化三大连片特困地区建设用地 17.46 万亩；安排土地整治项目 148 个，建设规模 196.87 万亩，投入资金 26.39 亿元；安排整装勘查项目 11 个、资金 1.98 亿元；安排地质环境治理项目 281 个，投入资金 13.45 亿元。把扶贫工作与国土资源业务工作有机结合，乌蒙山片区区域发展与扶贫攻坚部际联席会议在毕节成功召开，促成国土资源部出台支持乌蒙山片区区域发展与扶贫攻坚的 15 条政策措施。

（4）改革深化，国土资源领域改革开局良好

1）矿产资源配置体制改革取得突破性进展。全面推行矿业权招拍挂出让制度，矿业权市场化配置程度大幅提高。全年共投放矿业权 264 个，招拍挂出让 227 个，占投放总量的 86%。其中：投放探矿权 46 个，挂牌出让 20 个，占投放总量的 43%；投放采矿权 218 个，招拍挂出让 207 个，占投放总量的 95%。协同做好煤矿企业兼并重组工作，办理 129 个主体企业兼并重组报件 3688 件，1387 个煤矿完成过户。矿产资源"圈而不探、占而不采"专项治理全面完成，调查清理 3222 个矿业权，查明存在不同程度的"圈而不探"问题探矿权 1198 个，无效采矿权 448 个，未建、在建、停产等问题采矿权 320 个，全部进行了分类处置，公告注销探矿权 1024 个、采矿权 448 个，其他问题矿业权限期整改。

2）城乡统一用地市场改革稳步推进。农村集体土地精细化确权登记颁证试点，在 100 个示范小城镇先行开展。全面部署宅基地和集体建设用地使用权确权登记发证工作，启动农村房地一体调查。积极开展征地补偿安置研究和征地补偿标准调整研究，形成了专题报告。配合推进城乡规划"多规融合"改革试点。出台《贵州省城乡建设用地增减挂

钩节余指标交易暂行办法》。湄潭农村集体建设用地公开拍卖、宅基地有偿退出改革，为农村集体经营性建设用地入市和宅基地制度改革试点奠定扎实基础。

3）不动产统一登记和自然资源资产产权制度改革稳健起步。全面推进土地、房屋、林地、草原等不动产登记职责整合，在全国率先实现省级不动产登记局和登记中心双配置建设，遵义、安顺等6个市（州），余庆、平坝、七星关等10个县（区）进行了职责整合。会同有关部门制定了《贵州省自然资源资产产权和用途管制制度改革方案》，选择白云等15个县（市、区）开展试点。组织开展我省生态文明先行区建设自然资源管理制度和生态红线划定研究，制订了《贵州省生态红线划定工作方案》。

4）行政审批制度改革深入推进。严格落实权力清单制度，编制公开工作流程和事项告知单，主动接受社会监督，方便人民群众办事。清理行政审批服务事项，行政许可审批减少20%，非行政许可审批减少80%，下放行政审批事项3项。10项行政许可、2项非行政许可审批和39项行政服务事项，全部进驻省人民政府政务服务中心集中受理，在电子政务平台协同办理。

（5）管理规范，构建共同责任机制进入新起点

1）依法行政不断加强。积极推动《贵州省测绘条例》等地方性法规立法工作，认真清理国土资源地方性法规、规章。加强规范性文件合法性审查、备案。行政复议、诉讼结案胜诉率100%。主动公开规范性文件、行政审批服务事项办理结果等政府信息8349条，依申请公开政府信息146条，提供信息查询服务1300余人次。建立国土资源法律顾问制度，聘请律师团队协助处理法律事务，提高依法行政决策水平。建立全省国土资源部门与公安部门联动执法机制。

2）执法监察力度明显加大。以土地矿产卫片执法监督检查为抓手，立案查处土地违法案件2179宗，同比较长14%，面积1.6万亩（耕地0.81万亩），同比下降25%（19%）。提请行政处分172人，追究刑事责任1人。开展五千亩以上坝区耕地动态巡查1.2万次，发现违法用地行为79起，及时制止61起，立案查处18宗。立案查处矿产资源违法案件306件，同比下降29%；开展越界采矿专项调查，立案查处115宗。省人民政府约谈了土地违法占耕比靠前9个县（市、区）和矿产管理问题比较突出1个市的政府负责人，约谈力度加大，警示作用突显。

（6）基础加强，国土资源支撑保障作用增强

1）测绘地理信息工作有声有色。第一次全国地理国情普查强力推进，实施"100天大会战"，内外业综合进度完成超过90%。数字城市建设与应用持续推进，"天地图·贵州"应用拓展、运行良好。基础测绘和地理信息共享服务不断加强，测绘地理信息军地融合共享合作迈出新步伐，测绘地理信息应急服务保障能力不断提高，测绘地理信息统一监管不断强化，全省测绘地理信息保障能力明显增强。

2）土地资源调查成果显著。我省第二次土地调查工作划上圆满句号，首次全面、准确查清了全省所有地类分布，实现图、数、实地一致和年度更新，为各级政府经济社会发展科学决策提供了重要基础支撑。可利用未利用土地资源调查评价全面完成，查明了全省未利用地、工矿废弃地、空闲地、闲置土地和低效建设用地分布情况，为优化用地布局和

盘活存量奠定了基础。千亩坝区耕地调查基本完成，为坝区耕地保护、土地整治、建设高标准基本农田提供坚实支撑。

3）信息化应用和新闻宣传成效明显。全省国土资源"一张图"信息平台工程建设深入推进，省市两级应用实现全覆盖，县级应用覆盖90%，乡镇应用覆盖50%。执法监察在线监管系统建成运行，开展北斗卫星地质灾害自动化监测示范应用，启动信息安全等级保护建设，省市县三级视频会议系统投入使用。全年在《人民日报》、《中国国土资源报》和《贵州日报》等主流媒体报道新闻191篇，营造了良好的舆论环境。

（7）作风转变，党风廉政建设取得新成效

1）党风廉政建设和反腐败工作得到加强。把党风廉政建设和反腐败工作作为国土资源工作生命线，切实履行党风廉政建设主体责任和监督责任。加大对重点领域、关键环节、重要岗位权力运行监督，推进权力规范运行。监督研究"三重一大"事项和干部选拔任用，开展处级干部任前廉政谈话。涉农资金项目全部纳入网络平台监管、现场监督。严控"三公"支出，同比下降36.5%。明察暗访全系统155个单位，诫勉谈话5人。严肃查处贵阳市白云区国土资源分局等严重违反中央八项规定典型案件。

2）机关党建从严从实。第一批党的群众路线教育实践活动"两方案一计划"整改全面落实，自觉践行"三严三实"，整治"四风"，作风建设成果进一步巩固。第二批教育实践活动指导有力、措施实在，推进了上下联动整改。开展厅党组"读书报告会"、机关党员干部读书月活动，举办依法行政、社会主义核心价值观等专题讲座，营造了机关良好学习氛围。开展"党支部典型示范工程"创建活动，基层党组织战斗堡垒作用得到充分发挥。深入开展同步小康驻村工作，联系服务群众不断取得新成效。

3）队伍建设进一步加强。通过民主推荐和竞争方式选拔了一批优秀干部，干部队伍年龄结构、知识结构进一步优化，机关处级干部轮岗交流形成制度化和常态化。省级不动产登记局组建完成，部分市、县不动产登记机构组建工作扎实推进。改革试行省直管县（市）国土资源干部体制取得较好效果。离退休干部服务管理工作明显加强。

在去年工作中，我们着力把握了以下五点：一是坚持把省委、省政府的决策部署与国土资源工作实际紧密结合，始终做到围绕中心、服务大局，为全省经济社会发展实现运行平稳、转型加快、活力增强、民生改善提供了有力保障和优质服务。二是坚持根据形势变化及时调整工作重点、完善工作布局，努力增强工作的主动性和有效性。三是坚持部门协同和上下联动，团结协作形成工作合力，采取精细化管理方法，实行台账式督办管理，确保了重大决策落实到位、重大工作顺利完成。四是坚持正确处理深化改革和依法行政的关系，用法治引领、分类推进国土资源领域改革。五是坚持把严格要求与热情服务相结合，以落实问题整改促进作风转变，努力打造坚强有力的领导班子和廉洁勤政的干部队伍。

同志们，2014年国土资源工作取得的成绩，是省委、省政府正确领导的结果，是全省国土资源系统广大干部职工团结奋斗的结果，是各级地方党委政府、有关部门和社会各界大力支持的结果。在此，我代表厅党组，向同志们并通过大家向全系统广大干部职工和有关方面表示衷心的感谢！

在充分肯定成绩的同时，我们必须清醒地看到存在的问题和不足：我们认识和适应经济发展新常态还有待深入，进一步深化服务大局的能力和水平还需进一步提高，落实最严格的耕地保护和节约用地制度还不够有效，矿产资源节约集约与综合利用水平不高，地质灾害点多面广、易发多发防治压力持续加大，维护群众权益还没有完全落实到工作的各个环节，"四风"问题还存在反弹压力，土地出让、矿产资源领域腐败案件易发多发还未得到有效遏制，干部管理体制存在"看得见管不着、管得着看不见"的情况，等等。对此，我们必须高度重视，采取有力措施，认真加以解决。

## 二、主动适应新常态

经济发展新常态是中央全面把握国际经济政治发展格局、深刻认识我国基本国情和发展阶段所作出的重大科学判断，是对我们党治国理念和发展思想的进一步深化和创新，是当前和今后一个时期指导我国经济持续健康发展的重要战略思想。在中央经济工作会议上，习近平总书记深刻阐释、全面分析了我国经济发展进入新常态的九大趋势性变化阶段性特征，我国经济正向形态更高级、分工更复杂、结构更合理的阶段演化。我省正处于工业化、城镇化加速发展期，进入后发赶超、加快全面小康建设的重要阶段。在全省经济工作会议上，克志书记指出，我省经济发展新常态主要体现在四个方面：一是坚持既要"赶"又要"转"，加快推进新型工业化、城镇化、信息化和农业现代化同步发展是一种新常态；二是坚守发展和生态两条底线，实现百姓富和生态美有机统一是一种新常态；三是用好改革开放关键一招，坚持开放带动、投资驱动、创新驱动共同推动发展是一种新常态；四是坚持领导干部以上率下、勇于担当，以自己的辛苦指数换取人民群众幸福指数是一种新常态。

国土资源是经济发展的基本要素，具有保障和约束双重作用，经济发展新常态不可避免地带来国土资源领域的一些重大趋势性变化。我们要认真学习领会习近平总书记关于经济发展新常态的深刻论述，系统把握我省经济发展新常态四个方面的阶段性特征，把思想和行动统一到中央和省委对新常态的形势判断上来，统一到省委、省政府对当前和今后一段时期经济工作的总体要求和目标任务上来，在认识上同党中央和省委保持高度一致，坚决贯彻落实中央和省委、省政府的重大决策部署，坚持守住发展和生态两条底线，历史地、辩证地认识新常态下我省国土资源领域的阶段性特征，努力把握新常态带来的机遇和挑战。更加注重把保障科学发展作为国土资源工作第一要务。把资源节约集约利用作为转方式调结构的主攻方向，作为保障科学发展的关键一招，全力打好资源节约利用攻坚战和持久战。更加注重把保护资源作为国土资源工作第一职责。坚持在保护中开发、在开发中保护，强化规划管控和用途管制，充分发挥源头保护和优化国土空间开发格局的作用，不断提升资源环境承载能力。更加注重把维护群众权益作为国土资源工作根本出发点和落脚点。坚持以人为本、民生优先，找准切入点和落脚点，落实到资源开发、利用、整治和管理等各个方面，努力把关系人民群众合法利益的事情抓实办好。更加注重把改革创新作为国土资源工作根本动力。把深化改革和新技术应用作为破解难题的重要举措，为国土资源事业发展提供强大动力。更加注重把转变作风、提高效能作为国土资源工作根本要求。作风建设永远在路上，要抓常、抓细、抓长，严格执行中央八项规定和省委十项规定，营造风清气正、干事创业的工作环境。

1) 从国土资源需求看，刚性需求居高不下。全省经济工作会议强调，今年要坚持稳中求进工作总基调，坚持以提高经济发展质量和效益为中心，坚持守住发展和生态两条底线，主动适应经济发展新常态，保持经济运行在合理区间，生产总值预计突破 1 万亿元，固定资产投资预计增长 20%。随着主基调主战略的深入实施，新型工业化、信息化、城镇化和农业现代化同步推进，各地发展势头依然强劲，发展速度持续加快，"5 个 100" 工程、交通建设 "三年大会战"、水利建设 "三大会战"、"四在农家·美丽乡村" 基础设施建设六项行动计划等项目加快建设进入攻坚阶段，工业 "百千万" 工程、"双服务" 行动深入开展，大医药、大健康、大数据、旅游等新兴产业加快发展，对新增建设用地需求仍然很大。我省能矿产业在全省经济占比很大，对能矿资源的需求在今后一段时期内还将继续增加。地质找矿依然是国土资源工作的重要任务。我们必须善于把握新常态下对国土资源需求变化特点，及时调整工作方向和布局，切实发挥好国土资源对稳增长、调结构、惠民生等方面的支持保障作用。

2) 从国土资源供给看，供需矛盾有所缓解。随着我省经济社会发展稳中有进、稳中向好、运行平稳、转型加快、活力增强，国土资源供给出现调整。去年全省建设用地供应同比下降 33.24%，供需矛盾有所缓解，用地结构发生变化。交通、水利等基础设施用地，同比增长 51%，占比减少近 12 个百分点；工矿仓储同比减少 20%，占比提高 3 个百分点；房地产用地同比减少 23%，占比提高 3.5 个百分点。在城镇化发展过程中，部分地方存在土地城镇化快于人口城镇化问题，闲置低效土地大量存在。初步调查成果显示，目前我省尚有批而未供建设用地 42 万亩、供而未用建设用地 16 万亩，盘活利用潜力巨大，存量土地正在成为土地供应的重要来源。我省是国家能矿资源和紧缺矿种页岩气、铝土矿、锰矿等的主要矿产地，保障国家能矿资源安全要求我们必须持续加大矿产勘查力度。

3) 从资源配置方式看，正朝着公开透明、竞争有序、统一开放的市场化配置方向加快转变。新常态下，市场在资源配置中的决定性作用不断深化，我省建立了省市县三级公共资源交易机构，经营性土地和工业用地全面实行招拍挂出让，矿业权全面推行招拍挂出让制度，"公开透明、竞争有序、统一开放" 的国土资源要素市场建设步伐不断加快。我们必须清除各种市场壁垒和政策优惠，完善市场规则和定价机制，扩大资源有偿使用范围，切实提高土地和矿业权市场化配置程度。

4) 从我省资源现状看，严格保护和节约集约利用大势所趋。我省人多地少，耕地质量差，地块零星破碎，特别是坝区数量少、优质耕地面积小。全省五千亩以上集中连片的优质耕地坝区仅 165 块、耕地面积 175 万亩，仅占全省耕地面积的 2.56%。一些地方将五千亩以上坝区规划为城镇、工业建设区，部分非农建设项目占用坝区优质耕地，坝区耕地面积减少较快、较多。严格保护耕地，特别是保护好五千亩以上坝区优质耕地刻不容缓。一些地方、部分园区、产业集聚区缺乏项目支撑，土地利用效率不高，存在大量闲置土地；节约集约用地意识不强，搞宽马路、大广场、大绿地。一些地方缺乏统筹，产业布局和项目安排不尽合理，一边大量闲置土地 "晒太阳"，一边又要求新增建设用地。我省矿山数量多、规模小、布局散的格局还未改变，矿产资源综合利用率低，矿山生产技术装备总体水平低，综合回收率较低。矿业加工产业链短，矿产品多为原矿或粗加工产品，精加工产品较少。我们必须统筹国土资源开发与生态环境保护，严格规划管控和用途管制，找准保障发展与保护资源的结合点，推进国土资源的严格保护、合理利用和优化布局。

5）从矛盾积累情况看，防范和化解风险的意识和能力需要进一步增强。新常态下，我省经济增速换挡、下行压力加大，要素成本不断上升，财政收入增长放缓，与国土资源开发利用相关的各类隐性风险逐步显化，过度依赖"土地财政"和"资源经济"，进一步增加了化解政府债务和金融风险的难度。土地问题引发的社会矛盾进一步积累。地质灾害造成的人民生命财产损失和社会影响也在加大。为此，我们必须增强忧患意识，与有关部门和地方政府一道，共同建立各类风险的防范和化解机制，严防国土资源领域发生系统性风险。

6）从国土资源管理方式看，正在从侧重于行政手段向综合运用多重管理手段转变，处理好"放"与"管"的关系成为紧迫课题。过去，国土资源管理以行政手段为主，审批权过于集中，审批效率不高，管理的预见性、针对性和有效性不足。十八届三中全会提出，要发挥市场在资源配置中的决定性作用和更好发挥政府作用。国土资源管理方式正在发生重大变化，由重事前审批转向重事中事后监管，由注重微观管理转向加强和改善宏观调控，由偏重行政手段转向经济、法律、技术和必要的行政等手段的综合运用。审批事项虽然减少了，但坚守红线的责任更大了；审批权力下放了，但加强监管的任务更重了；调控方式转变了，但对依法管理依法行政的要求更高了。我们必须适应形势变化，处理好"放"与"管"的辩证关系，加快实现管理方式转变。

由此可见，新常态下的国土资源工作既面临严峻挑战，也面临难得机遇。直面挑战，破解难题，挑战可以变为机遇。我们要正确认识新常态、主动适应新常态，全力服务保障科学发展、尽职尽责保护国土资源、节约集约利用国土资源、尽心尽力维护群众权益，走出一条新常态下我省国土资源事业改革发展新路。

# 三、2015 年重点工作

2015 年是全面深化改革的关键之年，是全面推进依法治国的开局之年，是全面完成"十二五"规划的收官之年，也是做好国土资源工作的重要一年。新的一年，紧紧围绕全省经济社会发展大局和全国国土资源工作部署，以提高资源配置的质量和效益为中心，全力服务经济稳定增长、尽职尽责保护国土资源、节约集约利用国土资源、尽心尽力维护群众权益、全面推进改革创新、全面推进法治国土建设，着力从"保发展、护生态、转方式、惠民生、促改革、严管理"六个方面，大力实施国土资源管理改革、耕地保护质量提升、国土资源节约集约利用、地质找矿突破战略、地质灾害综合防治、国土资源督查六大行动，为全省经济社会持续健康发展提供有力保障和优质服务。

（1）保发展，全力服务经济稳定增长

1）保障科学发展合理用地。坚持争取增量、盘活存量，优化结构、把握时序、向山要地，统筹用好新增建设用地、城乡建设用地增减挂钩、工矿废弃地复垦利用、城镇低效用地再开发、农村土地综合整治等政策，继续重点保障"5个100"工程、工业"百千万"工程、交通建设、水利建设、"四在农家·美丽乡村"基础设施建设六项行动计划、贵安新区建设等项目用地需求。支持战略性新兴产业、文化、旅游、大医药、大健康、大数据等现代服务业发展，用足用好设施农业发展的特殊用地政策，促进现代农业健康发展。

2）增加矿产资源保障能力。开展"十三五"矿产资源规划编制，引领矿产资源勘查开发。继续实施地质找矿突破战略行动，全力推进第二阶段工作。做好第二批30个整装勘查项目成果备案，完成第三批15个整装勘查项目。着力推进3个基础性战略选区项目和25个整装勘查项目，切实做好常态化下的整装勘查项目部署和落实，努力实现地质找矿突破战略行动"246"计划第二阶段重大突破的目标任务。加快推进黔北页岩气综合勘查试验区建设，支持企业参与页岩气、煤层气勘查开发，切实落实今年页岩气的勘查开发目标。继续配合做好煤矿兼并重组工作。

3）调整完善土地利用总体规划。按照保护优先、统筹兼顾、突出重点、严把质量、注重实效、上下结合、充分衔接的原则，以第二次土地调查及年度变更调查成果为基础，指导市县做好土地利用总体规划中期评估，合理调整完善规划目标和控制指标，推进"三线"划定和"多规融合"、"多规合一"，优化用地结构和布局。省级规划调整完善方案在一季度前上报国土资源部，年底前全面完成地方各级土地规划调整完善工作。规划调整完善工作要切实做到"开门搞规划、实地搞规划"。

4）加强测绘地理信息工作。启动我省"十三五"测绘地理信息事业发展规划编制。全力以赴推进地理国情普查，确保高效优质按时完成各项普查任务，加强地理国情数据统计分析和开发应用，建立健全普查信息共享应用机制。大力推进"天地图·贵州"和数字城市建设与应用，积极支持"智慧城市"建设。完成0.2米高分辨率航空摄影，实现高分影像全省覆盖。推动国土测绘业务协作、军地测绘合作等方面共享融合发展。加强测绘地理信息应急保障能力建设。加强测绘地理信息统一监管，切实维护国家地理信息安全。

（2）护生态，严格规范保护国土资源

1）扎紧耕地保护的"篱笆"。大力推进永久基本农田划定工作，优先把千亩以上坝区、城镇周边、交通沿线、集中连片的优质耕地划为永久基本农田保护区。年内完成五千亩以上坝区、贵阳市域、其他县（市、区）城市周边、高速公路、铁路干线、已建成高标准基本农田的永久基本农田划定。结合农村土地确权登记颁证，同步推进永久基本农田"落地块、明责任、设标志、建表册、入图库"。严格落实耕地占补平衡制度。严格建设用地审批管理，实行耕地占一补一、先补后占、占优补优。加强地方政府耕地保护责任目标考核检查，配合做好地方政府领导干部耕地和基本农田保护离任审计。

2）强化耕地保护措施。实施耕地保护质量提升行动。从严控制非农建设占用坝区耕地，坚持"六个严禁"（严禁以调整土地利用总体规划为由改变五千亩以上坝区耕地用途；严禁在五千亩以上坝区设立城市新区和各类开发区、园区；严禁地方城市干道等线性工程通过五千亩以上坝区核心区；严禁在五千亩以上坝区耕地范围批准宅基地；严禁扩大五千亩以上坝区范围内现有建设用地规模；严禁在五千亩以上坝区开展有损农业综合生产能力的活动）和实行"三个不能"（不能占用万亩大坝耕地、不能占用五千亩以上大坝集中连片耕地、不能占用千亩坝子核心区耕地），加强土地综合整治和 19 个国家级高标准基本农田示范县建设。全面推进建设占用耕地剥离耕作层土壤再利用。组织编制"十三五"土地整治规划和高标准农田建设规划。探索构建耕地保护补偿激励机制，调动耕地保护主体的积极性。

3）大力推进生态国土建设。加强低丘缓坡土地开发利用中的自然生态保护。继续加大矿山地质环境恢复治理保护力度，督促矿山企业足额缴存、用好矿山环境治理恢复保证金。将全省兼并重组关闭煤矿纳入"矿山复绿"行动，实施 150 处矿山 7.5 万亩"矿山复绿"工程。加强地下水勘查管理与环境监测，做好地质遗迹保护，推进地质公园建设。开展资源环境承载力评价研究。加强岩溶地下水系统功能可持续利用研究。配合做好新一轮退耕还林还草工作。

（3）转方式，全面推进资源节约集约利用

1）建立节约集约利用制度。实施国土资源节约集约利用行动。研究制定我省关于推进国土资源节约集约利用的实施意见。加强建设用地批后全程监管，全面落实土地利用动态巡查制度。加强土地供应前期开发和土地储备融资管理研究，建立和完善土地收储制度，引导城乡提高土地利用强度。做好新一周期国土资源节约集约模范县市创建活动，示范引领国土资源节约集约利用。把资源节约集约利用情况纳入地方政府绩效目标考核。

2）大力推进节约集约用地。拓展城乡建设用地增减挂钩，推进工矿废弃地复垦利用和城镇低效用地再开发，盘活批而未供和闲置土地。规范大面积土地供应，防止圈地囤地。严格执行供地目录和土地使用标准，对高消耗、高污染的项目，严格限制或禁止土地供应。加强节地技术和模式的应用推广，推动土地立体开发、复合利用。推进城市和开发区节约集约用地评价，努力实现"十二五"单位 GDP 建设用地下降 30% 的目标。

3）加强矿产资源节约与综合利用。强化矿产资源勘查开发规划管控，严格执行勘查开发准入和退出制度，科学合理配置资源，调整矿区开发布局，大幅减少煤矿和砂石土矿山数量，完成 2015 年目标控制数。严格实施新的"三率"标准，从矿山设计、采矿权审批和矿山开发等环节严格开发利用要求。推进示范基地和绿色矿山建设，强化先进技术和新模式的推广应用。加强共伴生矿产综合开发利用。以转变资源利用方式，形成产业集聚，促进矿业产业转型升级。

（4）惠民生，尽心尽力维护好群众权益

1）着力加强地质灾害防治。实施地质灾害综合防治行动。完善地质灾害防治部门责任制度，落实地质灾害防治主体责任。加强汛期地质灾害防治，力争完成 238 所受地质灾害威胁学校综合治理，完成全省高速公路沿线地质灾害隐患排查。开展主要城镇、人口密集区、交通干线和重点旅游区地质灾害综合治理。加强群测群防，继续开展高标准"十有县"建设，全面开展隐患点汛前排查、汛中巡查、汛后复查。强化地质灾害监测预警，完善应急预案，全省所有地质灾害隐患点应急演练实现全覆盖。争取将贵州纳入全国地质灾害综合防治体系建设重点省份。组建省级地质灾害应急技术指导中心，提升地质灾害应急处置技术支撑和决策服务水平。

2）维护群众合法权益。巩固维护被征地农民合法权益专项整治成果。完善征地审批、实施、补偿、安置、争议调处裁决机制，加大征地信息公开力度，合理提高征地补偿标准，保障农民土地权益。严格查处侵占被征地农民合法权益案件。高度重视信访工作，积极解决群众合法利益诉求，凡因征地造成重大群体性事件、严重影响社会和谐稳定的，将严格追究责任，停止建设用地审批。完成51个万亩大坝农民宅基地集中建设规划编制。棚户区改造、保障性安居工程、农村宅基地、养老服务业发展等民生用地，实行应保尽保。

3）加大扶贫开发支持力度。围绕省委、省政府扶贫开发工作部署，加大乌蒙山、武陵山、滇桂黔石漠化三大集中连片地区扶贫攻坚支持力度，重点在用地保障、土地整治、地质调查、矿产开发、地灾防治、地质环境保护等方面给予支持，落实好国土资源部《支持乌蒙山片区区域发展与扶贫攻坚的若干意见》，争取把各项支持政策项目化、资金化、实物化。对集中连片特困地区，以及纳入国家相关规划的生态和地灾移民搬迁等地区，探索增减挂钩节余指标在全省范围内使用。

（5）促改革，全面推进国土资源管理改革行动

1）深化矿产资源配置体制改革。探索建立矿产资源储备制度，起草《贵州省矿产资源储备暂行规定》。开展第二批"四个一体化"重点项目矿产资源保障专项规划编制。探索推进以招标方式出让一类矿产探矿权，以挂牌方式出让二、三类矿产探矿权或采矿权。矿业权招拍挂出让统一进入公共资源交易平台交易。开展已配置矿产资源的调查评价。

2）稳妥推进城乡统一用地市场改革。扎实做好农村集体经营性建设用地入市国家级试点。探索研究被征地农民的农业安置、社会保险、培训就业、留地安置等多途径安置方式。推进农村房地一体调查的精细化确权登记发证试点。推动城乡建设用地增减挂钩节余指标省域内流转，统筹连片特困地区发展和生态移民搬迁，促进山地城镇化和示范小城镇建设。

3）稳步推进自然资源资产产权制度改革。加强"贵州省生态文明先行区建设自然资源管理制度"课题研究，力争年内形成自然资源资产产权管理制度、"三线"划设技术与生产生活生态空间划分、自然资源用途管制制度3项中间成果。

4）全力推进不动产统一登记改革。开展省级不动产登记地方法规立法前期准备工作，完成省不动产登记局挂牌，组建省不动产登记中心。指导市县两级政府加快职责整合，启动不动产统一登记信息平台建设前期工作，争取建立不动产统一登记窗口。

5）积极推进行政审批制度改革。承接好上级下放的行政审批事项，认真研究加强放管结合的具体办法。全面推行并联审批，指导地方基层把下放的权力接住用好。继续清理行政审批服务事项，编制行政审批服务事项现场办结目录。进一步优化办事流程，推动流程再造，明确各环节职责要求，规范行政自由裁量权，推动行政审批标准化和精细化。

（6）严管理，全面推进法治国土建设

1）着力加强制度建设。高度关注国家层面国土资源领域立法工作，加快我省土地管理、基本农田保护、土地登记、测绘等地方性法规、规章修订研究工作。积极开展《贵州省土地利用规划条例》前期立法调研论证。健全我省国土资源管理制度体系，统筹推进

立、改、废，积极调研坝区耕地保护、土地规划管理、耕作层剥离、集约节约利用资源以及矿产资源勘查、开发、储备等工作，适时出台一批规范性文件。

2）着力规范依法行政。坚持法定职责必须为、法无授权不可为，严格按法律和行政法规授权履行职责，探索建立权力清单和责任清单制度，明确权力责任边界，规范行政权力运行。严格落实国土资源重大事项集体决策制度，充分发挥国土资源法律顾问的作用。建立国土资源行政决策效益评价和责任追究制度，对定期决策的执行情况和社会效果进行跟踪、调查、反馈和评价，并针对决策实施过程中存在的问题适时进行调整和完善。加强和完善行政复议、应诉和征地补偿安置争议裁决工作。加强政务信息公开，自觉接受人大、政协、舆论和社会公众监督，保障权力规范运行。

3）着力严格执法监管。做好 2015 年土地矿产卫片执法监督检查，对违法较严重、工作不力地区，继续采取"双约谈"、"多约谈"等方式警示，对违法违规问题重典问责，挂牌督办一批违法典型案件。全面推广运用国土资源执法监管系统，对国土资源违法行为"发现在初始，解决在萌芽"。认真巡查监管坝区耕地和生态保护，对违法占用永久基本农田的用重典。规范设施农业用地管理，严防打着设施农业用地的幌子，搞房地产开发、餐饮娱乐服务等从事非农建设，对违法违规问题动真碰硬，坚决禁止耕地"非农化"。制订破坏耕地鉴定工作指导意见。探索明晰矿业权非法转让案件查处政策和矿山越界开采监管办法。加强全省国土资源执法监察队伍建设，权限下放、重心下移、加强基层力量。

4）着力营造良好法治环境。加强普法教育，做好"六五"普查检查验收，谋划"七五"普法部署。深入开展资源国情省情教育和国土资源基本法律知识普及，形成与社会公众的良性互动，健全依法维权和纠纷化解机制，强化法律在维护群众权益、化解矛盾中的权威地位，引导群众增强法治国土观念，形成"办事依法、遇事找法、解决问题用法"的良好氛围。

5）着力拓展信息化建设应用。充分利用云计算、大数据等先进理念和技术方法，完善全省国土资源信息化技术架构，开展贵州省"国土资源云"建设研究。拓展全省国土资源"一张图"、地理信息"天地图"等数据共享应用。加强政务内网、业务网、互联网运行管理，完善网络与安全保障体系。强化业务逻辑分析，建立健全数据资源、行政管理、业务监管、公共服务四个应用与服务体系，省市县乡四级应用全覆盖。

6）着力强化督促检查。开展国土资源督查行动。建立完善统筹协调、分级负责、协同配合、动态管理的督查工作长效机制。围绕全省国土资源"保发展、护生态、转方式、惠民生、促改革、严管理"的重大决策部署和政策措施落实情况，以建设用地保障、地质找矿突破、坝区耕地保护、耕作层剥离、土地规划调整完善、砂石矿开发管理等工作为重点开展督查。通过督查促进落实、摸清情况、发现问题、转变作风，着力解决好工作落实"中梗阻"和"最后一千米"问题，确保各项决策部署落到实处、取得实效。把重点工作完成情况纳入绩效考核，督查结果将作为对领导班子评价和干部使用的重要依据。

认真做好安全生产、国安保密、社会稳定、档案管理、计划生育、对口帮扶等专项工作。

# 四、加强自身建设

1）从严要求，践行"三严三实"推进作风建设。按照"三严三实"要求，围绕建设学习型、服务型、创新型党组织的目标，突出作风建设这一重点，扎实推进党的思想建设、组织建设和制度建设，不断提高机关党建科学化水平。认真贯彻中央和省委关于党要管党、从严治党的决策部署及有关要求，深入学习习近平总书记系列重要讲话精神，加强党纪党规、法治及道德教育，坚决执行党员干部"十严禁"、"十不准"，不断增强党员干部思想政治素质。进一步巩固和拓展教育实践活动成果，持续用力、扎实深入抓好整改工作。始终坚持问题导向，深化"四风"整治及各项专项整治工作，继续推进落实中央八项规定和省委十项规定，坚决遏制四风反弹，促进机关作风进一步转变。进一步严格党内政治生活，认真执行"三会一课"等党内生活制度，用好批评和自我批评武器，增强党内政治生活的政治性、原则性和战斗性。抓好同步小康驻村工作，不断取得联系服务群众的新成效。

2）落实责任，切实抓好党风廉政建设和反腐败工作。认真落实党组（党委）的主体责任和纪检组的监督责任，切实履行"一岗双责"，实施"一案双查"，正风肃纪，高压反腐，实行责任分解、监督检查、责任倒查，确保有案必查、有责必问。抓好防范，加强警示、廉政、勤政教育。按照国土资源部统一部署，开展土地管理和矿产资源领域专项整治行动，加大整改查处力度、监督管理力度和改革创新力度，建立健全标本兼治的长效机制。强化监督执纪问责，加强明察暗访，在全省国土资源系统把歪风邪气强力压下去，把清风正气真正树起来，坚定不移推进党风廉政建设和反腐斗争。

3）围绕中心，着力服务大局加强干部队伍建设。深入贯彻落实新修订的《党政领导干部选拔任用工作条例》，坚持党管干部等原则，继续深化干部人事制度改革，从严管理监督干部，加大干部交流和培训力度，严把选人用人关，坚决防止干部"带病提拔"，努力营造风清气正的政治生态环境。认真开展"三严三实"专题教育，扎实推进领导班子和干部队伍建设。充分发挥市、县级国土资源局党组在选人用人上的把关作用，从严选拔和管理干部，严禁超编制、超职数、超规格配备干部。开展省以下国土资源干部管理体制改革探索。加强人才队伍建设，做好离退休干部服务管理工作。

同志们，做好新常态下国土资源工作，使命光荣，责任重大。我们要认真贯彻落实省委、省政府的各项决策部署，凝心聚力、攻坚克难、改革创新，全力做好全省国土资源各项工作任务，努力在今年工作中取得更好的成绩！

## 2016：树立新理念　坚定守底线　全面提高国土资源供给质量和效率
### ——在 2016 年全省国土资源工作会议上的报告

朱立军

（2016 年 1 月 18 日）

同志们：

这次会议的主要任务是，以党的十八大和十八届三中、四中、五中全会，省委十一届六次全会精神为指导，认真贯彻中央经济工作、全省经济工作、全省扶贫工作和全国国土资源工作等会议精神，深刻分析当前经济社会发展形势，总结"十二五"工作，谋划"十三五"工作思路，部署 2016 年工作。下面，我代表厅党组做工作报告。

# 一、2015 年工作总结和"十二五"时期工作回顾

2015 年是"十二五"收官之年，全省国土资源系统认真贯彻党中央、国务院和省委、省政府的决策部署，围绕中心、服务大局、攻坚克难、积极作为，全面完成了 2015 年各项目标任务，各方面工作取得了新进展。

（1）全力以赴保发展

2015 年，在国家严控总量的情况下，一次性下达我省新增建设用地计划 20.9 万亩，同比增长 19.42%，增幅全国第一。安排城乡建设用地增减挂钩指标 2.3 万亩，工矿废弃地指标 1500 亩，有力保障了重点项目、民生工程等用地需求。全省获批建设用地 599 宗 22.48 万亩，国有建设用地供应 23.18 万亩。土地利用总体规划调整完善稳步推进，争取到国土资源部对我省耕地保有量、基本农田保护面积指标双核减，建设用地规模指标较大增加的"两减一增"最大支持。完成资源环境承载力评价研究，形成我省调整完善相关指标测算及分配方案。完成第二轮矿产资源规划实施评估和第三轮矿产资源规划大纲编制，完成页岩气、煤层气、地热能勘查开发规划编制。找矿突破战略行动"246"计划获重大突破，第一、二批整装勘查成果储量评审备案和第三批 15 个整装勘查项目全面完成，整装勘查战略选区项目取得成效。黔北页岩气综合勘查试验区建设积极推进，探索部、省、企业协作开展页岩气勘查模式在正安获得初步效果。黔北安页 1 号井在志留系石牛栏组灰岩获得高产天然气，平均日产量达到 9.5 万立方，实现了在复杂构造区海相地层天然气调查的重大突破。

（2）尽职尽责护生态

推进永久基本农田划定，结合规划调整完善，优先把千亩以上坝区、城镇周边、交通沿线、集中连片的优质耕地划为永久基本农田保护区，完成贵阳市中心城区 31% 的划定任务以及五千亩以上坝区耕地保护生态红线划定工作。严格执行"六个严禁"和实行"三个不能"，加强坝区优质耕地保护，核减占用坝区耕地面积 2.8 万亩。严格占补平衡台账管理，落实"先补后占""占优补优"要求。实施土地整治和高标准基本农田建设，完成

土地整治 38 万亩，建成高标准基本农田 152 万亩。全面实施建设占用耕地耕作层剥离再利用工程，《人民日报》（2015 年 7 月 27 日）头版进行了专题报道。强化矿山地质环境恢复治理主体责任，修订《贵州省地质灾害和矿山地质环境治理恢复保证金管理办法》，对地质环境治理恢复保证金实行动态管理。完成 150 处 7.5 万亩"矿山复绿"工程。完成贵阳、遵义等 6 幅 1：5 万水文地质编图工作。加强地下水勘查管理，争取到国家地下水监测点 218 处，建设经费 1967.7 万元。推进织金县珠藏矿山环境治理示范项目和龙洞堡机场周边环境整治。启动全省重点保护古生物化石登记工作，完成《贵州省古生物化石保护规划（2014—2025 年）》。织金洞国家地质公园成功申报世界地质公园，填补了贵州没有世界地质公园的空白。

（3）多措并举转方式

通过结构调整、国土资源利用方式转变，促进我省经济发展方式转变，全面落实土地利用动态巡查制度，实现建设用地供后开发利用全程监管。加大对专项督察发现的 2009～2013 年闲置土地处置力度，处置 1.3 万亩闲置土地。推进国土资源节约集约模范县市创建活动，认真组织云岩区、七星关区、福泉市申报国家级节约集约模范县（市）。开展 13 个城市节约集约用地评价。14 个开发区节约集约用地评价通过国土资源部验收。科学合理配置资源，调整矿区开发布局，配合做好煤矿兼并重组，办理兼并重组报件 5423 件，审查批复兼并重组实施方案 106 家，注销兼并重组煤矿采矿许可证 60 个。大力推进砂石土矿山整顿关闭工作，砂石土矿山数量从 5677 个减少到 2780 个，提前完成省政府下达的目标任务。严格执行国家新"三率"标准，从矿山设计、采矿权审批和矿山开发等环节严格开发利用要求。推进示范基地和绿色矿山建设，开阳磷矿矿产资源节约与综合利用示范基地通过验收。

（4）尽心尽力惠民生

启动实施地质灾害三年综合治理行动计划。出台《贵州省地质灾害防治工作部门责任制度》，构建"横到边、纵到底"责任体系。成功避让地质灾害 26 起，避免 3974 人伤亡和 4405 万元财产损失，完成 238 所受地质灾害威胁学校综合治理，实施 26 处国家特大型地质灾害防治项目。完成全省威胁 100 人及以上重大地质灾害隐患调查核实工作。开展全省矿区地质灾害调查评价工作。加强汛期地质灾害气象预警预报，实现地质灾害演练全覆盖。成立省级地质灾害应急技术指导中心。开展加强土地征收管理维护被征地农民合法权益专项行动，受理信访举报 288 件、325 人次，办结 245 件，没有发生因征地引起的严重影响社会和谐稳定的群体性事件。完成 51 个万亩大坝农民宅基地集中建设规划编制工作。棚户区改造、保障性安居工程、农村宅基地、养老服务业发展等民生用地需求实现应保尽保。加大扶贫开发支持力度，围绕省委、省政府扶贫开发工作部署，批准三大连片特困地区建设用地 386 宗 11.8 万亩，安排土地整治项目 115 个，整装勘查项目 45 个，地质环境治理项目 25 个。积极探索推进城乡建设用地增减挂钩节余指标在全省范围内使用。

（5）积极稳妥促改革

全面推进矿业权招拍挂出让制度，移送到省公共资源交易中心的 210 个拟出让探矿权已经进入挂牌程序。稳妥推进城乡统一用地市场改革，全国农村集体经营性建设用地"入市第一槌"在湄潭敲响，构建了就地入市"湄潭模式"，积极探索易地入市办法。自然资源资产产权制度调研取得阶段性成果，提出"三线"划定的技术方法。加快推进不动产统一登记改革，实现不动产登记局和登记中心双配置，在全国率先完成不动产统一登记职责机构整合。7月1日，遵义市、余庆县、湄潭县等6个部、省联系点同步颁发全省第一批不动产权证书。截至年底，1/3的地级市、30%的县颁发了新证，特别是贵阳市率先实现全市范围颁发新证。完成国土资源部确定的煤矿矿业权审批制度改革试点目标。积极推进行政审批制度改革，进一步清理权力清单和责任清单，调整后共有69项，比2014年109项减少40项，减少比例达36.69%。依托全省国土资源电子政务平台和"一张图"核心数据库，全面推行省市县三级网上并联审批，实行限时办结超时默认制度。

（6）转变作风严管理

坚持问题导向，把"三严三实"专题教育与落实全面从严治党紧密结合，与学习贯彻新修订的廉洁自律准则和纪律处分条例相结合，与用正反两面典型深化效果相结合，用"严"的要求和"实"的作风抓好整改，持续落实中央"八项规定"和省委"十项规定"精神，持之以恒纠正"四风"，推进作风建设常态化、长效化，2015年7月，厅党组被评为"全省机关企事业单位党建工作先进党组"。坚持依法行政，严格执行规范性文件的合法性审查及报告、备案制度，修订行政复议行政应诉案件办理工作规则，办理行政复议案件30件，行政应诉案件12件。加大信息公开力度，公开建设用地批复1500余件。完成2015年土地矿产卫片执法监督检查工作，对违法较严重、工作不力地区，采取"双约谈""多约谈"等方式警示，对违法违规问题重典问责。开展资源国情省情教育和国土资源基本法律知识普及。实施国土资源督查行动，通过督查摸清情况、发现问题、促进落实、转变作风，确保各项重大工作部署落到实处、取得实效。

（7）建大数据强基础

全省测绘地理信息保障能力明显增强，第一次全国地理国情普查取得阶段成果，提前完成国家汇交，质量优良品率100%。高分辨率卫星遥感影像首次实现全覆盖，数字正射影像、高程模型、地表覆盖和国情要素、元数据等地理信息数据达13T。"天地图·贵州"省级节点完成服务发布，实现国家级、省级服务聚合。数字贵阳、遵义、毕节完成省级验收，数字贞丰、瓮安县级试点获批立项。0.2米高分辨率航空摄影有序推进，完成5.5万平方公里航摄任务。国土资源信息化建设取得新进展，初步构建国土资源大数据，形成"国土资源云"平台。

过去的一年，国土资源工作从"保发展、护生态、转方式、惠民生、促改革、严管理、强基础"七个方面，为全省经济社会持续健康发展提供了有力保障和优质服务，保障能力和服务水平进一步提升。

"十二五"时期，是我省综合实力提升最快、基础设施变化最大、发展活力最足、生态建设成效最好、人民得到实惠最多的时期，实现了后发赶超的历史性突破。在这伟大的历史性阶段，全省国土资源系统在省委省政府的坚强领导下，紧紧围绕全省经济社会发展大局，努力适应经济发展新常态，坚决守住发展和生态两条底线，顽强拼搏、锐意进取，切实落实"六个坚持"：一是坚持把保障科学发展作为国土资源工作第一要务；二是坚持把保护资源作为国土资源工作第一职责；三是坚持把节约集约利用资源作为促进发展方式转变的重要抓手；四是坚持把改革创新作为国土资源工作根本动力；五是坚持把维护群众权益作为国土资源工作根本出发点和落脚点；六是坚持把转变作风、提高效能作为国土资源工作根本要求。全省国土资源工作呈现出"保障有力、保护有效、维权惠民、秩序向好、改革深化、作风改进、基础加强"的良好态势，初步走出一条既符合中央和部省要求，又适应贵州资源省情和时代要求的国土资源工作之路。在全国国土资源领域形成了一些特色和亮点，实现"七个率先"：一是率先提出创新土地利用方式，开展"向山要地"；二是率先在全省范围内全面推进耕作层剥离再利用；三是率先完成全省重点地区重大地质灾害隐患详细调查，建成省级地质灾害监测预报与决策支持平台；四是率先完成全省页岩气资源调查评价；五是率先全面推进矿产资源配置体制改革，全面推行矿业权招拍挂制度；六是率先完成不动产统一登记职责机构整合；七是率先实现全省国土资源"一张图"管地管矿防地灾。

同志们，成绩来之不易，是省委省政府的坚强领导和国土资源部的关心指导的结果，是地方市（州）、县（市）等各级党委、政府及相关部门大力支持的结果，是全省国土资源系统广大干部职工不懈努力的结果。谨此，我代表厅党组，向地方各级党委政府、有关部门和社会各界对国土资源工作的关心、支持，表示衷心的感谢！向全省国土资源系统广大干部职工致以亲切问候和崇高敬意！

在充分肯定成绩的同时，我们要清醒地看到存在的问题和不足，主要是：土地资源利用粗放，节约集约用地意识不强；矿产资源规模化、集约化程度低，资源配置缺乏统筹规划，市场化程度不高；矿产资源综合利用率、回收率低，矿业加工产业链短；耕地保护形势严峻，坝区耕地减少较快；国土资源基础工作薄弱，地质工作程度低；地质灾害点多面广、易发多发防治压力持续加大；基础测绘和测绘地理信息体制机制建设相对滞后；围绕中心、服务大局的能力还不够强，服务水平还不够高，思想僵化、思维惯性、路径依赖还不同程度存在，工作中不敢干、不想干、不会干问题不断暴露，腐败易发多发仍然是我们面临的最大风险。这些问题固然有我省特殊资源省情、特定发展阶段的背景，但主要与我们思想认识不到位、管理能力不适应、改革创新跟不上有关。我们要正视这些问题，采取切实措施加以解决。

## 二、"十三五"时期总体思路和2016年重点工作

"十三五"时期是我省脱贫攻坚、同步小康的决胜时期，也是全省国土资源系统可以大有作为、必须奋发有为的发展机遇期。我们要适应把握经济发展新常态，以创新、协调、绿色、开放、共享五大发展理念引领行动，坚守发展和生态两条底线，坚持国土资源工作基本定位，以大扶贫、大数据两大战略行动统领国土资源工作，及时调整国土资源工作着力点。按照去产能、去库存、去杠杆、降成本、补短板任务要求，切实推进国土资源供给侧结构性改革，转变国土资源管理职能，创新国土资源管理方式，强化国土资源保护与合理利用，加快国土资源体制机制改革，打造资源领域合作新平台，全面提高国土资源

供给质量和效率。

2016年是"十三五"开局之年，是脱贫攻坚进入决战决胜的第一年，也是做好国土资源工作助推脱贫攻坚的发力之年。新的一年，国土资源工作要以国土资源大扶贫、大数据两大战略行动为统领，以国土资源管理改革、耕地保护质量提升、国土资源节约集约利用、地质找矿突破战略、地质灾害综合防治、测绘地理信息保障能力提升、国土资源督查七大行动为平台和抓手，努力为我省实现"十三五"时期经济社会发展的良好开局提供有力支撑和优质服务。

（1）全面提升国土资源保障能力。

1）构建国土资源规划体系。编制实施《贵州省国土资源"十三五"规划纲要》，调整完善《贵州省土地利用总体规划（2006—2020年）》，构建《贵州省国土资源"十三五"规划纲要》《贵州省土地利用总体规划（2006—2020年）》《贵州省"十三五"土地整治规划》《贵州省第三轮矿产资源规划》等"一总九专"规划体系。建设"多规融合"信息化平台，制定"多规融合"信息化平台数据入库标准。

2）保障项目用地需求。坚持规划管控、争取增量、盘活存量、优化结构、把握时序、向山要地，统筹用好城乡建设用地增减挂钩、工矿废弃地复垦利用、城镇低效用地再开发、农村土地综合整治等政策，重点保障"5个100"工程、工业"百千万"工程、"四在农家·美丽乡村"基础设施建设和易地扶贫搬迁等重大工程、民生工程、扶贫项目建设用地需求。对"1+7"国家级开发创新平台单列用地计划指标。建立城镇建设用地新增指标与农村转移人口落户数量挂钩机制。

3）加强地质找矿工作。继续实施地质找矿突破战略行动，将行动工作重心从前阶段的基础性、风险性地质勘查工作，调整到现阶段重突破、求储量的目标上来，完成前阶段评估工作。加快对整装勘查空白区探矿权向社会公开出让，引导社会资金成为找矿突破的主力。加快黔北页岩气综合勘查试验区建设，加大第二轮页岩气区块勘查开发投入，支持帮助企业参与第三轮页岩气区块竞争性出让。完成14幅1：5万水文地质编图。

（2）全力推进国土资源惠民利民。

1）倾力聚智脱贫攻坚。实施国土资源大扶贫战略行动，全力支持脱贫攻坚。新增建设用地指标优先保障扶贫开发用地需要，对国家扶贫开发重点县新增用地计划，从2016年起，指标由每年300亩增加到600亩。流转1700亩增减挂钩指标，敲响易地扶贫搬迁"第一槌"。制定建设用地增减挂钩土地收益用于易地扶贫搬迁指导意见和实施办法，构建省级增减挂钩指标流转平台，促进增减挂钩指标在省域范围内流转。土地综合整治、高标准基本农田建设资金和项目优先安排贫困地区，为10万就地脱贫人口每人整治1亩优质耕地，新增高标准农田207万亩。支持贫困地区根据第二次土地调查及最新年度变更调查成果，调整完善土地利用总体规划。探索建立矿产资源开发扶贫新机制。加大对贫困地区地质勘查投入，开展织金地区磷块岩型稀土矿资源综合利用研究等16个公益性、基础性研究项目。加快推进贫困地区不动产统一登记，显化贫困群众的不动产收入，为盘活资源资产、脱贫攻坚和贫困地区国土资源"三变"打好基础。选择有条件的贫困地区开展国土资源管理制度改革试点。

2）强化地质灾害防治。以三年综合治理行动计划为抓手，实施地质灾害综合防治行动。开展全省学校、城市、农村、重点旅游景区、威宁赫章地震带等重点地区地质灾害隐患综合治理，基本消除1266处地质灾害隐患点，使50余万人免受地质灾害威胁。落实地质灾害应急值守，强化地质灾害巡查、排查、复查。做好特大型地质灾害防治项目储备和申报工作，积极争取将我省纳入全国地质灾害综合防治体系建设重点省份。加强地质灾害防治工程项目管理，建立省级项目储备库。加大矿山复绿力度，提高矿山环境恢复保证金使用效率。全面实施已关闭煤矿、砂石矿山环境治理，消除"老账"。完成织金县珠藏镇织河煤矿片区矿山地质环境治理示范工程。积极申报兴义三叠纪世界地质公园，积极争取兴义、赤水丹霞、黔东南苗岭等国家地质公园地质遗迹保护项目资金。创新地质公园交流合作新机制。

3）巩固拓展不动产登记改革成果。加快我省不动产统一登记条例及配套政策的起草研究工作。建立全省统一的登记标准、规范，指导各地有序推进不动产登记业务。按照不动产统一登记政务专用云标准，建设全省统一的不动产登记信息平台，年底前上线试运行。市、县两级重点整合登记资源，深度融合不动产登记业务，全面完成窗口建设、档案接收。抓紧补齐城乡不动产权籍调查短板。上半年实现全省颁发不动产权证书。

（3）着力推进资源保护和节约集约利用。

1）坚持最严格的耕地保护制度。继续实施耕地保护与质量提升行动，全面完成永久基本农田划定。结合农村土地确权登记颁证，同步推进永久基本农田"落地块、明责任、设标志、建表册、入图库"，年底前完成报部备案。探索改革土地整治项目管理方式，推进农村土地综合整治和高标准农田建设。落实"先补后占"、"占优补优"的占补平衡要求，完善新增耕地指标管理。完成年度耕地质量更新评价和监测工作。开展耕地质量地球化学调查。

2）节约集约用地用矿。继续实施国土资源节约集约利用行动。完成单位GDP建设用地下降目标考核与评估工作。加强建设用地批后监管和动态巡查。调整建设用地结构，开展历史遗留工矿废弃地复垦利用、城镇低效用地再开发和低丘缓坡荒滩等未利用地开发利用试点。对"跑马圈地"企业进行全面清理。加强矿产资源节约集约和综合开发利用，严格执行新"三率"标准。促进"两泉"集约开发。建立矿产资源开发利用方案、土地复垦方案和矿山环境恢复治理方案"三案合一"制度，加强绿色和谐矿区建设、发展绿色矿业。

（4）全面深化国土资源领域改革。

继续实施国土资源管理改革行动。深化矿产资源配置体制改革，改进完善矿业权招拍挂制度，制定实施矿产资源市场化配置交易规则。探索建立矿产资源储备制度。探索构建省级土地储备开发利用市场运作平台，研究制定《贵州省土地储备管理办法》，完善土地租赁、转让、抵押二级市场，开展低效土地二次开发利用。深入推进湄潭县农村集体经营性建设用地入市改革，促进城乡要素平等交换和国土资源均衡配置。推进集体建设用地交易、城乡建设用地统一市场改革。研究制定自然资源统一确权登记试点方案、全民所有自然资源资产有偿出让制度实施方案。划定耕地保护生态红线。

（5）加强基础能力建设。

1）整合数据"构库""建云"。实施国土资源大数据战略行动，以贵州省国土资源"一张图"、基础地理数据库为基础，统筹推进国家"国土资源云"贵州中心和贵州"国土资源云"平台建设。推进全省地政、矿政、地灾防治、基础地理信息、国土资源扶贫信息、不动产统一登记等六大数据库建设，建设完善不动产统一登记、地理空间信息、国土资源大扶贫、地理国情监测系统等"四大应用平台"。按国土资源云方式改建电子政务系统，年内迁至云上贵州运行。启动智慧矿山业态建设。整合各级各类数据，实现国土资源大数据开放共享、关联与挖掘分析，促进国土资源大数据的广泛应用与增值服务。加强国土资源数据安全保障，防止数据泄露、破坏。充分发挥科学技术在国土资源工作中的基础和引领作用，切实加强国土资源宣传工作。

2）提升测绘地理信息保障能力。实施测绘地理信息保障能力提升行动。建立全省现代化测绘基准体系，完成89个全球卫星导航定位基准站建设。开展多时相、多尺度、多种类航空航天遥感影像统筹获取。完成市州级数字城市地理空间框架建设，推进县级建设试点。充分利用地理空间框架建设成果，加快推进智慧城市建设。完成地理国情普查工作，发布普查成果。开展地理国情监测试点。加强基础测绘项目管理，建立基础测绘项目库、专家库，出台基础测绘项目管理办法。开展测绘资质单位信用信息征集，加强测绘地理信息项目备案、成果汇交和互联网地图监管。完善测绘地理信息成果管理、共享机制。加强测绘地理信息应急保障能力和技术装备建设。

（6）全面推进法治国土建设。

1）依法行政规范管理。制定实施《依法行政规划（2016—2020年)》和年度计划。加快我省土地管理、基本农田保护、不动产登记、测绘等地方性法规、规章修订研究工作。坚持法定职责必须为、法无授权不可为，严格按法律和行政法规授权履行职责，坚持国土资源重大事项集体决策制度，规范行政权力运行。做好厅发规范性文件的清理及合法性审查、登记、备案工作。加强改革配套制度措施制定工作，完善土地、矿产资源、测绘管理制度体系。建立勘查开采信息公示制度。抓好行政复议、行政应诉及信息公开工作。

2）严格执法加强监管。做好年度土地矿产卫片执法监督检查，加强5000亩以上坝区耕地动态巡查和监管。挂牌督办和公开通报违法典型案件，特别是对违法占用坝区耕地、不符合产业政策要求、造成生态严重破坏等典型案件重典问责。督促各地制定行政处罚自由裁量权适用标准。推广运用执法监察监管系统和信访网上办件系统。探索越界采矿监管方式和手段。

# 三、坚持作风建设、提高能力水平

习近平总书记在上周召开的十八届中纪委六次全会上发表重要讲话强调："坚持坚持再坚持，把作风建设抓到底"。党中央、国务院对国土资源工作的要求已十分明确，国土资源部、省委、省政府对"十三五"时期和今年的工作已作出全面部署，任务艰巨、责任重大、使命光荣。能否适应、把握新常态，把"十三五"时期，特别是今年这个开局之年国土资源各项工作抓好、抓出成效，是对我们作风和能力的重大考验。我们要按照习近平总书记的要求，坚持不懈狠抓作风建设，通过提高全省国土资源系统各级领导干部的能力和水平，全面提高我省国土资源供给质量和效率。

一要提高服务大局的能力。不谋全局者，不足以谋一域。我们在总结"十二五"时期我省国土资源工作的成就和经验时，有一个很深切的体会和重要的启示，就是必须坚持把国土资源工作放到经济社会发展的大局中去谋划、去定位，在服务经济社会发展过程中不断夯实国土资源事业发展的基础，在推动经济社会持续健康发展中不断提高国土资源管理能力和水平。我省国土资源工作既要把握全省经济社会发展大局，又要领会党中央、国务院对国土资源工作的指示要求和国土资源部的工作部署。厅党组已经明确了我省国土资源工作在全省经济社会发展大局中的定位，提出了六大重点工作和"2+7"行动计划，厅机关各处（室、局、中心）和厅直属事业单位也要找准各自的位置，抓住主要矛盾和关键环节，突出工作重点。市（州）和县（市、区）各级国土资源部门，要紧紧围绕全省国土资源工作和地方经济社会发展大局，把厅党组的要求与当地党委政府中心工作紧密结合起来，抓住重点，在当地党委政府领导下，创造性地开展工作。

二要提高精准管理的能力。抓工作，抓而不紧，等于不抓；抓而不准，事倍功半，甚至功亏一篑。今年，全省国土资源工作任务繁重艰巨，只有抓紧、抓实、抓准才能确保完成。因此，我们要树立精准管理理念，采用精准管理办法，提高精准管理能力。开展国土资源督查行动，对重点工作目标任务实行挂图作战、台账式督办；把任务落实到每一个环节、每一个部门、每一个责任人、每一个时间节点、每一个地块位置、每一个贫困人口。对增减挂钩政策用于易地扶贫搬迁项目、地质灾害治理项目、土地整治项目等各类项目要做到：项目选点精准、项目设计精准、项目实施精准、资金使用精准、责任到人精准、项目成效精准"六个精准"。要充分利用国土资源大数据成果和"国土资源云"平台，构建国土资源精准管理信息技术支撑体系。

三要提高拒腐倡廉能力。当前，国土资源领域反腐败斗争形势仍然严峻复杂。腐败问题仍然是我们面临的最大风险，"土地、矿产开发领域腐败易发多发"仍是我们的一个痛结。我们要认真学习、切实贯彻中纪委六次全会精神，特别是习近平总书记重要讲话精神，切实在提高拒腐倡廉能力上下功夫。尊崇党章，严格执行廉洁自律准则和纪律处分条例，严格遵守中央"八项规定"和省委"十项规定"，严格落实"三严三实"，坚持不懈狠抓作风建设，加强党性修养，弘扬中华优秀传统文化，切实做到廉洁修身、廉洁齐家。加强对基层国土资源部门的管理和严格要求，认真纠正和严肃查处群众身边的国土资源执法不公和腐败问题，保持国土资源领域反腐败高压态势。

同志们，做好新常态下国土资源工作，使命光荣，责任重大。我们要认真贯彻落实省委、省政府的各项决策部署，以新的发展理念，引领国土资源工作发展，为我省脱贫攻坚、同步小康作出新的更大贡献！

## 2017年：坚持稳中求进　突出改革创新　奋力推动全省国土资源工作再上新台阶
### ——在2017年全省国土资源工作会议上的报告
#### 朱立军
#### （2017年2月27日）

同志们：

这次会议的主要任务是，深入学习贯彻落实党的十八大和十八届三中、四中、五中、六中全会以及中央经济工作会议精神，全面落实全国国土资源工作会议、全省经济工作会议等各项工作安排部署，认真总结2016年全省国土资源工作，安排部署2017年全省国土资源重点工作和主要任务。省政府对开好这次会议高度重视，钟勉副省长亲自出席会议并将作重要讲话。我们要认真学习领会，抓好贯彻落实。下面，我代表厅党组做工作报告。

## 一、2016年国土资源工作实现"十三五"良好开局

过去一年，在省委、省政府的坚强领导下，全省国土资源系统认真学习贯彻落实习近平总书记系列重要讲话精神特别是对贵州的重要指示要求，坚决落实省委、省政府和国土资源部各项决策部署，主动适应经济发展新常态，认真贯彻新发展理念，牢牢守住发展和生态两条底线，以国土资源大扶贫、大数据两大战略行动为统领，深入实施国土资源管理改革、耕地质量保护与提升、国土资源节约集约利用、地质找矿突破战略、地质灾害综合防治、测绘地理信息保障能力提升、国土资源督查七大行动，全面提高国土资源供给质量和效益，全省国土资源工作呈现出"保障有力、保护有效、扶贫显效、改革深化、基础加强、作风改进"的良好发展态势，实现了"十三五"良好开局。一年来，围绕开好局、起好步，我们主要抓了七个方面的工作。

（1）围绕大局，保障发展更加有力

1）优化土地利用空间布局，调整完善用地规模和指标。2016年6月，《贵州省土地利用总体规划纲要（2006—2020年）调整方案》获国务院批准，核心指标实现了大幅度的"两减一增"，即耕地保有量、基本农田保护面积大幅度减少，其中耕地保有量减少536万亩、基本农田保护面积减少169万亩；建设用地大幅增加，规划期建设用地指标较调整前增加45万亩，解决了我省土地利用总体规划落实中存在的空间结构布局不合理、用地矛盾突出等重大问题，全面实现省委、省政府的战略意图。

2）积极争取国家倾斜支持，保障经济社会发展用地需求。2016年，在全国新增建设用地计划指标较上年度减少近百万亩的情况下，通过积极争取，国土资源部下达我省建设用地计划指标30.83万亩，较上一年度增加8.39万亩，同比增长37.4%，其中：新增建设用地指标23.99万亩，同比增长20%；增减挂钩指标3.84万亩，同比增长67%；工矿

废弃地复垦利用计划指标 3 万亩，是 2015 年的 20 倍。全省共获批建设用地 613 宗 24.43 万亩，同比增长 6.76%；供应国有建设用地 22.88 万亩，招拍挂出让面积 8.51 万亩，出让价款 489.27 亿元。用地保障充分，重大工程、民生工程、扶贫项目、新兴产业等用地需求实现应保尽保。

3）地质找矿取得重大突破，矿产资源保障能力不断增强。黔北安页 1 井页岩气勘查取得重大突破，最大气流量高达每日 42 万立方米，这既是南方复杂地质构造区首次天然气重大突破，也是四川盆地外首次页岩气重大发现，圆了中国地质工作者和贵州人民 60 多年的油气梦。国土资源部同意委托由我省组织以拍卖方式竞争出让正安页岩气勘查区块探矿权，这是我国油气矿业权改革竞争性出让的首例。完成找矿突破战略行动第二阶段评估，新增磷矿 4.05 亿吨、稀土 56.93 万吨、锰矿 1108.71 万吨、高岭土 792 万吨等一批优势矿产资源。黔东南地区发现大型铀矿床。地热勘查评价取得重大进展，全省 72 个县（市、区）勘探出温泉（地热）资源。完成了 14 幅 1∶5 万水文地质编图。积极推进煤矿企业兼并重组和煤炭去产能，共办理煤矿采矿权兼并重组转让审核 2366 件、变更 1670 件，注销采矿权 125 个。积极落实省政府减轻煤炭企业负担促进煤炭行业平稳发展工作措施，减轻企业负担 7.6 亿元。积极保障电煤供应，延续煤矿采矿许可证 143 个，释放产能 2274 万 t。全省有效采矿权 5383 个，同比减少 730 个。大中型矿山占比大幅提升，资源进一步集聚，矿山开发结构进一步优化。

4）落实新发展理念谋篇布局，科学编制国土资源"一总九专"规划。认真贯彻落实新发展理念，围绕我省经济社会发展重大需求、解决资源保障重点问题，科学编制《贵州省国土资源"十三五"规划纲要》、《贵州省页岩气勘查开发利用专项规划》、《贵州省煤层气勘查开发利用专项规划》、《温泉（地热）资源勘查开发利用专项规划》。调整完善《贵州省土地利用总体规划（2006—2020 年）》，完成《贵州省"十三五"土地整治规划》、《贵州省第三轮矿产资源规划》、《贵州省高标准基本农田建设规划》、《贵州省地质灾害防治规划》、《贵州省测绘地理信息事业发展总体规划》等规划编制。

（2）坚守底线，保护资源持续发力

1）推进耕地"三位一体"保护，实现农业增产农民增收。坚持最严格的耕地保护制度，扎实推进耕地质量保护与提升行动，我省永久基本农田划定工作方案第一批获国土资源部批准。优先完成五千亩以上坝区永久基本农田和生态红线划定，划定五千亩以上坝区永久基本农田 132.34 万亩，保护率提高 16.87%。贵阳中心城区永久基本农田划定通过国土资源部审查，划定永久基本农田 23.38 万亩，保护率达到 48.91%。完成了除贵阳市外其他 82 个县级城市（镇）周边永久基本农田划定，划定永久基本农田 480.14 万亩。严格占补平衡台账管理，完成了全省占补平衡指标库清理，出台了新增耕地指标流转平台管理暂行办法。开展高标准农田建设，建设高标准农田 58.82 万亩，新增耕地 7.4 万亩。全面实施建设占用耕地耕作层剥离再利用工程。

2）节约集约利用资源，推动资源利用方式转变。扎实推进国土资源节约集约利用行动。加强建设用地批后监管，全面落实土地利用动态巡查。2016 年，全省清理处置 2009～2015 年闲置土地 2.77 万亩，剩余闲置土地降至 1 万亩以下。全省 2011～2015 年农转征项目供地率 83.9%，位列全国 31 个省份前列。南明、云岩、七星关、凤冈、普安、荔波、福泉 7 个县（市、区）荣获"全国节约集约模范县（市）"称号。贵阳经济开发区、遵义经济开发区在国家级开发区 2016 年度土地节约集约评价排名前列。推广应用先进工艺和先进技术，实施新"三率"标准，矿产资源节约集约综合利用水平得到提高。

3）推进矿山地质环境恢复治理，提升矿产资源绿色开发水平。完成全省矿山地质灾害和地质环境调查，编制完成《贵州省矿山地质环境保护与恢复治理专项规划（2016—2020 年）》。争取到国开行 30.96 亿元低息贷款，支持我省 43 个采煤沉陷区矿山地质环境恢复治理项目。治理恢复矿山地质环境 105 处，面积 2.41 万亩。完成贵阳龙洞堡机场周边 418 平方公里 372 处裸露山头整治，累计治理面积 2.75 万亩。完成织金县珠藏镇织河煤矿片区矿山地质环境恢复治理项目一期、二期示范工程，治理面积 6.79 平方公里。实行矿产资源开发利用方案、土地复垦方案和矿山环境恢复治理方案"三案合一"，促进绿色矿山建设。成功承办生态文明贵阳国际论坛 2016 年年会"海洋生态文明建设"主题论坛。

4）严格执法加强监管，国土资源管理秩序持续向好。扎实开展 2015 年土地矿产卫片执法监督检查，对遵义新蒲新区、遵义南部新区、龙里县、紫云县、兴义市、惠水县、安顺经济开发区、白云区 8 个违法较严重、工作不力地区，采取"双约谈"、"多约谈"等方式警示。挂牌督办惠水县城北新区中央核心区城市综合体违法用地案，相关责任人受到党纪政纪处分；公开通报息烽县联红砂厂越界采矿案等 6 起国土资源典型违法案件查处情况。全省立案查处土地违法案件 1473 宗，同比下降 22.39%，涉及土地面积 2.59 万亩，其中违法占耕 1.4 万亩；立案查处矿产违法案件 196 宗，同比下降 19.34%。办理信访、举报件 237 件，办结率 90%，信访件数同比下降 30.3%，来访人数同比下降 35.4%。

（3）主动作为，助推脱贫攻坚尽心尽力

1）增减挂钩政策含金量高。在全国率先出台增减挂钩政策积极支持易地扶贫搬迁的实施意见，通过增减挂钩节余指标省域内流转交易，为我省易地扶贫搬迁筹集资金。建成全国首个增减挂钩节余指标网上流转平台，并于去年 5 月 12 日敲响了增减挂钩节余指标流转第一槌。2016 年，全省易地流转指标 9890 亩，筹集资金 23.73 亿元。去年 8 月 23 日，汪洋副总理在贵阳召开的全国易地扶贫搬迁现场会上，对我省增减挂钩支持易地扶贫搬迁做法给予充分肯定。

2）土地整治工程扶贫显效。争取到 2016 年中央新增费投资高标准基本农田建设项目资金 7.8 亿元，是 2015 年的 5.9 倍。土地整治项目管理简政放权、精准实施、加强监管，下达市（州）及贵安新区资金 18.87 亿元，重点向贫困地区倾斜。出台我省土地整治服务就地脱贫工作指导意见，实施 2016 年度为 10 万就地脱贫人口每人整治 1 亩优质农田工程，同时启动 20 个极贫乡镇整乡推进土地整治三年行动计划，通过"村民自建"方式，由村集体经济组织或村委会组织施工，用工优先安排贫困人口，实现项目区贫困农民"获得优质耕地增产出、获得劳务收入鼓腰包、获得资源资产变股东"三个获得感。2016 年，通过实施土地整治项目，为 10.28 万就地脱贫人口整治优质农田 13.76 万亩。

3）地质灾害防治成效显著。争取到国家特大型地质灾害治理项目 79 个，治理资金

4.5 亿元。采取"整乡推进、全额补助"的方式，开展 20 个极贫乡镇地质灾害防治综合治理。对 238 所受地质灾害威胁学校综合治理工程进行回头看，全面检查评估工程质量和治理效果。扎实推进全省地质灾害三年综合治理行动计划，全面实施重大地质灾害治理项目"六个精准"。2016 年省级安排 2.15 亿元、实施 96 个地质灾害防治项目。建成省级地质灾害防治项目库，完成了 216 个项目勘查、设计。全省地质灾害隐患点实现应急演练全覆盖，依托省地质灾害监测预警与决策支持平台，率先在全国开展部省市县四级地质灾害远程视频互连互动应急演练。开展全省地质灾害隐患"百千万工程"专项排查行动，组织 100 个检查组，1000 余名人员，对一万余处地质灾害隐患点进行全覆盖大规模排查。建立健全了省、市、县三级地质灾害应急处置机构，地质灾害应急处置能力得到大幅提升。2016 年，成功避让地质灾害 28 起，避免 1777 人员伤亡。全省 11 161 处地质灾害隐患点，至今未出现一例人员伤亡情况。

（4）迎难而上，深化改革增强动力

1）深化矿产资源配置体制改革。制定我省矿产资源市场化配置交易规则，出台矿产资源储备登记暂行办法。严格执行矿业权招拍挂出让制度，全年挂牌出让矿业权 424 个，其中：探矿权 210 个，采矿权 214 个，矿种涵盖铝土矿、锰矿、金矿、地热等我省优势资源和新兴资源，全面实现矿业权市场化配置。

2）农村集体经营性建设用地入市改革实现重大突破。完成湄潭首期农村集体经营性建设用地调整入市地块出让，进一步拓宽低效用地入市范围，形成"定组织明主体、定地块明权属、定途径明方式、定比例明分配、定平台明市场"和"还权于集体、还利于农民、还配置于市场"的"五定三还"改革经验。2016 年成功入市农村集体经营性建设用地 17 宗 63.33 亩，出让总价 1526.5 万元，获得增值收益 466.05 万元，农民个人获分配收益 253.60 万元。

3）全面落实不动产统一登记制度。不动产统一登记提前 3 个月实现 100% 市、县"发新停旧"目标，累计颁发不动产权证书 16.25 万本，证明 32.6 万份，为房地产开发企业、银行节约了 90% 在建工程抵押登记成本，减免小微企业和贫困群众的登记费用。完成 468 批次共 1.4 万人次的领导干部个人申报事项不动产登记信息查询，有力地支持了全省换届工作。全省不动产统一登记信息云平台初步建成，在 3 市 66 县投入使用，2 市 53 县接入国家级平台，实现数据汇交实时更新。

4）积极推动自然资源资产管理制度改革。深入开展调研，制定了我省全民所有自然资源资产有偿使用制度改革（试点）实施方案、自然资源统一确权登记实施方案。2016年底，我省成为重点推进自然资源统一确权登记试点省份。

5）继续深化审批制度改革。行政许可减少到 13 项，3 项行政审批事项下放管理层级。编制了 32 项行政审批服务事项告知单，梳理取消 15 项行政职权事项。成立行政审批处，配备精干力量，进驻省人民政府政务服务中心，集中办理行政审批服务事项。进一步优化行政审批流程，在全国国土资源系统和我省政府部门率先实现"集中办理、审管分离、一站式服务"。

（5）敢于担当，圆满完成重大专项工作

1）出色完成全省旅游资源大普查。2016 年 4 月，按照省委、省政府安排部署，在全国率先开展旅游资源大普查。组织三大地勘单位，组建89个普查队438个普查组及88个县（市、区）和贵安新区10万余人，跋山涉水、走村串寨，全地域、全方位、全要素的开展普查，共普查登记单体旅游资源8.2万处，其中新发现5.16万处，收获了一大批极具观赏价值和开发前景的优良级旅游资源，为我省旅游业可持续发展提供了坚实资源保障，创造了资源普查的"贵州速度"。

2）精心编制精准扶贫作战图。2016年3月，按照省委、省政府安排部署，组织厅直属事业单位900余名专业技术人员经过十个月艰苦努力，建成了全省精准扶贫作战图管理系统。系统高度融合国土资源云和扶贫云，利用地理国情普查成果、高分辨率卫星影像和国土资源"一张图"，运用大数据、遥感（RS）、全球定位系统（GPS）、地理信息系统（GIS）技术，实现了精准扶贫挂图作战，得到了国务院、国土资源部、省委、省政府领导充分肯定和兄弟省份以及新闻媒体的广泛关注。

（6）务实创新，强化基础提升能力

1）法治国土推进有力。制定实施我省国土资源系统全面推进依法行政"十三五"规划。全面清理规范性文件，废止（失效）规范性文件32件，保留有效规范性文件75件。坚持法定职责必须为、法无授权不可为，严格按法律和行政法规授权履行职责，坚持国土资源重大事项集体决策制度，规范行政权力运行。办理行政复议、行政诉讼、行政裁决案件101件。支持帮助毕节市开展"法治毕节"创建。

2）加速国土资源大数据与各领域深度融合。按照省政府数据"聚通用"攻坚会战安排，国土资源应用系统全部迁入云上贵州，数据目录100%上架开放。充分发挥云计算、互联网+等新一代信息技术优势和国土资源部门数据资源优势，以大数据建设为重点，着力推进数据汇集、发掘和分析，深化创新应用，加速国土资源大数据与各领域各行业的深度融合。在全国国土资源系统实现了"三个率先"：率先实现运用大数据管地管矿防地灾，率先构建"国土资源云"，率先完成省域范围北斗卫星导航定位基准站网建设，为贵州省面向位置服务的空间大数据产业发展奠定坚实基础。

3）测绘地理信息保障能力明显提升。完成全省0.2米高分辨率遥感影像获取6.5万平方公里。卫星导航定位基准站网（GZCORS）项目推进顺利，建成6个国家级站点并投入使用，建成省级站点82个并组网试运行。贵州省国土资源大数据遥感监测产业基地建设推进顺利。地理国情普查成果广泛应用到各行各业，开展贵安新区和市（州）城市空间格局变化监测，以及长江经济带国家投资基础设施建设监测，我省精准扶贫作战图管理系统列入国家专题性监测试点。数字城市地理空间框架建设持续推进。测绘地理信息应急保障能力和技术装备不断加强。荣获国家测绘地理信息局突出进步奖。

（7）从严治党，保持坚强政治定力

切实增强"四个意识"，特别是核心意识、看齐意识，更加自觉地在思想上政治上行动上与以习近平同志为核心的党中央保持高度一致。扎实开展"两学一做"学习教育，认真践行"三严三实"。按照省委巡视整改"回头看"要求，扎实开展整改。强化"主体责任"，落实"一岗双责"。厅直属机关第四次党代会胜利召开，选举产生了新一届党委和纪委。指导和督促厅直属基层党组织按期完成换届。全面从严治党进一步向基层延伸，基层党支部战斗堡垒作用明显增强。营造创先争优环境，评选表彰17名优秀党员、5名优秀党务工作者和5个先进基层党组织。深入开展党建扶贫，选派7名干部到赫章县开展驻村工作。进一步加强国土资源队伍建设，选拔了一批优秀干部调整交流、充实配备市（州）国土资源局、厅属事业单位领导班子。2016年全系统提拔处级干部31人，转任重要岗位2人，干部轮岗交流53人。促进国土资源干部与地方干部、厅机关各处室干部互相交流轮岗，干部队伍年龄结构、知识结构进一步优化，全系统处级干部轮岗交流制度化和常态化。不断强化干部监督管理，在全系统范围内开展"大约谈"，2016年共约谈干部3976人次，厅管干部函询2人、违纪免职2人、诚勉谈话1人、行政警告处分1人、行政记过处分1人、停职检查1人、行政撤职1人。

一年来，全省国土资源工作取得了新的成绩，特别是一些重大专项工作得到了省委、省政府的充分肯定。这些成绩的取得，是省委、省政府正确领导的结果，是全省国土资源系统广大干部职工求真务实、顽强拼搏的结果。实践证明，全省国土资源系统是一支讲政治、敢担当的队伍，是一支想干事、能干事、干成事的队伍。在此，我代表省国土资源厅党组，向大家表示衷心的感谢和诚挚的敬意！

在充分肯定成绩的同时，还必须清醒看到工作中存在的问题，主要是：全社会节约集约利用资源的意识不强，土地闲置、低效、粗放利用方式尚未根本转变；耕地后备资源不足，守住耕地红线的压力越来越大；地质灾害点多面广、易发多发，防灾救灾任务十分繁重；土地、矿山领域的违法行为仍然多发，涉土涉矿信访矛盾复杂，维护群众权益的压力不断加大；围绕中心、服务大局的意识和能力还不够强，思想僵化、思维惯性、路径依赖还不同程度存在，工作中不敢干、不想干、不会干问题不断暴露。我们必须引起高度重视，在今后工作中下大力气解决。

## 二、2017年国土资源工作总体要求和主要任务

2017年全省国土资源工作的总体要求是：全面贯彻党的十八大和十八届三中、四中、五中、六中全会精神，认真落实中央经济工作会议、全国国土资源工作会议和全省经济工作会议部署，围绕统筹推进"五位一体"总体布局和协调推进"四个全面"战略布局，坚持稳中求进工作总基调，牢固树立和贯彻落实新发展理念，适应把握引领经济发展新常态，坚持以提高发展质量和效益为中心，以推进供给侧结构性改革为主线，牢牢守住发展和生态两条底线，坚持尽职尽责保护国土资源、节约集约利用国土资源、尽心尽力维护群众权益，以国土资源大扶贫、大数据两大战略为统领，以国土资源管理改革、耕地质量保护与提升、国土资源节约集约利用、地质找矿突破战略、地质灾害综合防治、测绘地理信息保障能力提升、国土资源督查七大行动为平台和抓手，更加注重质量效率、更加注重改革创新、更加注重精准精细，推动国土资源治理体系和治理能力现代化，为全省经济平稳健康较快发展和社会和谐稳定提供有力保障和优质服务，以优异成绩迎接党的十九大和省第十二次党代会胜利召开。

2017年，是实施"十三五"规划的重要一年，也是推进供给侧结构性改革的深化之

年。我们要重点抓好九个方面的工作：

1）更加扎实有力推动供给侧结构性改革，不断提高国土资源供给质量和效益。全力保障"十三五"规划重大工程、项目建设用地需求。围绕振兴实体经济，完善落实产业用地政策，促进传统产业转型升级，支持战略性新兴产业、先进制造业、流通业、互联网+、农产品加工、现代服务业发展，努力降低企业用地成本，在计划安排、转用征收、用地供应等各环节做好保障服务，推动数字经济、旅游经济、绿色经济、县域经济快速发展。完善现代农业发展用地政策，支持农村新产业、新业态发展用地，开展耕地质量地球化学调查，支撑现代山地特色高效农业发展，增强农业农村发展新动能。开展村庄土地利用规划试点。推动旅游资源普查成果广泛应用，精心筹办第五届亚太世界地质公园大会，加快地质公园建设步伐，促进我省山地旅游业发展。把好新增产能用地、用矿关口，推动煤炭等行业化解过剩产能，关闭退出煤矿120处。完善退出企业、兼并重组、转产企业、停建项目等涉及的土地资产处置。支持城镇老工业区开展低效用地再开发和搬迁企业工矿废弃地复垦。坚持分类调控，因城因地施策，完善"人地钱"挂钩制度和建设用地指标分配办法，优化土地供应结构，推动过剩商业地产向健康养老、文化体育等领域调整转移。开展2016年度土地变更调查，支撑土地规划调整完善。加强土地市场调控，积极培育土地市场，坚持"净地"出让和经营性土地招拍挂出让，加快土地前期开发，提高土地开发价值和土地出让金收益，为助力地方债务化解做出贡献。

2）更加扎实有力推进国土资源大扶贫战略行动，不断提高助力脱贫攻坚的精准度和有效性。精准指导各地用好用活增减挂钩政策，加大政策宣传解读力度，精准安排实施增减挂钩项目，活跃流转指标交易市场，规范有序流转增减挂钩节余指标，为易地扶贫搬迁筹集更多资金。对集中连片特困地区和国家扶贫开发重点县，专项安排600亩年度建设用地指标。大力推进贫困地区土地综合整治和高标准农田建设，为10万就地脱贫人口每人整治1亩优质农田。积极争取乌蒙山土地整治重大工程项目国家立项。完善"村民自建"土地整治工程设计、施工、管理等规章制度，做好政策指导和业务培训，切实增强贫困群众的"三个获得感"。扎实抓好省领导定点包干董地乡等极贫乡镇和赫章县同步小康驻村脱贫攻坚工作，实施极贫乡镇土地整治、地灾防治整乡推进三年行动计划。探索矿产开发助力脱贫攻坚，走出一条矿山企业发展与群众脱贫增收双赢的新路子。

3）更加扎实有力推进国土资源大数据战略行动，不断提高国土资源信息化建设能力和水平。依托"云上贵州"平台，深挖国土资源大数据政用价值。完善国土资源"一张图"和自然资源与空间地理数据库，统筹推进国家"国土资源云"贵州省中心和"贵州省国土资源云"平台建设，开展智慧国土和智慧耕地系统平台建设，构建国土资源精准管理信息技术支撑体系。开展"多规融合"大数据分析应用，探索建立统一系统、统一标准的多规融合衔接机制，形成一个市县一个规划、一张蓝图，构建功能互补、相互衔接、协调一致的空间规划体系。发展互联网+智慧矿山业态，科学集成全省矿政管理、资源勘查开发、基础地质信息等相关数据，建立全省智慧矿山系统平台，为政府、企业、公众提供精准管理和信息服务。构建贵州省"时、空"信息云平台，实现国土资源大数据开放共享、关联应用和挖掘分析，为政府提供基于空间位置、时间跨度的政策决策服务和位置空间分析服务；为各行业提供各种类型具有较高时效性的地理信息大数据服务；为公众提供信息完整的位置定位服务，打造基于时空信息的大数据产业链及服务新业态，实现国土资源大数据的广泛应用与增值服务。

4）更加扎实有力推进耕地质量保护与提升行动，不断提高助推国家生态文明试验区建设能力。创新耕地保护机制，贯彻落实党中央、国务院关于加强耕地保护和改进占补平衡的意见，进一步落实耕地数量质量生态"三位一体"保护和管控、建设、激励多措并举保护。加快推进全域永久基本农田划定工作，上半年全面完成划定任务和数据汇交。严格执行耕地占补平衡制度，因地制宜提升耕地质量和开展旱地改造水田工程，加强跨市（州）流转耕地指标监管，落实耕地占一补一、先补后占、占优补优。完成年度耕地质量更新评价和监测工作。全面推进建设占用耕地耕作层剥离再利用。树立"土地整治+"理念，进一步拓展土地综合整治空间和范围，坚持以修复提升绿色发展的国土功能为方向，围绕山水林田湖共同生命体统筹保护和系统修复的目标，进行整体保护、系统修复、综合治理，增强土地系统循环能力，维护土地生态平衡，推进生态国土建设。加强和谐矿区建设，发展绿色、高效矿业。全面推行矿产资源开发利用方案、土地复垦方案和矿山环境恢复治理方案"三案合一"制度。严格执行我省地质灾害和矿山地质环境治理恢复保证金管理办法，督促缴存、用好矿山环境治理恢复保证金，重点实施关闭煤矿、砂石土矿、高速公路与高速铁路沿线三个专项复绿工程。用好国土资源部等5部局关于加强矿山地质环境恢复和综合治理的新政策，坚持生态恢复、社会稳定、施工安全的原则，探索矿山地质环境开发式治理。加大执法监管力度，实行挂牌督办和公开通报，重点查处一批违法占用耕地、私采滥挖等土地矿产违法案件，严肃追究有关单位和人员责任。

5）更加扎实有力推进地质找矿突破战略行动，不断提高矿产资源保障能力。按照地质找矿突破战略行动第三阶段工作安排，重突破、求储量，为能矿经济发展储备优质资源。加快推进毕水兴煤层气、遵义–铜仁页岩气等能源点勘查开发利用，推进正安区块拍卖出让，推动黔北页岩气综合勘查试验区建设。加快全省温泉（地热）、矿泉水资源勘查开发利用，完成全省88个县（市、区）温泉（地热）探矿权投放全覆盖，争取今年上半年实现目前尚未勘探出地热水的16个县完成勘探任务。开展全省医疗温泉（地热）水调查评估，推动温泉与康养融合，打造高水平温泉之省。完成全省矿泉水调查评价，摸清资源家底，促进我省优质矿泉水产业发展。积极配合做好煤矿企业兼并重组工作，落实电煤保障政策措施。完成全省50幅1∶5万水文地质编图工作。

6）更加扎实有力推进国土资源节约集约利用行动，不断提高国土资源利用效益和水平。强化建设用地批后全程监管和动态巡查，加强闲置土地清理处置。严格执行节约集约用地政策，完善用地准入制度。实施建设用地总量与强度"双控"，完成年度单位GDP建设用地消耗评价考核。全面清查全省土地出让金欠缴问题，督促各地对欠缴土地出让金进行追缴。落实矿产资源全面节约和高效利用的意见，严格执行新"三率"标准，推广应用节约和高效利用先进适用技术，促进矿产资源节约集约和综合开发利用。深入开展国土资源节约集约模范县（市）创建。

7）更加扎实有力推进地质灾害综合防治行动，不断增强地质灾害综合防治能力。全面完成地质灾害三年综合治理行动计划各项工作任务，强化科学排查、综合治理、群测群防等措施，最大限度减少因地质灾害造成的人员伤亡和财产损失。完善地质灾害综合防治体系，强化监测预警，加强应急演练，加大宣传教育。做好特大型地质灾害防治项目储备和申报工作，积极争取将我省纳入全国地质灾害综合防治体系建设重点省份。建立地质灾害防治项目评优制度和资质单位诚信制度，强化项目管理，全面推进地质灾害防治项目"六个精准"的实施，提升工程质量和效益。

8）更加扎实有力推进测绘地理信息保障能力提升行动，不断提升测绘地理信息保障能力和服务水平。用好我省地理国情普查成果，以示范试点项目引导普查成果的广泛使用，推进常态化监测。深化数字城市地理空间框架成果应用，全面开展数字县域地理空间框架建设，加快智慧城市时空大数据与云平台的构建。开展贵州省北斗导航与位置服务系统建设，加快构建现代测绘基准体系。推广应用雷达卫星预警监测地质灾害等新技术，推进通用标准机场和航空应急测绘基地建设，提升测绘地理信息应急保障能力。大力拓展测绘地理信息公共服务领域，突出精准定位，整合专业数据，扩大新兴地理信息市场，让地理信息惠及社会大众。

9）更加扎实有力推进国土资源管理改革行动，不断实现国土资源领域重大改革新突破。深入推进湄潭农村集体经营性建设用地入市和土地征收制度改革。加强部门联合调研和重大问题研究，支持湄潭县在坚持正确方向和坚守改革底线前提下大胆探索创新，力争在缩小征地范围、"城中村"整治入市等方面有所突破，形成可复制、可推广、利修法的"湄潭经验"。起草我省不动产登记条例，巩固拓展不动产统一登记工作成果，建立全省统一的登记标准，完善不动产登记信息云平台，年底前所有市县全部使用全省统一登记平台，并接入国家信息平台，全面实现登记机构、登记簿册、登记依据和信息平台"四统一"。抓紧补齐城乡不动产权籍调查短板，完成农村集体建设用地和宅基地使用权确权颁证，开展农村"房地一体"不动产登记，为盘活农村资源资产、推动"三变"改革夯实基础。建立协调机制，协同推进赤水、绥阳、钟山、安龙、思南、普定等自然资源统一确权登记改革试点工作。探索国家所有权和代表行使国家所有权登记途径和方式。开展探明储量的矿产资源确权登记的路径和方法研究。深入推进全民所有自然资源资产有偿出让制度改革，扩大国有建设用地有偿使用范围，完善矿产资源分级分类管理和矿产资源市场化配置交易规则，实施矿产资源储备登记制度和矿业权人勘查开采信息公示制度。积极推进国有地勘体制改革。加大"放、管、服"工作力度，推行"互联网+政务服务"，推行工程建设项目多评合一、多审合一、多图联审、联合验收，提高审批服务质量效率，完善事中事后监管制度，规范行政权力运行。进一步推进国土资源政务信息公开和"双公示"、"双随机、一公开"工作。

## 三、狠抓作风建设，强化责任落实

一分部署，九分落实，更加扎实有力推进国土资源督查行动。今年全省国土资源工作任务繁重艰巨，唯有狠抓落实、精准落实才能确保完成。

1）深入贯彻全面从严治党，突出政治责任。牢固树立"四个意识"特别是核心意识和看齐意识，进一步增强推进全面从严治党的责任感和使命感。认真贯彻《关于新形势下党内政治生活的若干准则》、《中国共产党党内监督条例》，严明政治纪律和政治规矩，严肃党内政治生活，切实加强党内监督，落实全面从严治党主体责任，切实履行"一岗双责"，营造良好的政治生态。切实履行领导责任和示范责任，发挥"关键少数"的表率作用，一级做给一级看，一级带着一级干，层层压实全面从严治党主体责任。充分发挥党支部主体作用，推动"两学一做"学习教育常态化、制度化。认真贯彻落实中央八项规定和省委十项规定精神，严防"四风"反弹回潮。坚定不移推进党风廉政建设和反腐败斗争，正风肃纪，高压反腐，加强示范教育和警示教育，严格监督执纪问责，把歪风邪气压下去，让清风正气树起来。

2）从严从实狠抓作风转变，强化岗位责任。新常态要有新状态，新实践要有新作为。作风建设永远在路上，要保持战略定力，坚持功成不必在我，功夫必须在我，持之以恒，久久为功。要学会"扣扣子"，把省委、省政府决策部署和国土资源工作实际紧密结合起来，眼界要宽、思路要活，方法要实，做到纲举目张、环环相扣。要敢于"担担子"，不为困难找借口，多为发展想办法，多为党委政府分忧，多为基层群众解难。要旗帜鲜明地为担当者担当，为干事者撑腰，让担当干事在国土资源系统蔚然成风。要勤于"钉钉子"，对定下来的事情、部署了的工作，要一锤接着一锤敲，一个环节一个环节抓，只要我们看得准、盯得牢、抓得紧，我们的工作就一定会钉得实；只要我们都能明确岗位责任，忠诚履职尽责，国土资源事业改革发展各项工作任务就一定能够落实好。

3）牢牢扭住改革目标任务，压实改革责任。国土资源领域改革是全面深化改革的重要组成部分，涉及主体多元、利益关系复杂，事关经济社会发展全局。我们要认真贯彻中央和省委关于全面深化改革的各项决策部署，落实责任主体，理清责任链条，拧紧责任螺丝，提高履责效能，使各项改革落地生根。要对标对表建立改革台账，明确硬任务、确定硬指标、实行硬考核，逐一制定时间表、路线图，掌握节点、随时跟进、到点验收，推动改革向纵深发展。要把抓改革落实的战术打法弄清楚，坚持从实际出发，强化问题导向，突出先行先试，创新完善机制，不断提升改革工作水平。要把改革成效理清楚，科学评估规划实施和试点推进情况，确保改革目标和举措落地见效。要把改革遇到的矛盾和问题搞清楚，统筹解决好改革中的共性问题和群众反映强烈的热点问题，对症下药、靶向治疗，不断提高改革的精准度和针对性。

4）不断提高精准管理能力，狠抓工作落实。增强精准管理理念，采取精准管理办法，提高精准管理能力，把精准精细的要求贯穿到各项工作中。精准管理不仅是一种工作方法，更是一种工作作风。精准管理的过程，就是实事求是的过程，也是转变作风的过程，更是提高能力的过程。更加扎实推进国土资源督查行动，更需强化国土资源精准管理，对国土资源领域各类工程项目，要做到项目选点精准、项目设计精准、项目实施精准、资金使用精准、责任到人精准、项目成效精准"六个精准"，让人民群众有更多实实在在的"获得感"。对国土资源各项重点工作，要做到目标任务精准、时间节点精准、路径举措精准、资源配置精准、责任到人精准、完成实效精准"六个精准"，确保全年各项目标任务全面完成。

同志们，做好全年国土资源工作责任重大、任务艰巨，全省国土资源系统要早谋划、早安排、早启动，紧抓关键环节，突出重点领域，超常规、开创性地开展工作，"撸起袖子加油干"，奋力推动全省国土资源工作再上新台阶，以优异成绩迎接党的十九大和省第十二次党代会胜利召开！

2018 年：不忘初心　牢记使命　以党的十九大精神指导新时代全省国土资源
工作更加奋发有为
——在 2018 年全省国土资源工作会议上的报告
朱立军
（2018 年 1 月 23 日）

同志们：

这次会议的主要任务是，深入学习贯彻党的十九大精神和习近平总书记在贵州省代表团重要讲话精神，以习近平新时代中国特色社会主义思想为指导，全面落实全国国土资源工作会议、全国测绘地理信息工作会议、全省经济工作会议等各项工作部署，总结党的十八大以来国土资源工作，分析形势，部署 2018 年重点工作。会前，贻琴代省长做出重要批示，对我们的工作给予充分肯定，对下步工作提出希望要求。我们要认真学习领会，抓好贯彻落实。下面，我向会议做工作报告，请大家提出意见。

## 一、砥砺奋进、攻坚克难，国土资源工作为全省经济社会发展实现历史性跨越、根本性变化做出了积极贡献

党的十八大以来，在省委、省政府的坚强领导下，在省直各部门各单位、各级党委政府的大力支持下，全省国土资源系统以习近平新时代中国特色社会主义思想为指导，坚持稳中求进工作总基调，主动适应经济发展新常态，深入贯彻新发展理念，守好发展和生态两条底线，以大扶贫、大数据、大生态三大战略行动为统领，尽职尽责保护国土资源、节约集约利用国土资源、尽心尽力维护群众权益，强力推进国土资源管理改革、耕地质量保护与提升、国土资源节约集约利用、地质找矿突破战略、地质灾害综合防治、测绘地理信息保障能力提升、国土资源督查七大行动，不断提升国土资源保障服务水平，为全省经济社会发展取得历史性成就、根本性变化做出了积极贡献。

1）国土资源要素保障和供给质量持续提升。5 年来，国家在新增建设用地总量连续 4 年减少的情况下，共获国家下达新增建设用地指标 99.3 万亩，持续保持两位数增长；改进建设用地审批方式，实行按旬分批报批，全省获批建设用地 126.13 万亩，供应国有建设用地 135.52 万亩，同比增长 6.27%，用地保障充分。地质找矿突破战略行动第二阶段任务全面完成，煤、磷、铝土、锰、金、铅锌等优势矿种取得重大成果，新发现大型矿产地 105 处、中型 110 处、小型 64 处，矿产资源保障程度大幅提升。2016 年，黔北综合试验区安页 1 井页岩气勘查取得重大突破，圆了中国地质工作者和贵州人民 60 多年的油气梦。煤层气勘查开发取得重大进展，文家坝区块文 1 井每天稳定产气 3000 立方米以上，并成功接入瓦斯发电站利用。

2）国土资源助力脱贫攻坚精准度和有效性不断提高。2016 年，在全国率先出台增减

挂钩政策积极支持易地扶贫搬迁的实施意见，建成全国首个增减挂钩节余指标网上流转平台，并于 2016 年 5 月 12 日敲响了增减挂钩节余指标流转第一槌，目前流转面积 1.2 万亩，为贫困地区增加收益 28 亿元。5 年来，66 个三大集中连片特困地区和国家扶贫开发重点县新增建设用地 8 万亩；实施每年为 10 万就地脱贫人口每人整治 1 亩优质农田工程、20 个极贫乡镇整乡推进土地整治三年行动计划，累计投入资金 30 亿元，整治优质农田 26 万亩，促进了土地流转和农业产业发展，惠及 22 万就地脱贫人口。通过"村民自建"方式，由村集体经济组织或村委会组织施工，用工优先安排贫困人口，获务工收入 2.24 亿元。实现项目区贫困农民"获得优质耕地增产出、获得劳务收入鼓腰包、获得资源资产变股东"。定点包干董地乡等极贫乡镇和赫章县同步小康驻村脱贫攻坚取得显著成效。精心编制全省精准扶贫作战图、贫困人口分布图，移交市、县政府和省扶贫办使用。

3）耕地数量质量生态"三位一体"保护力度不断加大。全省划定永久基本农田 5261.69 万亩，实现上图入库、落地到户，超额完成国家规定的保护目标，并纳入国土资源遥感监测"一张图"进行监管。城市周边永久基本农田保护比例由 49.22% 上升到 61.75%，与生态保护红线、城市开发边界共同构成城市生态保护屏障。大力推进土地整治和高标准农田建设，全面实施建设占用耕地耕作层剥离再利用工程，建成高标准农田 957 万亩，改善了农村生产生活条件。5 年来，全省建设占用耕地 60.6 万亩，全部落实了数量占补平衡，质量总体稳定。全省耕地质量地球化学调查全面推进。

4）资源节约和生态保护力度持续加大。实施建设用地总量和强度双控行动，"十二五"时期，全省单位国内生产总值建设用地下降 30%，整治各类低效用地 16.5 万亩。2013~2016 年全省农转征项目供地率 73.32%，在全国名列前五位。持续推进能源和资源深加工基地建设，强化矿产资源节约集约和综合利用，获国家专项资金补助 3.5 亿元，开阳磷矿、瓮福磷矿、水银洞金矿等一批国家级示范基地、示范矿山、绿色矿山建设成效显著，我省 5 项技术列入全国先进适用技术推广目录。执行新"三率"指标，矿产回采率黑色金属提高 3 个百分点、有色金属提高 5 个百分点。黔西、南明、福泉等 8 县（市、区）获"全国节约集约模范县（市）"称号。5 年来，恢复治理矿山 1457 处 135.6 万亩，完成 150 处 7.5 万亩"矿山复绿"，矿山安全生产条件、矿区生态环境得到明显改善。2015 年，织金洞国家地质公园成为我省第一家世界地质公园；2017 年，第五届亚太世界地质公园大会在织金洞成功举办。

5）地质灾害综合防治能力不断提升。实施地质灾害三年综合治理行动计划（2015~2017 年），强化地质灾害防治部门责任，建立省市县三级地质灾害防治指挥体系。构建"厅领导包片、处领导包县"督导机制。利用合成孔径雷达干涉测量技术监测 5.7 万平方公里高发区。开展"百千万"地质灾害隐患专项排查行动，全省 1 万余处地质灾害隐患点排查全覆盖。利用 APP 采集数据，打通群众报灾最后"一千米"，调动社会力量参与防灾，群测群防体系不断完善。启动了提升地质灾害监测预警科技能力和高位隐蔽性地灾隐患专业排查两个专项。应急处置了纳雍"8·28"等重特大地质灾害。5 年来，成功避让了地质灾害 243 起，避免 2.3 万余人伤亡和 24.5 亿多元经济损失。治理和搬迁重大地质灾害 678 处，完成全省 238 所受地质灾害威胁学校专项治理，12 余万师生生命财产安全得到保障。

6）国土资源领域重大改革扎实推进。在全国率先开展矿产资源配置体制改革，全面推行矿业权招拍挂出让制度，矿业权市场化配置程度大幅提升；2017 年 8 月 18 日，正安区块页岩气探矿权拍卖在全国敲响"第一槌"，对推动我国油气体制改革、矿业权出让制度改革和能源结构调整意义重大；天然矿泉水矿业权管理权限下放改革成效明显，国有地勘单位体制改革稳步推进。2015 年 8 月 27 日，湄潭敲响全国首宗农村集体经营性建设用地使用权入市拍卖"第一槌"，探索形成了"五定""三还""四同"的"湄潭经验"；建设用地使用权转让、出租、抵押二级市场改革积极推进，扩大国有土地有偿使用范围改革稳妥推进。部省联合批复贵州自然资源统一确权登记试点实施方案，赤水、绥阳、钟山、普定、思南 5 个试点有序推进，探明储量的矿产资源统一确权登记试点进展顺利。深化"放管服"改革，行政审批服务事项从 2013 年的 186 项减少到 2017 年的 66 项，减少了64%，非行政许可审批事项全部取消。2016 年，在省直机关率先成立行政审批处，集中办理行政审批服务事项，实现了"集中办理、审管分离、一站式服务"，提高了行政审批服务效率和人民群众满意度。

7）人民群众权益维护尽心尽力。全面落实不动产统一登记制度，不动产权益保护不断强化。在全国率先实现省级不动产登记局、登记中心双配置和不动产登记职责整合；2016 年 9 月，全面颁发不动产权证书，提前 3 个月"发新停旧"；建成全省不动产统一登记信息云平台，不动产登记业务全流程网上运行，实现了"四统一"目标；全面完成全省符合条件的集体建设用地、宅基地确权颁证；农垦国有土地使用权确权登记发证推进有序。调整了全省征地补偿标准，较调整前平均增加了 73%。开展维护被征地农民合法权益专项行动，一批被征地农民反映强烈的问题得到集中解决，通过直接查处、联合办案、挂牌督办、交办等方式，严肃查处多起涉及群众合法权益重大案件，切实维护了被征地农民合法权益。

8）国土资源基础不断强化。国土资源规划体系更加完善，土地利用总体规划纲要调整方案、矿产资源规划、土地整治规划、高标准农田建设规划、地质灾害防治规划、温泉（地热）勘查开发规划、测绘地理信息事业发展规划相继获批实施；2016 年，国务院批准《贵州省土地利用总体规划纲要（2006—2020 年）调整方案》，核心指标实现"两减一增"，规划期建设用地指标较调整前增加 45 万亩，解决了空间结构布局不合理、用地矛盾突出等重大问题。积极推进"多规合一"试点，在全国率先全面开展村土地利用规划编制。2013 年，在全国率先完成全省页岩气资源调查评价，预测资源量达 13.54 万亿立方米，位居全国第三。组织 10 万人在全国率先开展旅游资源大普查，新发现旅游资源 5.16万处，全面摸清了全省旅游资源底数，为打造"山地公园省、多彩贵州风"品牌提供了资源供给。完成全省温泉资源专项调查，初步查明了全省 240 处温泉（地热）资源基本情况，为我省打造"温泉省"奠定了基础。

9）国土资源法治体系不断完善。法治国土建设推进有力，《贵州省矿产资源监督检查条例》颁布实施，制定实施依法行政"十三五"规划；开展规范性文件清理，废止（失效）规范性文件 41 件。建立国土资源法律顾问制度，加强行政复议和行政应诉工作，5 年省级共办理行政复议、行政诉讼、行政裁决案件261件，年均增长64%。建立信访责任制，强化省市县三级联动，实行领导包案制度，主动开展信访排查和矛盾化解，及时解决群众合理诉求，共同做好信访维稳工作。国土资源执法监察不断强化，关口前移、重心下移，形成了全天候、全覆盖的执法监管体系。以开展年度卫片执法检查和土地例行督察发现问题整改为抓手，严肃查处国土资源违法违规行为，对违法较严重、工作不力地区，进行"双约谈"、"多约谈"警示，挂牌督办、公开通报一批违法案件，一批责任人受到问责追责。

10）国土资源大数据和科技创新取得重要进展。实施国土资源大数据战略行动，全省国土资源"一张图"和自然资源与空间地理数据库不断完善，着力推进国土资源领域数据汇集、发掘和分析，深化创新应用，国土资源应用系统在"云上贵州"全面运行，数据目录100%上架。利用云计算、互联网+等新一代信息技术，发挥国土资源部门数据资源优势，促进国土资源大数据在各领域各行业之间融合应用，国土大数据已成为全省大数据的重要组成部分。不断加强我省国土资源科技创新，实现了新突破，取得了新成果。喀斯特环境与地质灾害防治实验室成为国土资源部重点实验室，并入选国土资源部首批创新团队。黔东地区南华纪锰矿成矿系统与深部找矿重大突破，获国土资源部科学技术一等奖；新类型锰矿深部找矿预测关键技术与整装勘查工程化应用，获省科学技术成果转化一等奖；贞丰～普安地区系列特大型金矿，获2015年十大地质找矿成果；普定五指山地区铅锌矿资源储量核实及勘探，获中国有色金属地质找矿成果一等奖；武陵山复杂构造区古生界海相油气实现重大突破成果，荣获2015年度中国地质科技十大进展（排位第二）。开展测绘地理信息自主创新，涌现出一批优秀工程，获得国家级测绘科技进步二等奖1项、优秀测绘工程金奖1项、银奖6项、铜奖6项。

11）测绘地理信息保障能力明显增强。首次全省地理国情普查圆满完成，普查成果广泛应用到各行各业。开展地理国情基础性专题性监测，完成了火龙果、蓝莓、猕猴桃、刺梨4种精品水果种植情况调查。数字城市地理空间框架建设持续推进，智慧城市时空大数据与云平台建设在贵阳市、安顺平坝区试点。北斗卫星导航定位基准站网，与周边的广西、四川、云南成功联接，运行状态良好。开展全省全覆盖排查整治"问题地图"专项行动，督促整改问题地图415件。通用标准机场和应急测绘保障基地建设推进顺利，与中航贵飞公司合作完成了中航时鹞鹰无人机应急测绘系统装备集成及系统应用，测绘地理信息应急保障能力和技术装备不断加强。2016年荣获国家测绘地理信息局突出进步奖。

12）全面从严治党向纵深发展。认真学习宣传贯彻党的十九大精神和习近平总书记在贵州省代表团重要讲话精神；扎实开展党的群众路线教育实践活动和"三严三实"专题教育，推进"两学一做"学习教育常态化制度化。层层压实全面从严治党主体责任，狠抓党建责任落实，成立厅党建工作领导小组，强化履行"一岗双责"，不断健全责任体系。大力强化党内监督，在省直机关率先建立巡察制度，对市（州）国土资源局和厅直属事业单位巡察全覆盖。扎实抓好省委巡视组反馈问题整改，严格落实中央八项规定精神，坚持不懈纠正"四风"。层层签订党风廉政建设责任书，开展全面从严治党党风廉政建设专项督导和集中约谈，专项整治土地、矿产资源领域突出问题，全省国土资源领域反腐败斗争压倒性态势已经形成并不断巩固。加强干部队伍从严管理，落实干部选拔任用政策法规，开展干部队伍建设管理清理整顿，加强班子建设和干部日常监督管理，严格执行好干部标准，推动选人用人工作风清气正，努力建设忠诚干净担当的国土资源队伍。扎实开展国土资源督查行动，有力推动了各项工作的落实。2013 年，厅党组荣获全省"十佳领导班子"表彰；2015 年，厅党组被评为全省机关企事业单位党建工作先进党组。

党的十八大以来，是我省综合实力提升最快、基础设施变化最大、发展活力最足、生态建设成效最好、人民得到实惠最多的时期，实现了后发赶超的历史性突破。在这伟大的历史性阶段，全省国土资源系统在省委、省政府的坚强领导下，紧紧围绕全省经济社会发展大局，努力适应经济发展新常态，坚决守住发展和生态两条底线，顽强拼搏、锐意进取，切实落实"六个坚持"：一是坚持把保障科学发展作为国土资源工作第一要务；二是坚持把保护资源作为国土资源工作第一职责；三是坚持把节约集约利用资源作为促进发展方式转变的重要抓手；四是坚持把改革创新作为国土资源工作根本动力；五是坚持把维护群众权益作为国土资源工作根本出发点和落脚点；六是坚持把转变作风、提高效能作为国土资源工作根本要求。全省国土资源工作呈现出"保障有力、保护有效、维权惠民、秩序向好、改革深化、作风改进、基础加强"的良好态势，走出了一条既符合中央和部省要求，又适应贵州资源省情和时代要求的国土资源工作之路，也是我国国土资源事业发展的一个缩影。在全国国土资源领域形成了一些特色和亮点，实现"十个率先"：一是率先提出创新土地利用方式，开展"向山要地"；二是率先在全省范围内全面推进耕作层剥离再利用；三是率先出台增减挂钩、土地整治等国土资源政策助推脱贫攻坚；四是率先完成全省重点地区重大地质灾害隐患详细调查，建成省级地质灾害监测预报与决策支持平台；五是率先完成全省页岩气资源调查评价，正安页岩气区块（含安页 1 井）探矿权拍卖成为我国油气制度改革"第一拍"；六是率先全面推进矿产资源配置体制改革，全面推行矿业权招拍挂制度；七是湄潭农村集体经营性建设用地入市改革敲响我国"第一槌"；八是率先全面实现不动产统一登记职责机构整合；九是率先实现全省国土资源"一张图"管地管矿防地灾，完成省级"国土资源云"构建；十是率先完成全省旅游资源大普查。

同志们，成绩来之不易，是省委、省政府坚强领导和国土资源部、国家测绘地理信息局关心指导的结果，是各级党委、政府及相关部门大力支持的结果，是全省国土资源系统广大干部职工不懈努力的结果。谨此，我代表省国土资源厅，向各级党委政府、有关部门和社会各界对国土资源工作的关心、支持，表示衷心的感谢！向全省国土资源系统广大干部职工致以亲切问候和崇高敬意！

同时，我们必须清醒地看到，国土资源领域发展不平衡不充分的问题还比较突出，依法依规、节约集约利用资源的意识不强，土地、矿山领域违法违规行为仍然多发；保障发展与保护资源未能更好统筹，国土资源粗放利用、闲置浪费现象仍较普遍，供给质量和效率亟待提高，重开发轻保护、重数量轻质量等倾向还没有根本扭转；国土资源管理重审批轻监管，过多使用行政手段，市场作用发挥不够充分，管理方式有待转变；工作作风不严不实，形式主义、官僚主义仍然存在，一些干部适应新常态、研究新问题、破解新难题的能力不强，对一些重大改革举措和政策的落实不够到位，不作为乱作为问题还不同程度存在；党的建设还有薄弱环节，反腐败斗争形势依然严峻复杂，党风廉政建设任重道远。对这些问题我们必须高度重视，采取有力措施加以解决。

## 二、牢记嘱托、感恩奋进，以党的十九大精神为指导，在新时代守好发展和生态两条底线上有更大作为

党的十九大确立了习近平新时代中国特色社会主义思想的历史地位，做出了中国特色社会主义进入新时代、我国社会主要矛盾发生历史性变化、我国经济已由高速增长阶段转向高质量发展阶段等重大政治论断，对决胜全面建成小康社会、夺取新时代中国特色社会主义伟大胜利做出了战略部署。习近平总书记作为党的十九大贵州代表团代表在贵州代表团的重要讲话，是贵州国土资源系统认真学习、深刻领会、深入贯彻党的十九大精神的科学指南，是做好新时代贵州国土资源工作的根本遵循，是推进贵州国土资源事业获得新发展、取得新成就、实现新跨越的强大动力。

1）守好发展和生态两条底线是贵州国土资源工作的根本遵循。习近平总书记在党的十九大报告中指出，发展是解决我国一切问题的基础和关键，发展必须是科学发展，必须坚定不移贯彻创新、协调、绿色、开放、共享的发展理念，必须坚定不移把发展作为党执政兴国的第一要务，并将"坚持新发展理念"作为新时代坚持和发展中国特色社会主义的基本方略之一加以强调。习近平总书记高度重视生态文明建设，党的十八大以来提出了一系列关于生态文明建设的新理念新思想新战略，成为习近平新时代中国特色社会主义思想的重要内容。习近平总书记在党的十九大报告中强调，建设生态文明是中华民族永续发展的千年大计，并把"坚持人与自然和谐共生"作为新时代坚持和发展中国特色社会主义的基本方略之一，为推进生态文明建设提供了理论指导和行动指南。

习近平总书记在党的十九大贵州代表团的重要讲话，对贵州工作给予了充分肯定，对贵州发展寄予了深切厚望，对贵州各民族人民充满了关怀牵挂，让贵州国土资源系统干部职工感到非常温暖、非常亲切，深受感动鼓舞，倍感光荣自豪。习近平总书记对深入学习贯彻党的十九大精神提出了明确要求，希望贵州全面贯彻党的十九大精神，大力培育和弘扬"团结奋进、拼搏创新、苦干实干、后发赶超"的精神，守好发展和生态两条底线，创新发展思路，发挥后发优势，决战脱贫攻坚，决胜同步小康，续写新时代贵州发展新篇章，开创百姓富生态美的多彩贵州新未来。习近平总书记要求贵州的同志在解放思想上有新进步，在改革开放上有新突破，在后发赶超上有新成效，在全面建成小康社会进程中有新跨越。

守好发展和生态两条底线，既是习近平新时代中国特色社会主义思想的重要内容，也是习近平总书记对贵州工作的殷切嘱托，是贵州国土资源工作的根本遵循。省委、省政府切实贯彻落实习近平总书记嘱托，结合贵州实际提出要适应把握经济发展新常态，坚定走向生态文明新时代。进一步处理好发展和生态环境保护的关系，守住经济增长、人民收入增加、贫困人口脱贫、社会安全四条发展底线，守好山青、天蓝、水清、地洁四条生态底

线，坚定不移走百姓富、生态美两者有机统一的发展新路。国土资源是经济社会发展的基本要素，是建设美丽中国的核心元素，是生态文明建设的重要领域，是生态产品生长的源头，是人民生活之基、财富之源，支撑各行各业，关系千家万户，影响千秋万代。国土资源工作在守好发展和生态两条底线中肩负着光荣使命和重要职责。习近平新时代中国特色社会主义思想和在党的十九大贵州代表团重要讲话精神，为我们守好发展和生态两条底线提供了理论指导和行动指南。我们要把习近平总书记守好发展和生态两条底线的殷切嘱托作为全省国土资源工作的根本遵循，为贵州经济社会发展和生态文明建设提供有力保障和优质服务。

2）保障高质量发展是贵州国土资源工作的第一要务。国土资源是高质量发展的物质基础、空间载体、能量来源和构成要素，国土资源工作承担着为高质量发展提供保障和服务的重要任务。进入新时代，贵州发展迎来新机遇，对贵州国土资源工作提出了新要求。

打赢脱贫攻坚战，是贵州全面建成小康社会的底线任务，是当前贵州国土资源工作的首要任务。我们要更加扎实有力推进国土资源大扶贫战略行动，不断提高助力脱贫攻坚的精准度和有效性。用活用好国土资源部支持深度贫困地区脱贫攻坚政策，制定具体措施，细化责任分工，重点在土地整治、资源开发、地质调查等方面加大支持力度，充分释放政策效能。精准指导各地用好用活增减挂钩政策，精准安排实施增减挂钩项目，活跃流转指标交易市场，规范有序流转增减挂钩节余指标，为易地扶贫搬迁筹集更多资金。对产业扶贫、农村"组组通"公路建设等扶贫项目建设用地实行应保尽保，每年为10万就地脱贫人口每人整治1亩优质农田。支持深度贫困地区农村集体经济组织依法使用农村集体建设用地，或以土地使用权入股、联营等方式，与其他单位或个人共同兴办企业，发展农村新产业新业态。优先支持贫困地区矿产资源勘查开发利用，摸清贫困地区地质资源优势，支撑贫困地区脱贫和长远发展，支持鼓励矿区群众就地就业脱贫。

深化供给侧结构性改革，不断提高国土资源供给质量和效益。全力保障"十三五"规划重大工程、项目建设用地需求。围绕振兴实体经济，完善落实产业用地政策，促进传统产业转型升级，努力降低企业用地成本，在计划安排、转用征收、用地供应等各环节做好保障服务，推动数字经济、旅游经济、绿色经济、县域经济快速发展。贯彻落实《中共中央国务院关于实施乡村振兴战略的意见》（中发〔2018〕1号），推动实施乡村振兴战略，不断提升国土资源服务"三农"能力和水平。深化农村土地制度改革，编制实施村土地利用规划，调整优化村庄用地布局，有效利用农村零星分散的存量建设用地。完善现代农业发展用地政策，支持农村新产业、新业态发展用地，开展耕地质量地球化学调查，支撑现代山地特色高效农业发展，增强农业农村发展新动能。推进地质找矿突破战略行动，调整优化找矿工作布局，不断提高地质工作程度，加大新兴矿产、页岩气、煤层气、温泉（地热）等清洁能源资源勘查开发力度，切实提高矿产资源保障能力。积极探索新时代地质工作转型升级绿色发展。推动旅游资源普查成果广泛应用，加快地质公园建设步伐，促进贵州山地旅游业发展。把好新增产能用地用矿关口，推动煤炭等行业化解过剩产能，关闭退出煤矿。完善退出企业、兼并重组、转产企业、停建项目等涉及的土地资产处置。支持贵州内陆开放型经济试验区规划建设，推动黔中经济区率先崛起、黔北经济协作区加速崛起、毕水兴经济带加快发展的城镇格局。

扎实推进国土资源大数据战略行动，不断提高国土资源信息化建设能力和水平。大力推进贵州国土资源大数据发展和应用，加强国土资源大数据的创新应用，打造国土资源管理决策服务新模式，不断提高国土资源参与宏观调控、市场监管、社会治理和公共服务的精准度和有效性，促进国土资源大数据应用新业态发展，形成国土资源大数据应用发展新格局。着力提高测绘地理信息供给质量和效益，不断拓展应用广度和深度，开展地理国情常态化监测，推动监测成果广泛使用。加快构建智慧城市时空大数据与云平台，支撑数字贵州、智慧贵州建设。推广应用贵州省北斗导航与位置服务系统。统筹航空航天遥感测绘建设，加快通用标准机场和航空应急测绘基地建设，推进"天地图·贵州"建设和地理信息资源整合共享，提升测绘地理信息应急保障能力。切实维护国家地理信息安全。发挥测绘地理信息公共服务作用和优势，突出精准定位，整合专业数据，扩大新兴地理信息市场，壮大测绘地理信息产业，让地理信息惠及社会大众。

3）保护生态环境是贵州国土资源工作的首要职责。习近平总书记指出，保护生态环境就是保护生产力，改善生态环境就是发展生产力。国土是生态文明建设的空间载体。国土资源包括土地、矿产等资源，具有经济、社会、生态等多重属性和功能，是生态文明建设的物质基础和空间载体。贵州地处长江、珠江上游重要生态屏障区，是国家生态文明建设试验区。我们要认真学习、深入贯彻习近平总书记关于绿水青山就是金山银山、像对待生命一样对待生态环境、山水林田湖草是一个生命共同体、实行最严格的生态环境保护制度等生态文明理念，保护好贵州生态环境。

强化源头保护。认真落实国家生态文明试验区贵州实施方案，积极推进自然生态空间用途管制试点，加快建设国土空间基础信息平台，深化国土资源环境承载力评价与监测预警。贯彻主体功能区战略，实施全国国土规划纲要，编制全省国土规划和新一轮土地利用总体规划，发挥国土规划的引领和协调作用，统筹生产、生活、生态空间，加快构建国土空间用途管制制度，强化国土空间开发保护；发挥土地利用总体规划的"底线""底盘""底数"作用，协调推进生态保护红线、永久基本农田、城镇开发边界"三条控制线"划定，形成生态系统源头保护的实体边界。

严格保护耕地。深入贯彻落实《中共中央 国务院关于加强耕地保护和改进占补平衡的意见》和我省实施意见，坚持最严格的耕地保护制度，严格耕地数量、质量、生态"三位一体"保护，加强耕地管控、建设、激励多措并举，强化耕地质量保护与提升，强化耕地保护主体责任，完善监管考核制度，实现耕地保护责权利相统一，完善永久基本农田管控体系，加强耕地占补平衡规范管理，促进形成保护更加有力、执行更加顺畅、管理更加高效的耕地保护格局。加强年度耕地质量更新、评价和监测。全面推进建设占用耕地耕作层剥离再利用。树立"土地整治+"理念，进一步拓展土地综合整治空间和范围，开展整体保护、系统修复、综合治理，增强土地系统循环能力，维护土地生态平衡，推进生态国土建设。

节约集约利用国土资源。落实最严格的节约用地制度，强化建设用地批后全程监管和动态巡查，加强闲置土地清理处置。严格执行节约集约用地政策，完善用地准入制度。全面实施建设用地总量控制和减量化管理，有序推进城镇低效用地再开发和工矿废弃地复垦利用，推广应用节约集约用地模式和工程技术，全面推进年度单位 GDP 建设用地消耗评价考核。落实矿产资源全面节约和高效利用的意见，统筹生态保护与资源开发，将绿色发展理念贯穿于矿产资源规划、勘查、开发利用与保护全过程，健全矿产资源绿色化勘查开发机制，全面推进绿色勘查和绿色矿山建设，创建绿色矿业发展示范区，推动矿产资源开发利用全流程管理。严格执行矿产资源绿色开发利用（三合一）制度，严格执行新"三率"标准，推广应用节约和高效利用先进适用技术，促进矿产资源节约集约和综合开发利用，盘活一批低品位、共伴生、难利用矿产资源，推动传统矿业转型升级。深入开展国土资源节约集约模范县（市）创建。

加强地质灾害防治和地质环境恢复治理。更加扎实有力推进地质灾害综合防治行动，不断增强地质灾害综合防治能力。实施提升地质灾害监测预警科技能力行动，开展高位隐蔽性地质灾害隐患专业排查，强化科学排查、综合治理、群测群防等措施，最大限度减少因地质灾害造成的人员伤亡和财产损失。强化监测预警，加强应急演练，加大宣传教育。做好特大型地质灾害防治项目储备和申报工作。建立地质灾害防治项目评优制度和资质单位诚信制度，强化项目管理，全面推进地质灾害防治项目"六个精准"的实施，提升工程质量和效益，最大限度保护人民群众生命财产安全，切实增加人民群众安全感。加强矿山地质环境保护和恢复治理，推进土地整治、矿山环境恢复、地灾治理等国土综合整治，充分发挥山水林田湖草系统治理平台作用，强化自然生态保护修复，提高资源环境承载能力。

## 三、凝心聚力、克难奋进，扎实做好 2018 年全省国土资源工作

2018 年是贯彻党的十九大精神的开局之年，是改革开放 40 周年，是决战脱贫攻坚、决胜同步小康、实施"十三五"规划承上启下的关键一年。全省国土资源工作的总体要求：深入学习贯彻党的十九大精神和习近平总书记在贵州省代表团重要讲话精神，以习近平新时代中国特色社会主义思想为指导，按照省委十二届二次全会和全省经济工作会议部署，以及全国国土资源和测绘地理信息工作会议要求，加强党对国土资源工作的全面领导，坚持稳中求进工作总基调，坚持新发展理念，紧扣我国社会主要矛盾变化，按照高质量发展要求，围绕统筹推进"五位一体"总体布局和协调推进"四个全面"战略布局，坚持以供给侧结构性改革为主线，坚持守好发展和生态两条底线，以深入实施大扶贫、大数据、大生态三大战略行动为统领，推进美丽国土建设，更加重视提升资源要素保障能力、更加重视提高资源供给质量、更加重视资源节约和生态保护修复、更加重视维护群众资源权益、更加重视改革创新和精准精细，加快国土资源质量变革、效率变革、动力变革，不断提高国土资源工作水平，续写新时代贵州国土资源事业发展新篇章，促进全省经济社会持续健康发展、开创百姓富生态美的多彩贵州新未来！

我们要按照上述要求，拥抱新时代、聚焦新目标、落实新部署、实现新作为，统筹兼顾、突出重点、全面推进，在打好三大攻坚战中主动作为，着力取得七个新突破。

1）主动作为打好防范化解重大风险攻坚战。守住国土资源领域不发生系统性风险底线。严格土地储备机构管理，规范地方土地储备行为。完成土地储备机构名录更新。督促地方政府限期整改土地违规抵押融资问题和履行属地金融风险处置责任，防范地方政府债务风险。认真细致做好国土资源领域信访维稳工作。深入开展社会矛盾纠纷排查化解，严肃查处侵害群众权益的违法案件，重点做好征地拆迁、采矿引起地面塌陷等方面矛盾纠纷排查化解，做好土地整治、地灾治理等国土资源工程项目拖欠农民工工资检查清理，建立完善国土资源领域矛盾纠纷多元调处机制，及时化解发生在基层的涉地涉矿矛盾纠纷，有效防范各类群体性事件发生。从严从实从细抓好国土资源系统安全生产各项工作。牢固树立红线意识，强化底线思维，更加注重防患未然、更加注重强化监管、更加注重责任落实，坚决做到守土有责、守土负责、守土尽责，切实维护社会和谐稳定。

2）主动作为打好精准脱贫攻坚战。深入推进国土资源大扶贫战略行动，重点围绕"四场硬仗"，提高助推脱贫攻坚精准度和有效性。扎实推进增减挂钩项目。深度贫困地区开展增减挂钩不受指标规模限制，指导各地做大增减挂钩实施规模，节余更多指标在省内流转，探索在东西部扶贫协作省市间流转。扶贫项目用地实行应保尽保。优先安排易地扶贫搬迁、旅游扶贫、产业扶贫、基础设施的新增建设用地计划指标，允许深度贫困地区"边建边报""边占边补"，确保扶贫建设项目及时落地。大力实施土地整治助推脱贫。继续实施为10万就地脱贫人口每人整治1亩优质农田工程，完善"村民自建"土地整治模式，积极争取国家支持乌蒙山土地整治重大工程项目。抓好定点包干董地乡等极贫乡镇和赫章县同步小康驻村脱贫攻坚，完成极贫乡镇土地整治、地灾防治整乡推进三年行动计划第二阶段目标。积极推进矿产开发助力脱贫攻坚，探索走出一条矿山企业发展与群众脱贫增收双赢的新路子。

3）主动作为打好污染防治攻坚战。针对大气污染防治，严把"高排放、高污染"行业新增产能用地用矿关口，加快推进页岩气、煤层气、地热能勘查开发利用，减少污染气体排放。针对水污染防治，开展全省及5个中心城市地下水监测，开展重点地区地下水污染专项调查评价。争取国家地下水监测工程二期项目。针对土壤污染防治，深入开展农用地土壤地球化学背景调查，开展污染耕地修复，加强对污染地块管控，严禁将污染的耕作层用于剥离再利用。加强矿山地质环境恢复和综合治理。构建政府、企业、社会共同参与的恢复治理新机制，统筹解决在建、生产矿山和历史遗留等"新老问题"，创新历史遗留矿山恢复治理新模式，加快历史遗留矿山恢复治理。积极争取贵州省乌蒙山国家脱贫攻坚区山水林田湖草生态保护修复重大工程项目。

4）着力推动国土资源供给侧结构性改革取得新突破。提升土地要素保障能力。积极争取新增年度建设用地计划，全力保障重大工程、交通、水利等基础设施建设用地需求，脱贫攻坚、民生工程、村民宅基地、新兴产业等用地实行应保尽保。主动服务、加快办理建设项目用地预审，及时报批建设用地。创新土地利用方式，为贫困县城拓展寻找新的发展空间。完善落实用地政策，支持新产业、新业态发展，切实降低企业用地成本。加强土地资产管理，配合做好军队停偿、国企改制、文化体制改革、农垦改革等领域的土地资产处置。推进实施乡村振兴战略。编制实施村土地利用规划，优化农村空间开发格局，合理安排农村经济发展各类用地。推动高标准农田建设等新增耕地指标和增减挂钩节余指标跨省域调剂。加强和规范宅基地管理。完善设施农用地政策。整体推进农村土地综合整治。全面推进全省耕地地球化学调查。开展全省农业产业结构调整遥感监测。落实区域协调发展战略。优化国土空间开发格局，健全城镇建设用地增加同吸纳农村转移人口落户数量挂钩机制，创新适应新型城镇化用地管理模式，推动以城市群为主体构建大中小城市和小城镇协调发展的城镇格局。支持贵安新区、双龙航空港经济区等"1+8"开放创新平台建设发展。提高地质矿产服务保障能力。全面实施矿产资源规划，制定矿业权出让年度计划，并有序投放市场。拓展地质调查服务领域，加强城市地质工作。推进地质找矿突破战略行动第三阶段工作，加大能源、紧缺及战略性新兴产业矿产勘查力度，重点加强深部地质找矿。加快黔北页岩气综合勘查试验区建设，推进正安区块页岩气和六盘水—织金煤层气勘查开发。

5）着力推动生态国土绿色发展取得新突破。构建国土空间开发保护制度体系。完成省级国土规划编制，开展新一轮土地利用总体规划编制试点，扎实抓好六盘水市和赤水市、钟山区三个国家级试点，把生态保护红线、永久基本农田、城镇开发边界"三条控制线"逐级落实到具体地块。探索建立自然生态空间用途管制制度，开展试点评估。加快国土空间基础信息平台建设，提高国土资源遥感监测能力，加强对重点地区、重大项目动态监测。推进土地资源节约集约利用。严格建设用地总量控制和减量化管理，落实单位 GDP 建设用地使用面积下降目标。探索建立存量与增量挂钩机制，加强建设用地供后开发利用监管，促进土地开发利用。加大闲置土地处置力度。推进城镇低效用地再开发，推广开展节地技术和节地模式创新，促进地下空间综合开发利用。深入开展国土资源节约集约模范县（市）创建，促进开发区提高集约用地水平。促进矿产资源节约高效利用。强化源头减量、过程控制、末端再生，严格执行矿产资源绿色开发利用（三合一）制度，严格实施矿产资源新"三率"管理，推广应用矿产资源节约和综合利用先进适用技术，不断提高矿产资源综合利用水平，发展绿色矿业。全面推进绿色勘查和绿色矿山建设。完善矿产资源勘查开采总量控制、分区管理、准入门槛等制度。推进生态保护红线范围内矿业权清理及分类处置、有序退出。严厉打击砂石土等矿产资源滥采乱挖行为。积极做好生态文明贵阳国际论坛 2018 年年会主题论坛有关工作。

6）着力推动耕地保护取得新突破。认真贯彻落实省委、省政府《关于加强耕进保护和改进占补平衡推进绿色发展的实施意见》（黔党发〔2018〕4 号）。严格保护耕地。永久基本农田实行特殊保护和动态监管，强化永久基本农田对各类建设布局的约束和引导，严格控制占用已经划定永久基本农田。推进永久基本农田整备区建设。落实地方政府耕地保护责任目标考核。鼓励各地建立耕地保护补偿机制，对履行耕地保护责任的农民和村集体组织予以奖补。改进耕地占补平衡管理。开展耕地占补平衡三年行动计划，按照"明责任、算大账、差别化"原则，落实好改进管理方式落实耕地占补平衡新政，建立耕地数量、产能、水田三类指标储备库，实行指标分类管理，落实多种渠道补充、多种资金投入的耕地占补平衡措施。严格控制未利用地开垦。推进农村土地整治和高标准农田建设。修订土地整治项目管理办法，组织实施土地整治规划，统筹安排整治任务，积极引导多元主体参与，创新整治实施模式，强化示范带动，全面推动乡村生产、生活和生态建设。推动高标准农田建设责任落实，构建多元化投入机制，推进统一上图入库，强化监管考核。

7）着力推动保障和改善民生取得新突破。加强地质灾害防治。实施提升地质灾害监测预警科技能力行动，依托物联网、大数据、卫星通信、云计算等新技术，强化"人防+技防"，推进自动化监测系统建设，确保建成100处大型地质灾害防患点监测设备，完成全省高位隐蔽性地质灾害隐患专业排查。进一步完善群测群防体系，加强监测预警预报、应急演练和应急值守，加大地质灾害防治宣传培训力度，切实增强人民群众防灾减灾意识。深入推进不动产统一登记。着力加强登记规范化建设，开展不动产登记窗口专项整治，加强各地窗口运行监测，促进登记资料移交到位。深入推进存量数据整合汇交。完善不动产权籍调查制度体系，强化调查成果应用。完善全省不动产统一登记信息平台，切实提高不动产登记效率，让数据多"跑路"，让群众少"跑腿"。完成农垦国有土地确权登记发证，有序推进林权类不动产登记。差别化调控房地产用地。严格住宅用地供应五类调控目标管理，实施住宅用地供应三年滚动计划。深化住宅用地出让合同执行情况清理整改，加大租赁住房用地供应力度，完善促进房地产健康发展的基础性土地制度。完善多主体供应、多渠道保障、租购并举的住房制度相适应的住宅用地供应制度。维护被征地农民合法权益。改革完善征地管理工作，用好全省征地信息共享平台，跟踪各地征地信息公开情况，及时全面公开征地信息。落实信访工作责任制，依法分类处理国土资源信访事项，及时就地解决群众合理诉求，提升信访工作法治化、规范化水平。

8）着力推动国土资源领域改革取得新突破。深化统筹湄潭农村土地制度三项改革。统筹农村集体经营性建设用地入市与盘活利用闲置农房和宅基地，统筹缩小征地范围与农村集体经营性建设用地入市，平衡好国家集体个人利益，让农民公平分享土地增值收益，完善调节金征收制度。探索宅基地所有权、资格权、使用权"三权分置"，落实宅基地集体所有权，保障宅基地农户资格权，适度放活宅基地使用权。深化矿产资源配置体制改革。切实做好矿业权出让制度改革试点，全面实行矿业权招拍挂出让制度，完善矿产资源有偿使用制度，健全竞争有序的矿业权市场。改革矿业权人监管方式，全面实行矿业权勘查开发信息公示制度，建立矿业权信用约束机制。深化矿产资源权益金制度改革，开展矿业权出让收益征收。承接好部委托下放矿业权审批登记试点。扎实推进自然资源管理制度改革。健全自然资源资产产权制度，完成赤水、绥阳、钟山、安龙、思南、普定等国家和省级自然资源确权统一登记试点，推进全民所有自然资源资产有偿使用制度改革试点，推进自然生态空间用途管制试点，积极参与国有自然资源资产管理体制改革，落实生态环境监管体制改革要求。积极推进矿产资源储备登记制度。完成探明储量矿产资源统一确权登记试点。持续推进"放管服"改革。深化行政审批制度改革，推进流程再造和业务建模，逐步推进"互联网+政务服务"，升级完善行政审批信息系统，强化系统自动甄别、分析研判、监测预警等功能，推进行政审批服务人工智能化，提高审批服务质量和效率。完善事中事后监管制度，打造"数据铁笼"，加强"双随机、一公开"监管，规范行政权力运行。

9）着力推动夯实国土资源基础取得新突破。推进法治国土建设。开展《贵州省测绘

条例》修订，推进《贵州省不动产登记条例》立法进程。认真清理国土资源领域与生态
文明建设不相适应的法律法规和政策文件，加快"立改废释"。强化规范性文件合法性和
公平竞争审查。加大政务公开力度，履行行政复议应诉职责。坚持法定职责必须为、法无
授权不可为，严格按法律和行政法规授权履行职责，明确权力责任边界，强化内部规范管
理。做好宣传、国安、保密、机要、档案、计生等工作。推进公正文明严格执法。进一步
加大国土资源执法监察力度，严肃查处违法占用耕地，特别是永久基本农田、侵害群众权
益和违法勘查开采矿产资源等重大、典型案件。完善全省国土资源执法监察综合监管平
台，将年度卫片检查与日常执法监管挂钩，提升执法监察效能。探索推行重大案件异地交
叉办案制度。落实"谁执法谁普法"责任制，加大普法力度。积极配合开展土地督察。认
真组织开展我省第三次全国土地调查。按照《第三次全国土地调查总体方案》，编制我省
实施方案，改进调查方法，充分运用"互联网+"、高分辨率遥感影像等科技手段，确保
调查数据真实准确，建立健全部门协商协作机制，完善规程规范和工作规则，严格工作纪
律和廉洁纪律，加强事中事后监督检查，促进成果共享，把三调打造成为一项高科技工
程、共享工程、廉洁工程。

10）着力推动国土资源大数据和测绘地理信息发展取得新突破。深入推进国土资源大
数据战略行动。完成全省国土资源数据资源梳理，更新数据资源目录，统筹整合土地、矿
产、地灾、测绘等调查、监测、管理数据，完善国土资源数据资源体系。编制国土资源数
据共享开放管理办法，制定国土资源数据共享开放清单，研制数据共享开放标准规范，让
全省国土资源系统实现形势分析、决策支持、信息服务等领域的大数据应用，着力推动国
土资源大数据应用发展。提升测绘地理信息保障服务能力。开展地理国情常态化监测，推
进普查和监测成果广泛应用。提升遥感影像自主获取能力，建立多源影像统筹机制，做好
0.2m 分辨率的高清影像获取。加快智慧城市时空大数据与云平台建设，重点抓好贵阳、
平坝两个试点；推广应用贵州省北斗导航与位置服务系统，提供高精度现代空间基准服
务。加快全国首个航空遥感应急保障通用机场建设，提升测绘地理信息应急保障能力。丰
富和完善"天地图·贵州"内容，推进基础地理信息资源分建共享，拓展地理信息应用广
度和深度，推动测绘地理信息大数据应用发展。强化测绘地理信息行业监管。加强测绘产
品质量监督和资质单位巡查，完善测绘地理信息行业信用体系，提高测绘产品供给质量。
规范卫星导航定位基准站建设，全面开展测量标志和卫星导航定位基准站普查、备案和安
全整治，开展国家版图意识宣传教育，整治"问题地图"，切实维护国家测绘地理信息
安全。

## 四、坚持党要管党、全面从严治党，为新时代全省国土资源事业改革创新发展提供坚强政治保证

做好新时代全省国土资源工作，关键在党的全面领导，基础在队伍建设。我们要以习
近平新时代中国特色社会主义思想为指导，以永远在路上的执著、以政治建设为统领把全
面从严治党引向深入，着力建设贯彻落实党的宗旨和使命的政治机关、依法行政的国家机

关、高素质专业化的管理机关，为高质量完成全省国土资源工作提供坚强保证，奋力谱写新时代国土资源事业发展新篇章。

1）加强党的政治建设，坚定不移把以习近平同志为核心的党中央决策部署落到实处。深入学习宣传贯彻党的十九大精神和习近平总书记在贵州省代表团重要讲话精神，弘扬"团结奋进、拼搏创新、苦干实干、后发赶超"的新时代贵州精神，用习近平新时代中国特色社会主义思想武装头脑、指导实践、推动工作。坚决维护、自觉接受党中央的集中统一领导，坚决维护习近平总书记的核心地位。牢固树立"四个意识"，自觉坚定"四个自信"，始终遵循"四个服从"，在政治立场、政治方向、政治原则、政治道路上，同以习近平同志为核心的党中央保持高度一致。在坚持党的领导、维护党的核心问题上，全省国土资源系统党员干部必须旗帜鲜明讲政治、不折不扣抓落实，党员领导干部要以上率下、发挥头雁效应，决不能停留在口头表态上，必须体现到岗位上、落实到行动中。开展"不忘初心、牢记使命"主题教育，持续推进"两学一做"学习教育常态化制度化。落实意识形态工作责任制，加强阵地建设和管理。不断加强和完善巡察工作。

2）持之以恒正风肃纪，营造全省国土资源系统风清气正的良好政治生态。始终把纪律和规矩挺在前面，严明政治纪律和政治规矩，持续深入整治"四风"，驰而不息狠抓作风建设，坚持问题导向，紧盯形式主义、官僚主义的新表现，扭住群众身边的"微腐败"，认真贯彻执行中央八项规定及实施细则精神，结合实际制定厅党组贯彻实施办法，开展全省国土资源系统"作风整治"专项行动。深入推进党风廉政建设和反腐败斗争，锲而不舍打造廉洁国土。加强纪律执行情况监督检查，真正把党的纪律和规矩立起来、严起来。强化政治纪律和组织纪律，带动廉洁纪律、群众纪律、工作纪律、生活纪律严起来。对系统内涉及土地征收、土地整治、土地和矿业权出让、不动产登记等违规违纪行为坚决查处，失职失责的严肃问责，让纪律要求转化为党员干部的日常习惯和自觉遵循。强化纪律执行，坚持重遏制、强高压、长震慑，积极践行监督执纪"四种形态"，特别是第一种形态，让批评教育、函询约谈，让咬耳扯袖、红脸出汗成为常态，抓早抓小、抓常抓长、落细落实，当好党内政治生态护林员，切实让党员干部知敬畏、存戒惧、守底线，不断增强党员干部政治定力、纪律定力、道德定力、抵腐定力，切实提高党员干部免疫力，防止小问题造成大影响，巩固来之不易的良好政治生态。强化不敢腐的震慑、扎牢不能腐的笼子、增强不想腐的自觉，形成有效管用的体制机制。

3）打造忠诚担当干部队伍，推动国土资源事业持续健康发展。着力强化政治标准，从严管理干部，从严建设队伍。完善干部选拔任用机制，坚持忠诚干净担当标准，加大干部培养和选拔力度，注重政治素质、专业知识、专业能力、专业作风、专业精神的统一，切实把好干部选出来、用起来。在全系统开展干部队伍建设管理清理整顿，深入查找"四个意识"、工作作风、体制机制、干部队伍建设教育管理四方面问题，对查找出来的问题进行原因分析，形成整改清单和责任清单，并督促抓好整改落实，切实增强干部的责任意识和担当意识，不断提高干部政治站位、思想觉悟和履职能力。持续加强干部培训和实践锻炼，重视发现和培养高素质专业化人才，在基层一线和困难艰苦的地方培养锻炼年轻干部，努力打造一支政治坚定、作风过硬、业务素质高的国土资源干部队伍。完善干部考核评价激励机制，健全激励机制和容错纠错机制，营造风清气正的政治生态和干事创业的良好环境。做好离退休干部工作，推动统一战线、群团工作深入发展。

4）扎实开展"质量提升年"活动，切实提高国土资源工作质量。深入推进全面从严治党，必须与国土资源工作实际紧密结合。按照国土资源部的安排部署，结合"不忘初心、牢记使命"主题教育，在全系统开展具有国土资源系统特点的"质量提升年"活动，紧紧围绕省委、省政府工作大局和国土资源中心工作，与正在开展的全系统作风建设、干部队伍建设管理清理整顿、土地整治、地灾治理、不动产登记、矿产资源管理领域等专项整治相结合，大兴调查研究之风，全面了解情况，深入研究问题，着力破解难题。大兴真抓实干之风，全面推行政策设计、工作部署、干部培训、监督检查、追责问责"五步工作法"。大兴勤俭节约之风，不折不扣贯彻落实中央八项规定及实施细则。做好活动内容和抓手设计，牢固树立质量第一、效益优先理念，突出活动重点，突出问题导向，突出责任落实，强化责任担当，确定路线图、时间表，以务实高效的工作推动高质量发展。

同志们，中国特色社会主义进入新时代，新时代要有新气象，更要有新作为。让我们更加紧密地团结在以习近平同志为核心的党中央周围，坚持以习近平新时代中国特色社会主义思想为指导，在省委、省政府的坚强领导下，大力弘扬新时代贵州精神，以时不我待、只争朝夕的精神，撸起袖子加油干、迈开步子加快赶，为续写新时代贵州发展新篇章、开创百姓富生态美的多彩贵州新未来做出更大贡献！

# 贵州省国土资源与可持续发展图集

## 一、综合类（4 幅）

贵州政区
贵州交通
贵州地势
贵州气候

## 二、土地类（5 幅）

贵州土地利用现状
贵州省土地利用总体规划
贵州省土地整治规划
贵州省 5000 亩以上耕地坝区分布图
贵州省永久基本农田分布图

## 三、地矿类（5 幅）

贵州地质
贵州矿产资源分布
贵州矿产资源开发利用规划
贵州温泉、地热分布
贵州煤层气资源分布图

## 四、地质环境管理类（2 幅）

贵州地质公园分布
贵州旅游资源大普查优良级旅游资源分布

图　　集

贵州省在全国位置图

审图号：GS(2016)2886号
国家测绘地理信息局 监制

图　例

★　首都
──　国界

───　省、自治区、直辖市界
─────　特别行政区界
───　地区界
───　军事分界线
───　河流

0　　　　　85.7 km

图　例

◎ **贵阳市**　省级行政中心
◎ **安顺市**　地级市行政中心
◎ <u>兴义市</u>　自治州驻地
◎ <u>仁怀市</u>　省直管市(县)行政中心
◎ 清镇市　县级行政中心
○ 丰都　街道办事处
○ 南山　社区服务中心
○ 青岩　镇
○ 永乐　乡
○ 高坡　民族乡

审图号：黔S（2018）015号

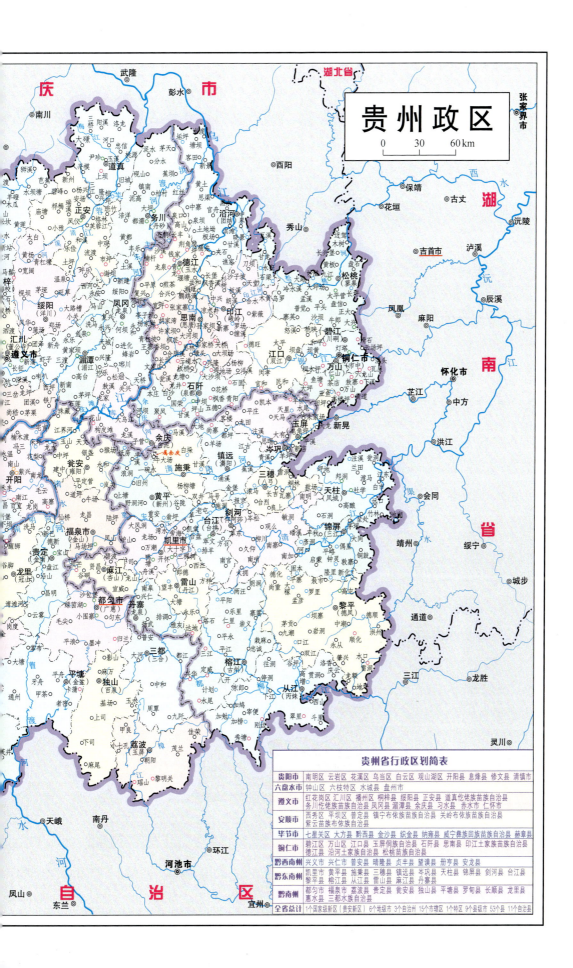

# 贵州政区

0    30    60 km

## 贵州省行政区划简表

| 贵阳市 | 南明区　云岩区　花溪区　乌当区　白云区　观山湖区　开阳县　息烽县　修文县　清镇市 |
|---|---|
| 六盘水市 | 钟山区　六枝特区　水城县　盘州市 |
| 遵义市 | 红花岗区　汇川区　播州区　桐梓县　绥阳县　正安县　道真仡佬族苗族自治县　务川仡佬族苗族自治县　凤冈县　湄潭县　余庆县　习水市　赤水市　仁怀市 |
| 安顺市 | 西秀区　平坝区　普定县　镇宁布依族苗族自治县　关岭布依族苗族自治县　紫云苗族布依族自治县 |
| 毕节市 | 七星关区　大方县　黔西县　金沙县　织金县　纳雍县　威宁彝族回族苗族自治县　赫章县 |
| 铜仁市 | 碧江区　万山区　江口县　玉屏侗族自治县　石阡县　思南县　印江土家族苗族自治县　德江县　沿河土家族自治县　松桃苗族自治县 |
| 黔西南州 | 兴义市　兴仁市　普安县　晴隆县　贞丰县　望谟县　册亨县　安龙县 |
| 黔东南州 | 凯里市　黄平县　施秉县　三穗县　镇远县　岑巩县　天柱县　锦屏县　剑河县　台江县　黎平县　榕江县　从江县　雷山县　麻江县　丹寨县 |
| 黔南州 | 都匀市　福泉市　荔波县　贵定县　瓮安县　独山县　平塘县　罗甸县　长顺县　龙里县　惠水县　三都水族自治县 |
| 全省总计 | 1个国家级新区（贵安新区）　6个地级市　3个自治州　15个市辖区　1个县级市　9个县级市　53个县　11个自治县 |

# 贵州交通

0　30　60km

贵阳至各地航空线路

审图号：黔S（2018）015号

**图　例**

| | |
|---|---|
| 高速铁路 | |
| 在建高速铁路 | |
| 隧道　复线　铁路 | |
| G60　45　高速公路及里程 | |
| 编号 | |
| 326　21　国道及里程 | |
| 编号 | |
| 29　省道及里程 | |
| 县道 | |
| 航道 | |
| 码头 | |
| 在建　机场 | |

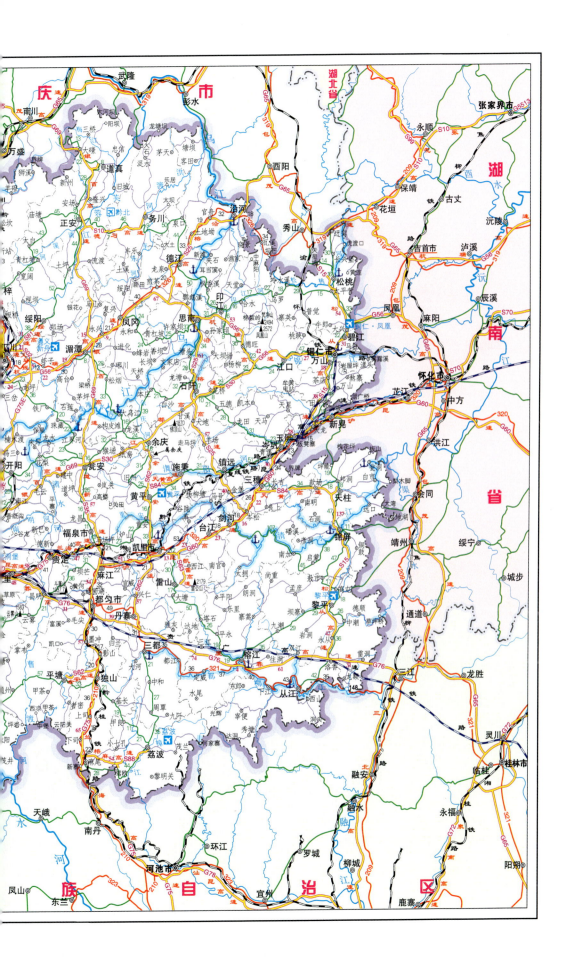

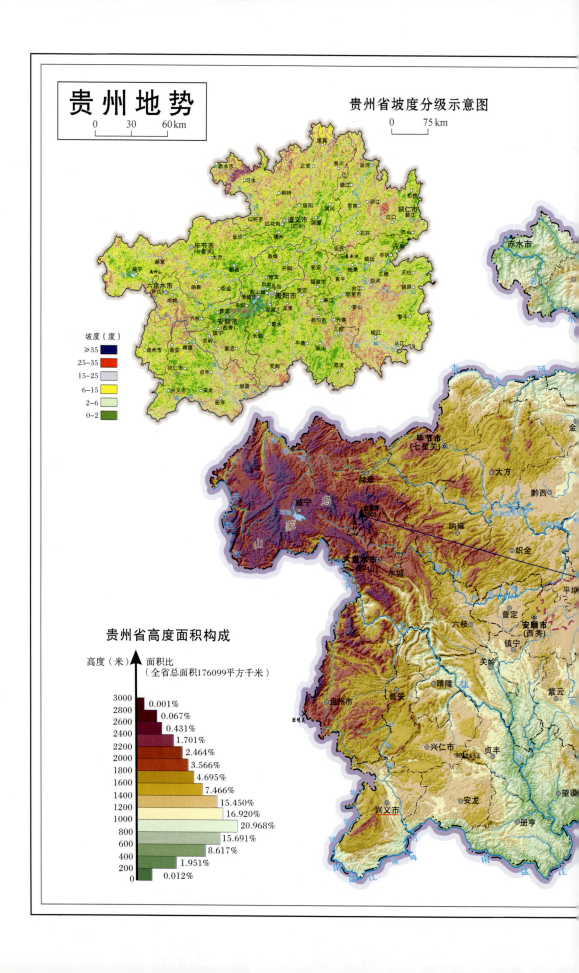

# 贵 州 地 势

0 30 60km

## 贵州省坡度分级示意图

0 75km

**坡度（度）**
- ≥35
- 25-35
- 15-25
- 6-15
- 2-6
- 0-2

## 贵州省高度面积构成

高度（米） 面积比
（全省总面积176099平方千米）

| 高度（米） | 面积比 |
| --- | --- |
| 3000 | 0.001% |
| 2800 | 0.067% |
| 2600 | 0.431% |
| 2400 | 1.701% |
| 2200 | 2.464% |
| 2000 | 3.566% |
| 1800 | 4.695% |
| 1600 | 7.466% |
| 1400 | 15.450% |
| 1200 | 16.920% |
| 1000 | 20.968% |
| 800 | 15.691% |
| 600 | 8.617% |
| 400 | 1.951% |
| 200 | 0.012% |
| 0 | |

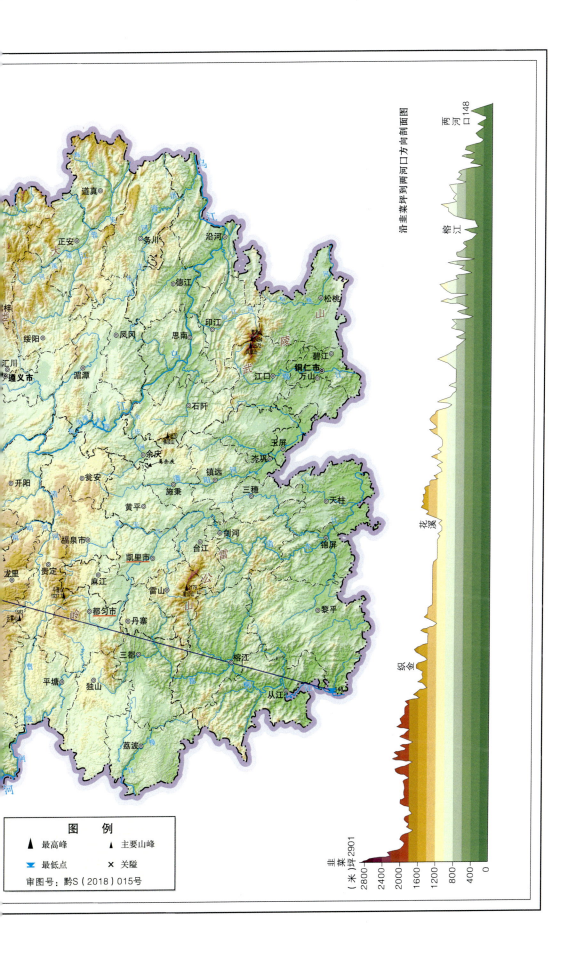

沿韭菜坪到两河口方向剖面图

（米）2800
2400
2000
1600
1200
800
400
0

韭菜坪 2901
织金
花溪
榕江
两河口 148

图　例

▲ 最高峰　　　▲ 主要山峰

🔻 最低点　　　✕ 关隘

审图号：黔S（2018）015号

道真◎
正安◎
大
绥阳◎
梓芒
汇川
遵义市●
湄潭◎
务川◎
德江◎
凤冈◎
思南◎
沿河◎
乌
江
松桃◎
印江◎
山
陵
碧江◎
铜仁市●
江口◎
万山◎
武
石阡◎
玉屏◎
余庆◎
岑巩◎
镇远◎
施秉◎
三穗◎
天柱◎
黄平◎
开阳◎
瓮安◎
福泉市◎
剑河◎
锦屏◎
凯里市◎
雷
麻江◎
贵定◎
合江
公
龙里◎
都匀市◎
雷山◎
山
黎平◎
丹寨◎
岭
三都◎
平塘◎
独山◎
榕江◎ 148
从江◎
荔波◎

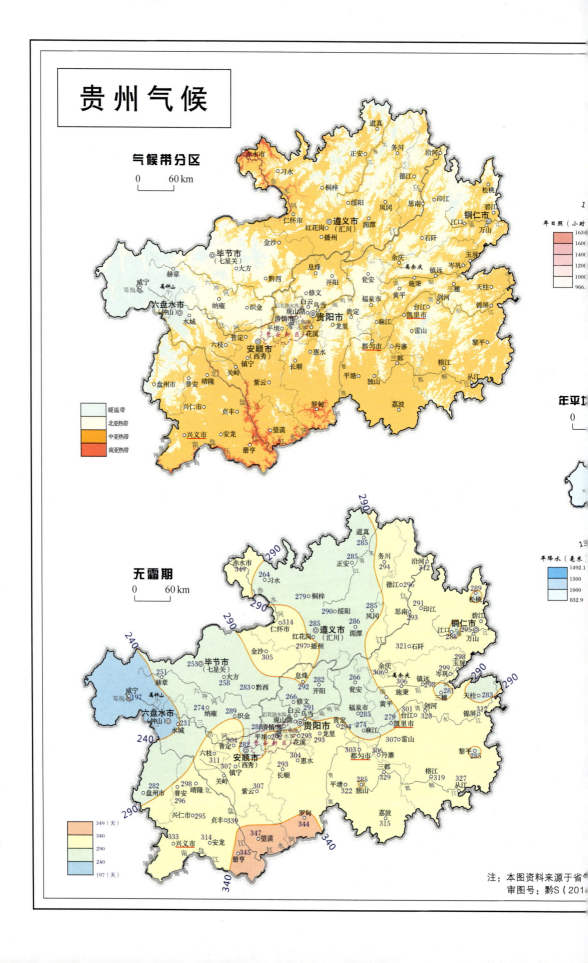

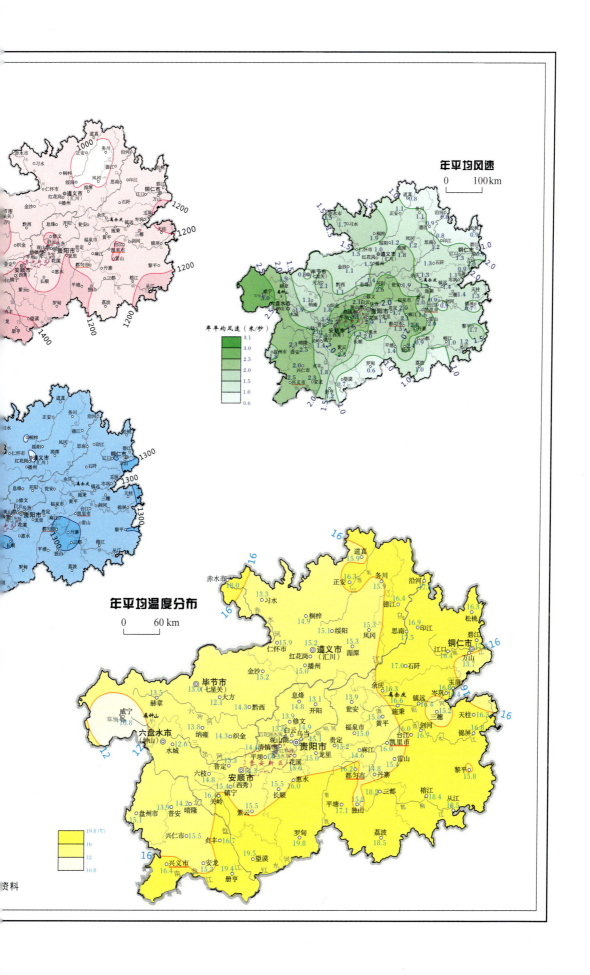

# 贵州土地利用现状

0　30　60km

## 全省土地利用现状二级分类占比

设施农用地 0.04%
水工建筑用地 0.02%
沟渠 0.13%
内陆滩涂 0.07%
坑塘水面 0.06%
水库水面 0.22%
湖泊水面 0.02%
河流水面 0.90%
机场用地 0.01%
农村道路 0.53%
公路用地 0.51%
铁路用地 0.05%
风景名胜及特殊用地 0.06%
采矿用地 0.21%
村庄 1.95%
建制镇 0.67%
城市 0.30%

水浇地 0.06%
水田 7.02%
裸地 2.71%
沙地 0.01%
田坎 5.18%

果园 0.45%
茶园 0.26%
其它园地 0.22%

旱地 18.64%

总1760.99
万公顷

有林地 32.34%

其他草地 8.58%

人工牧草地 0.03%
天然牧草地 0.38%
其他林地 3.95%

灌木林地 14.42%

备注：图上占比小于0.1%的地类未表示

## 全省土地利用现状一级分类占比

水域及水利设施用地 1.40%
交通运输用地 1.10%
城镇村及工矿用地 3.19%

其他土地 7.94%

草地 8.99%

耕地 25.73%

总1760.99
万公顷

园地 0.93%

林地 50.72%

## 各市州土地利用现状一级分类面积

单位：万公顷

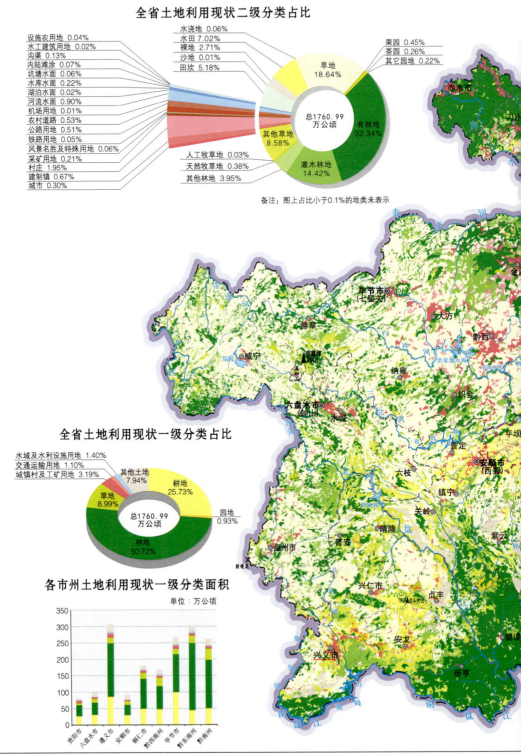

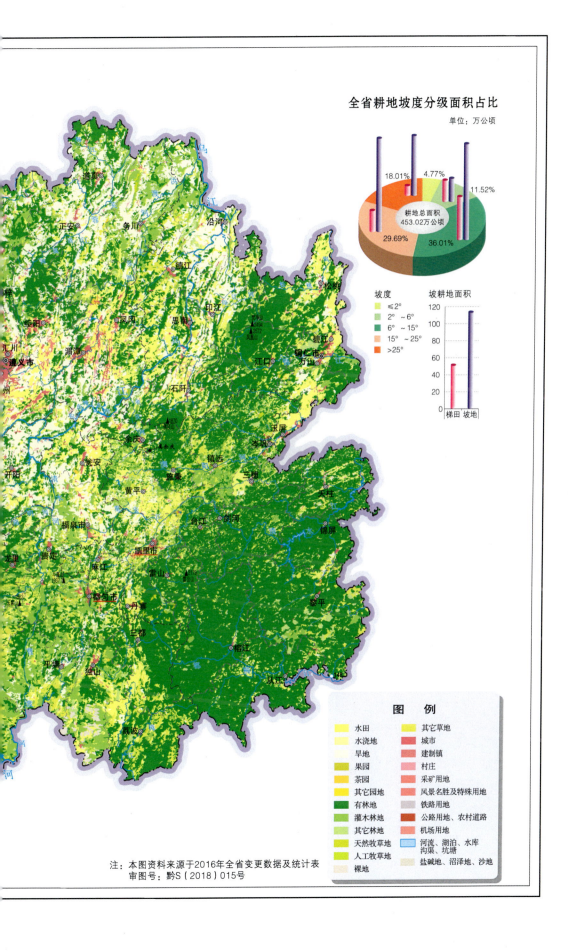

全省耕地坡度分级面积占比

单位：万公顷

18.01%　4.77%

11.52%

耕地总面积
453.02万公顷

29.69%　36.01%

坡度
≤2°
2°～6°
6°～15°
15°～25°
>25°

坡耕地面积

梯田　坡地

图　例

水田　　　　　　其它草地
水浇地　　　　　城市
旱地　　　　　　建制镇
果园　　　　　　村庄
茶园　　　　　　采矿用地
其它园地　　　　风景名胜及特殊用地
有林地　　　　　铁路用地
灌木林地　　　　公路用地、农村道路
其它林地　　　　机场用地
天然牧草地　　　河流、湖泊、水库
人工牧草地　　　沟渠、坑塘
裸地　　　　　　盐碱地、沼泽地、沙地

注：本图资料来源于2016年全省变更数据及统计表
审图号：黔S（2018）015号

# 贵州省土地利用总体规划

0　30　60km

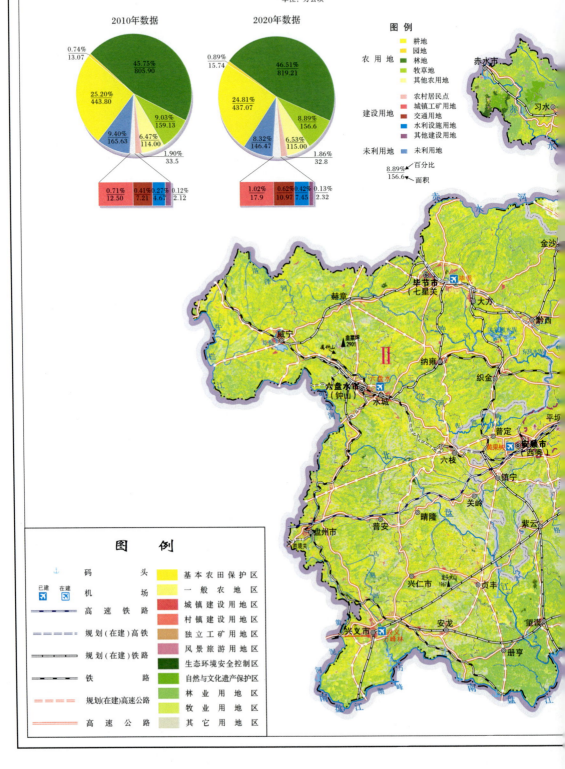

2010–2020年贵州省土地利用规划面积构成及占比

单位：万公顷

## 2010年数据

- 0.74% 13.07
- 45.75% 805.90
- 25.20% 443.80
- 9.40% 165.63
- 6.47% 114.00
- 9.03% 159.13
- 1.90% 33.5
- 0.71% 12.50
- 0.41% 7.21
- 0.27% 4.67
- 0.12% 2.12

## 2020年数据

- 0.89% 15.74
- 46.51% 819.21
- 24.81% 437.07
- 8.32% 146.47
- 6.53% 115.00
- 8.89% 156.6
- 1.86% 32.8
- 1.02% 17.9
- 0.62% 10.97
- 0.42% 7.45
- 0.13% 2.32

## 图 例

农用地
- 耕地
- 园地
- 林地
- 牧草地
- 其他农用地

建设用地
- 农村居民点
- 城镇工矿用地
- 交通用地
- 水利设施用地
- 其他建设用地

未利用地
- 未利用地

8.89% ← 百分比
156.6 ← 面积

## 图 例

| | | |
|---|---|---|
| 码　　　头 | | 基本农田保护区 |
| 机　　　场（已建 在建） | | 一 般 农 地 区 |
| 高 速 铁 路 | | 城镇建设用地区 |
| 规划（在建）高铁 | | 村镇建设用地区 |
| 规划（在建）铁路 | | 独 立 工 矿 用 地 区 |
| 铁　　　路 | | 风景旅游用地区 |
| | | 生态环境安全控制区 |
| | | 自然与文化遗产保护区 |
| 规划(在建)高速公路 | | 林 业 用 地 区 |
| | | 牧 业 用 地 区 |
| 高 速 公 路 | | 其 它 用 地 区 |

（地图中地名：赤水市、习水、金沙、毕节市、七星关、大方、黔西、赫章、威宁、韭菜坪 2901、纳雍、织金、六盘水市（钟山）、水城、东风湖、平坝、普定、安顺市、西秀、镇宁、六枝、关岭、晴隆、紫云、盘州市、普安、兴仁市、龙头大山 1967、贞丰、安龙、望谟、册亨、兴义市、黄果树）

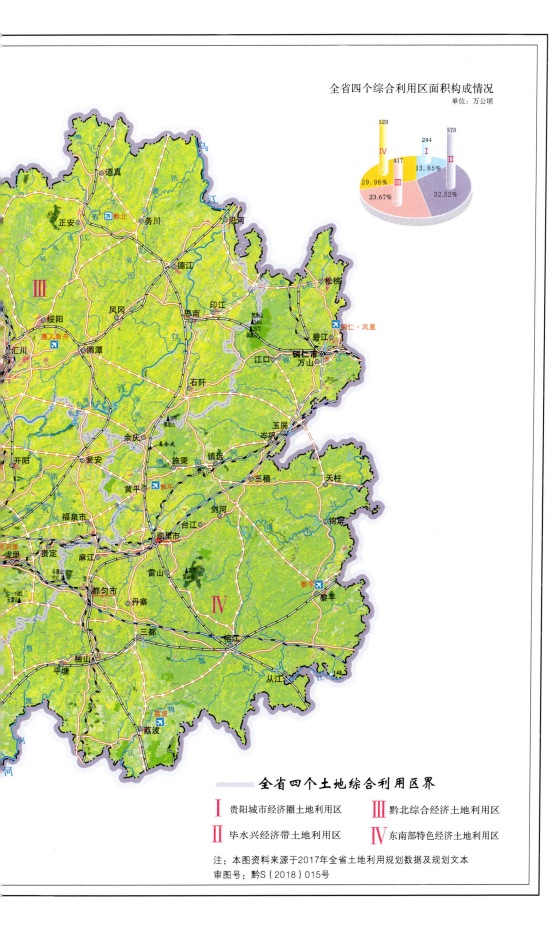

全省四个综合利用区面积构成情况

单位：万公顷

全省四个土地综合利用区界

Ⅰ 贵阳城市经济圈土地利用区　　Ⅲ 黔北综合经济土地利用区

Ⅱ 毕水兴经济带土地利用区　　　Ⅳ 东南部特色经济土地利用区

注：本图资料来源于2017年全省土地利用规划数据及规划文本

审图号：黔S（2018）015号

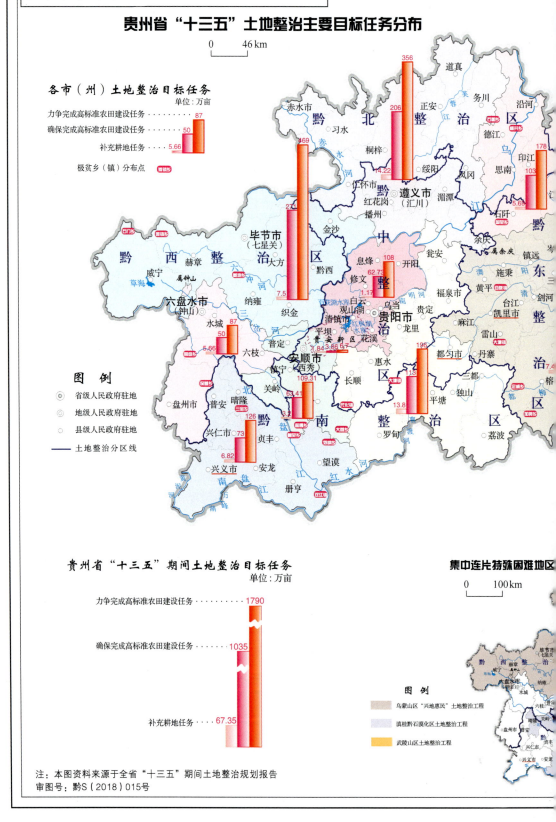

# 贵州省土地整治规划

## 贵州省"十三五"土地整治主要目标任务分布

0　46 km

### 各市（州）土地整治目标任务
单位：万亩

力争完成高标准农田建设任务·········87
确保完成高标准农田建设任务······50
补充耕地任务····5.66

极贫乡（镇）分布点

**图　例**

◎ 省级人民政府驻地
◎ 地级人民政府驻地
○ 县级人民政府驻地
— 土地整治分区线

### 贵州省"十三五"期间土地整治目标任务
单位：万亩

力争完成高标准农田建设任务··········1790

确保完成高标准农田建设任务······1035

补充耕地任务····67.35

注：本图资料来源于全省"十三五"期间土地整治规划报告
审图号：黔S（2018）015号

### 集中连片特殊困难地区

0　100km

**图　例**

乌蒙山区"兴地惠民"土地整治工程
滇桂黔石漠化区土地整治工程
武陵山区土地整治工程

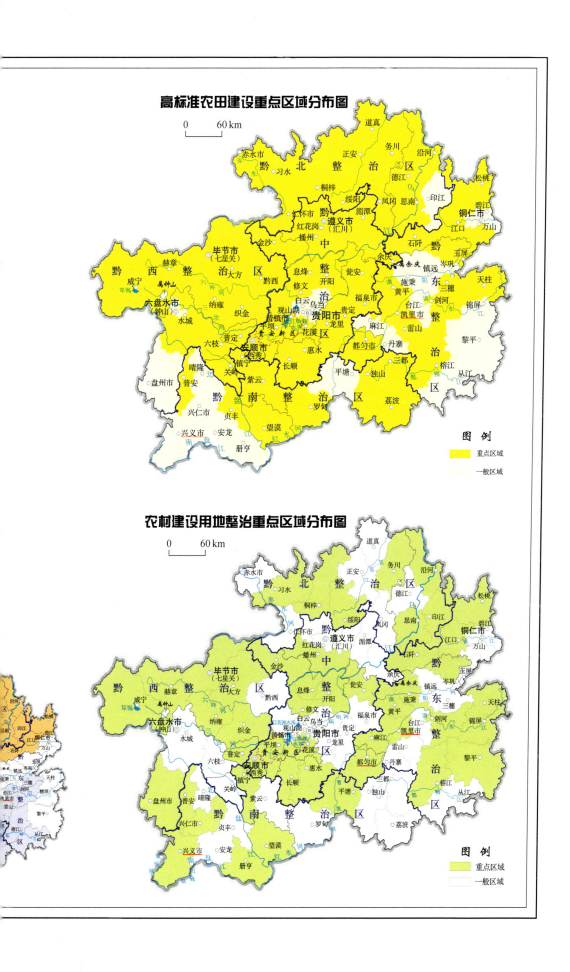

# 高标准农田建设重点区域分布图

0    60 km

图　例

重点区域

一般区域

# 农村建设用地整治重点区域分布图

0    60 km

图　例

重点区域

一般区域

# 贵州省5000亩以上耕地坝区分布图

0　30　60km

各市（州）万亩坝区、五千亩坝区个数

■ 万亩坝区个数
■ 五千亩坝区个数

(个)

贵阳市　六盘水市　遵义市　安顺市　铜仁市　黔西南州　毕节市　黔东南州　黔南州

全省各市（州）万亩坝区面积占比

单位：亩

全省1523518.88亩

43776.44　2.87%
271786.17　17.84%
209158.80　13.73%
134816.17　8.85%
174062.49　11.43%
151742.74　9.96%
67930.64　4.46%
470245.43　30.86%

六盘水市
遵义市
安顺市
铜仁市
黔西南州
毕节市
黔东南州
黔南州

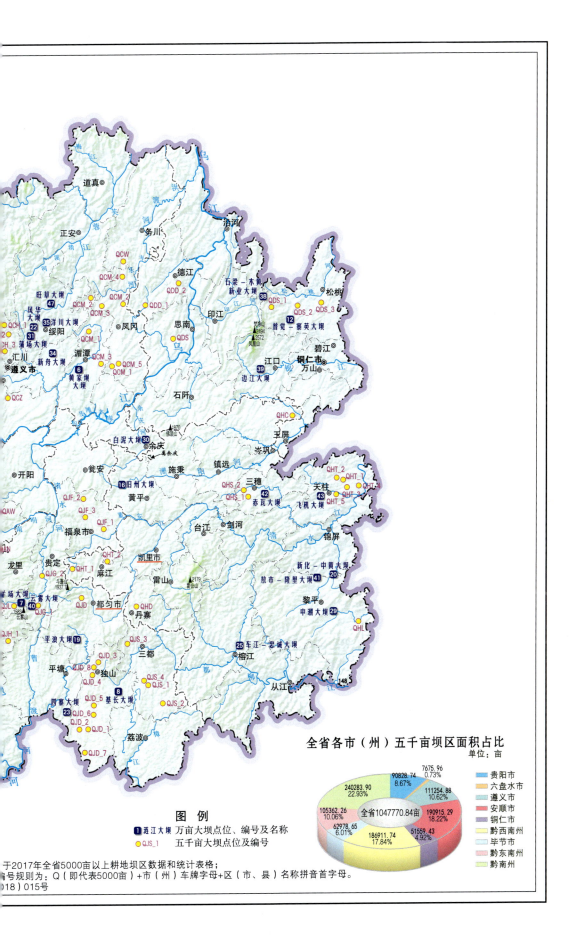

道真◎

正安◎　　　◎务川　　　　　沿河◎

　　　　　　　　　◎德江

QCW
QCM_4　　　QCM_2　　　石梁－木黄
旺草大坝　　QCM_2　　　QDD_2　新业大坝
47　　QCM_6　QCM_3　　QDD_1　　38　QDS_1
凤华　　　　　　　◎印江　　　　◎松桃
大坝　　　　　　　◎凤冈　　　　　QDS_2　QDS_3
QCH 22　35洋川大坝　　　　　　　　　　12
31　◎绥阳　QCM_1　　◎思南　普觉－寨英大坝
QH_3 蒲场大坝　　　　　　QDS
汇川◎　34新舟大坝　　　　　　　　　　碧江
遵义市　6　◎湄潭　QCM_5　　　江口◎　铜仁市◎
　　黄家坝　QCM_1　　　　　万山
QCZ　大坝　　　　◎石阡　　边江大坝39

　　　　　　　　　　　　　　　QHC
　　　　白泥大坝30　　　　　玉屏◎
　　　　◎余庆　　岑巩◎
◎开阳　　　　　　镇远◎　　　　QHT_2　QHT_1
　　　16旧州大坝　施秉◎　　　天柱◎　　QHT 4
QJF_1　◎黄平　　QHS_2 ◎三穗　QHT_3　QHT_5
QAW　QJF_3　　　QHS_1 42　飞机大坝43
　　◎福泉市　　　　赤瓦大坝　　　锦屏◎
AN　　QJF_1　◎台江　◎剑河
龙里◎　QHT 2　凯里市　　　　　　新化－中黄大坝
QHT_1　◎麻江　　　　　　敖市－隆里大坝41 20
QJG　　　　　◎雷山　　　　　　◎黎平
场大坝 7 40　QJD　　　　　　　中潮大坝29
QJG　　都匀市◎ QHD　　　　　　QHL
QJH_1　　　◎丹寨
平浪大坝19　QJS_3　　　◎三都　　车江－忠诚大坝
QJD_3　　　　　　　25◎榕江
平塘◎ QJD_8 ◎独山　QJS_4 QJS_1
QJD_4　　　　　　　　148
四寨大坝　QJD_5 基长大坝8　◎从江
23 QJD_6　　　QJS_2
QJD_2 QJD_1
◎荔波
QJD_1

## 全省各市（州）五千亩坝区面积占比

单位：亩

| 市（州） | 面积 | 占比 |
| --- | --- | --- |
| 贵阳市 | 90828.74 | 8.67% |
| 六盘水市 | 7675.96 | 0.73% |
| 遵义市 | 240283.90 | 22.93% |
| 安顺市 | 111254.88 | 10.62% |
| 铜仁市 | 190915.29 | 18.22% |
| 黔西南州 | 105362.26 | 10.06% |
| 毕节市 | 62978.65 | 6.01% |
| 黔东南州 | 51559.43 | 4.92% |
| 黔南州 | 186911.74 | 17.84% |

全省1047770.84亩

## 图　例

**1 遵江大坝** 万亩大坝点位、编号及名称

○ QJS_1 五千亩大坝点位及编号

于2017年全省5000亩以上耕地坝区数据和统计表格；

编号规则为：Q（即代表5000亩）＋市（州）车牌字母＋区（市、县）名称拼音首字母。

018）015号

# 贵州省永久基本农田分布图

0　30　60km

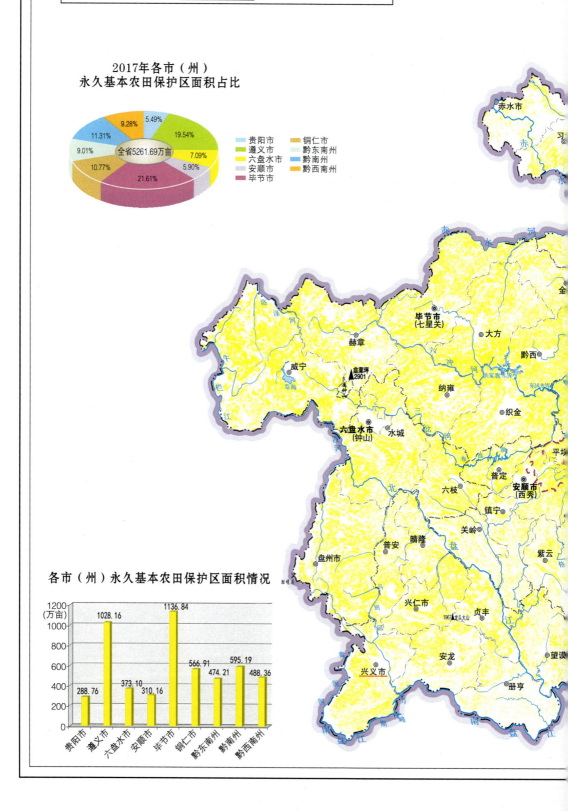

2017年各市（州）
永久基本农田保护区面积占比

全省5261.69万亩

5.49%
19.54%
7.09%
5.90%
21.61%
10.77%
9.01%
11.31%
9.28%

- 贵阳市
- 遵义市
- 六盘水市
- 安顺市
- 毕节市
- 铜仁市
- 黔东南州
- 黔南州
- 黔西南州

各市（州）永久基本农田保护区面积情况

（万亩）

| 贵阳市 | 遵义市 | 六盘水市 | 安顺市 | 毕节市 | 铜仁市 | 黔东南州 | 黔南州 | 黔西南州 |
|---|---|---|---|---|---|---|---|---|
| 288.76 | 1028.16 | 373.10 | 310.16 | 1136.84 | 566.91 | 474.21 | 595.19 | 488.36 |

赤水市

毕节市
（七星关）　大方

黔西

赫章

威宁

韭菜坪
2901

纳雍

织金

六盘水市
（钟山）　水城

普定

安顺市
（西秀）

六枝

镇宁

关岭

盘州市

普安　晴隆

紫云

兴仁市

1967 龙头大山　贞丰

安龙

望谟

兴义市

册亨

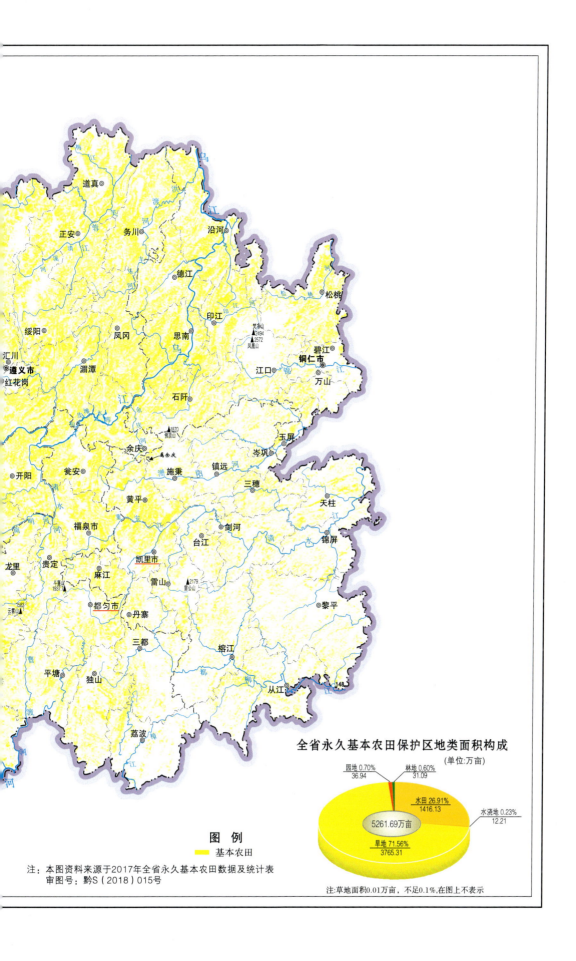

全省永久基本农田保护区地类面积构成
（单位:万亩）

园地0.70%
36.94

林地0.60%
31.09

水田26.91%
1416.13

水浇地0.23%
12.21

5261.69万亩

旱地71.56%
3765.31

图 例

基本农田

注：本图资料来源于2017年全省永久基本农田数据及统计表
审图号：黔S（2018）015号

注:草地面积0.01万亩，不足0.1%,在图上不表示

# 贵 州 地 质

0　30　60 km

## 图　例

|  |  |  |
|---|---|---|
| 第四系 | Q | 冲积 f: 砂、砾; 冲湖积 fl: 砂、粘土; 冰碛 g: 泥砾 |
| 新近系 | N | 含砂砾粘土岩夹褐煤 |
| 古近系 | E | 褐红色砾岩、含砂砾砂泥岩夹、煤线 |
| 白垩系 | K₂ | 砖红色砾岩、含砂砾砂泥岩 |
| | K | 未分: 含砂砾砂岩、石英砂岩夹泥岩 |
| 侏罗系 | J₃ | 钙质砂质泥岩夹长石石英砂岩 |
| | J₂ | 泥岩、粉砂岩与长石石英砂岩互层 |
| | J₁₊₂ | 下统与中统并层 |
| | J₁ | 砂页岩夹泥灰岩 |
| 三叠系 | T₃ | 岩屑石英砂岩及砂质粘土岩互层夹煤 |
| | T₂ | 白云岩、灰岩夹页岩、砾屑灰岩、藻灰岩; 石英砂岩、粘土岩; |
| | T₁₊₂ | 下统与中统并层 |
| | T₁ | 灰岩及砂页岩、薄层灰岩及白云岩; 砾屑灰岩、泥灰岩及页岩 |
| 二叠系 | P₃ | 玄武岩、砂页岩夹煤及罐石凝灰岩; 灰岩夹页岩及薄煤层 |
| | P₂ | 碳酸盐岩及砂岩 |
| | P₁₊₂ | 灰岩及白云岩与砂页岩 |
| | P | 并层 |
| | C₂P | 并层 |
| 石炭系 | C₂ | 灰岩及白云岩; 上部砂页岩夹泥质灰岩 |
| | C₁ | 下部: 灰岩夹页岩及砂页岩夹煤或铝质岩; 上部: 灰岩、白云岩 |
| | C | 并层 |
| | DC | 泥炭系与石炭系并层 |
| 泥盆系 | D₃ | 灰岩、白云岩夹硅质岩及砂岩 |
| | D₂₊₃ / D₂₋₃ | 上统与中统并层: 石灰岩及白云岩 |
| | D₂ | 灰岩夹泥质灰岩及砂岩 |
| | D₁₋₂ | 石英砂岩夹钙质粉砂岩 |
| | D₁ | 石英砂岩夹钙质粉砂岩 |
| | D | 并层 |
| 志留系 | S₁ | 砂质页岩夹瘤层灰岩、生物灰岩 |
| | OS₁ | 奥陶系与下志留统并层 |
| 奥陶系 | O₁ | 灰岩、白云岩及页岩; 砂页岩夹灰岩 |
| | O | 并层: 中上统为页岩、炭质页岩、泥灰岩 |
| 寒武系 | Є₃ | 白云岩及灰岩及砾屑灰岩; 泥灰岩、页岩及砾屑灰岩 |
| | Є₂₋₃ | 中统及上统并层; 娄山关群; 白云岩 |
| | Є₁ | 白云岩夹砂岩; 白云岩、灰岩夹砾屑灰岩、页岩夹灰岩 |
| | Є₁ | 硅质岩、炭质页岩、砂页岩及灰岩 |
| 震旦系 | Z | 隐藻白云岩、磷块岩; 粘土岩夹白云岩及硅质岩 |
| 南华系 | Nh | 杂砾岩或砂砾质泥岩、砂岩、粘土岩、锰质岩及凝灰岩 |
| | Z+Nh | 震旦系与南华系并层 |

| |  |  |
|---|---|---|
| 清白口系 | Qbbx | 板溪群: 砂质板岩、变余凝灰质岩 |
| | Qbl | 隆里组: 变余砂岩、绢云母板岩 |
| | Qbp | 平略组: 绢云母板岩夹变余凝灰质灰岩 |
| 下江群 | Qbq-p | 清水江组与平略组未分: 绢云母板岩为主夹变余凝灰质灰岩 |
| | Qbq | 清水江组: 变余凝灰岩及沉凝灰岩 |
| | Qbf | 番召组: 变余砂岩、绢云母板岩 |
| | Qbw | 乌叶组: 砂质板岩夹变余砂岩含炭质板岩 |
| | Qbj | 甲路组: 砂砾岩、钙质板岩、大理岩夹火山岩 |
| | Qbg | 丹洲群拱桐组: 变余砂岩、板岩 |
| 中元古界 | Pt₂fj | 梵净山群: 上部变余砂岩、板岩; 中部枕状玄武岩; 下部变质碎屑岩 |
| | Pt₂sb | 四堡群: 变余砂岩、板岩、千枚岩; 中部夹玄武岩 |
| 中生代 晚古生代 | σνbμ | 云橄辉岩 |
| | βμ | 辉绿岩 |
| 早古生代 | χ₃ | 橄辉云橄岩 |
| | σ₃ | 云母橄榄岩 |
| 新元古代 | χσ₃ | 金伯利岩 |
| | βμ | 辉绿岩 |
| 中元古代 | γ | 花岗岩 |
| | γ | 花岗岩 |
| | N~Σ₂ | 镁铁质-超镁铁质 |

碳酸盐岩

地层界线

岩相界线

不整合界线

实测断层

推测断层

审图号: 黔S (2018) 015号

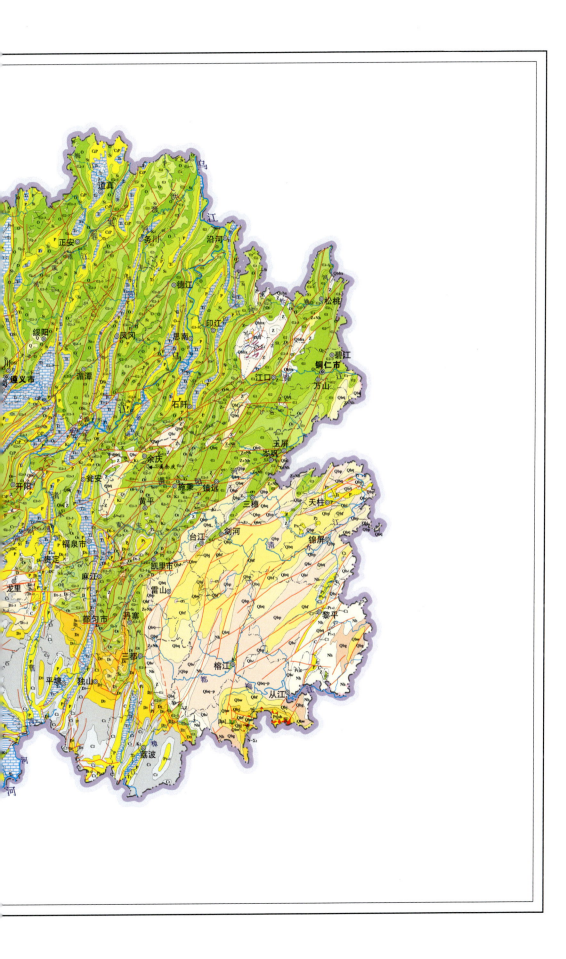

# 贵州矿产资源分布

0　　30　　60km

## 贵州省优势矿产资源

| 矿产资源名称 | 2017年保有资源储量 | 居全国名次 |
|---|---|---|
| 煤炭（亿吨） | 733.58 | 5 |
| 磷矿（亿吨） | 42.51 | 3 |
| 铝土矿（亿吨） | 10.24 | 4 |
| 金矿（吨） | 487.97 | 7（岩金） |
| 锰矿（万吨） | 75825.09 | 1 |
| 锑矿（万吨） | 34.39 | 4 |
| 重晶石（万吨） | 11830.42 | 1 |
| 饰面用灰岩（万立方米） | 225515.78 | 1 |
| 水泥用灰岩（亿吨） | 22.54 | 24 |

注：资料来源于贵州省国土资源厅储量处

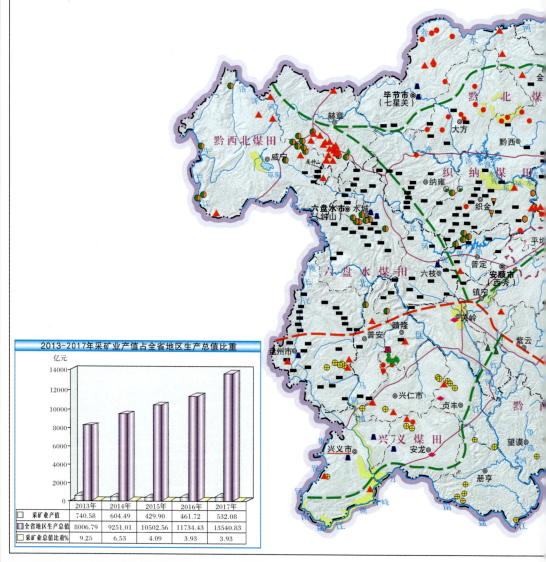

### 2013-2017年采矿业产值占全省地区生产总值比重

亿元

| | 2013年 | 2014年 | 2015年 | 2016年 | 2017年 |
|---|---|---|---|---|---|
| 采矿业产值 | 740.58 | 604.49 | 429.90 | 461.72 | 532.08 |
| 全省地区生产总值 | 8006.79 | 9251.01 | 10502.56 | 11734.43 | 13540.83 |
| 采矿业总值比重% | 9.25 | 6.53 | 4.09 | 3.93 | 3.93 |

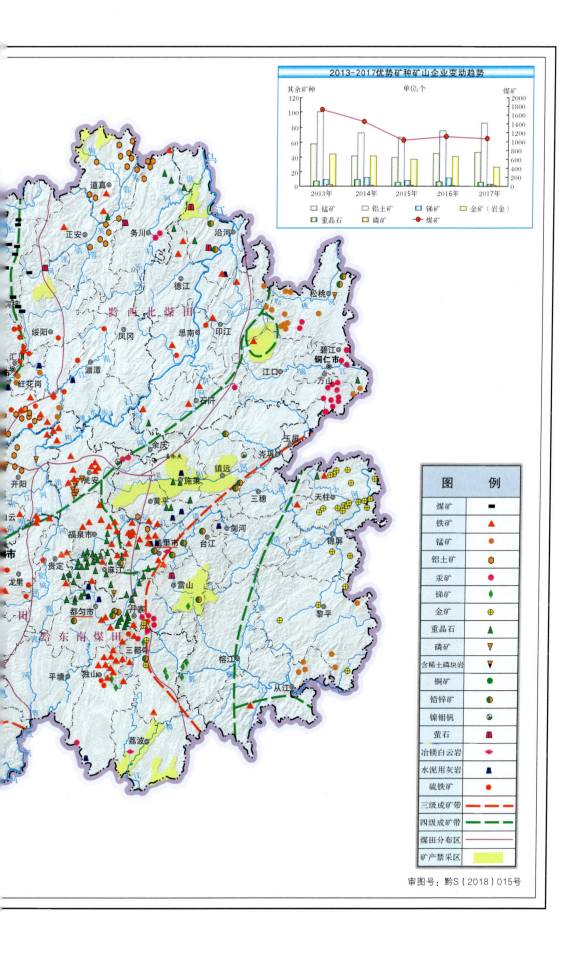

## 2013-2017优势矿种矿山企业变动趋势

其余矿种　　　　　　　　单位:个　　　　　　　　煤矿

图例

| 图 例 | |
|---|---|
| 煤矿 | ▬ |
| 铁矿 | ▲ |
| 锰矿 | ● |
| 铝土矿 | ⬡ |
| 汞矿 | ● |
| 锑矿 | ◆ |
| 金矿 | ⊕ |
| 重晶石 | ▲ |
| 磷矿 | ▽ |
| 含稀土磷块岩 | ▼ |
| 铜矿 | ● |
| 铅锌矿 | ◑ |
| 镍钼钒 | ◕ |
| 萤石 | ⬛ |
| 冶镁白云岩 | ◆ |
| 水泥用灰岩 | ▲ |
| 硫铁矿 | ● |
| 三级成矿带 | ▬ ▬ ▬ |
| 四级成矿带 | ▬ ▬ ▬ |
| 煤田分布区 | —— |
| 矿产禁采区 | ▉ |

审图号：黔S（2018）015号

# 贵 州 矿 产 资 源 开 发 利 用 规 划

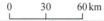

0　　30　　60 km

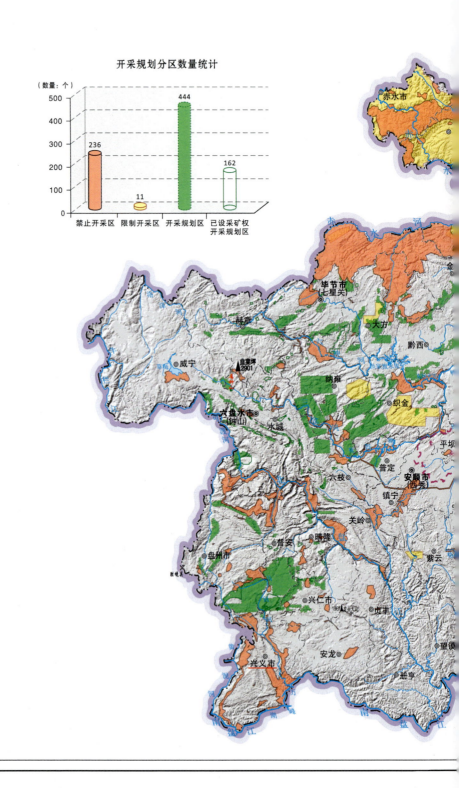

开采规划分区数量统计

（数量：个）

| 禁止开采区 | 限制开采区 | 开采规划区 | 已设采矿权开采规划区 |
|---|---|---|---|
| 236 | 11 | 444 | 162 |

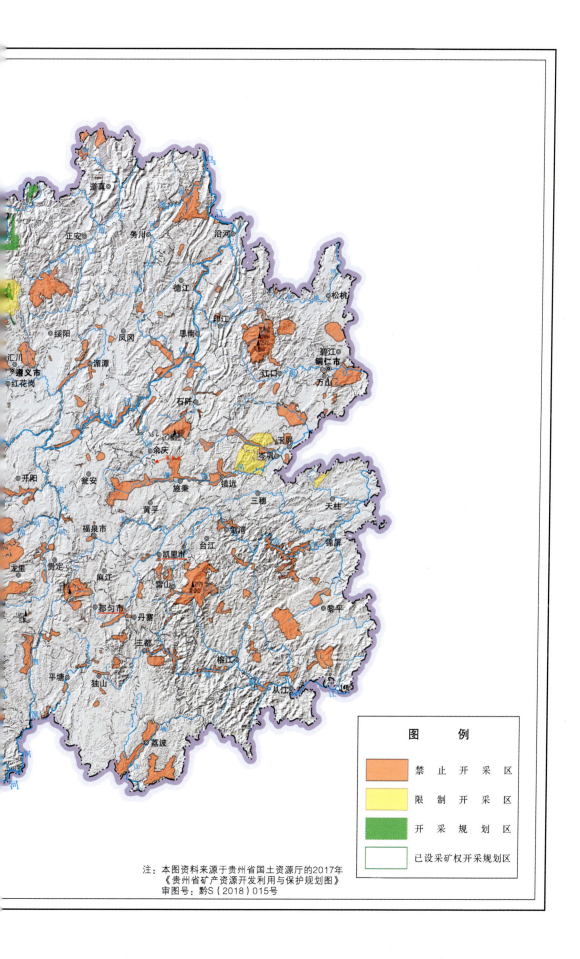

图 例

| | |
|---|---|
| ■ | 禁 止 开 采 区 |
| ■ | 限 制 开 采 区 |
| ■ | 开 采 规 划 区 |
| □ | 已设采矿权开采规划区 |

注：本图资料来源于贵州省国土资源厅的2017年
《贵州省矿产资源开发利用与保护规划图》
审图号：黔S（2018）015号

# 贵州温泉、地热分布

0  30  60 km

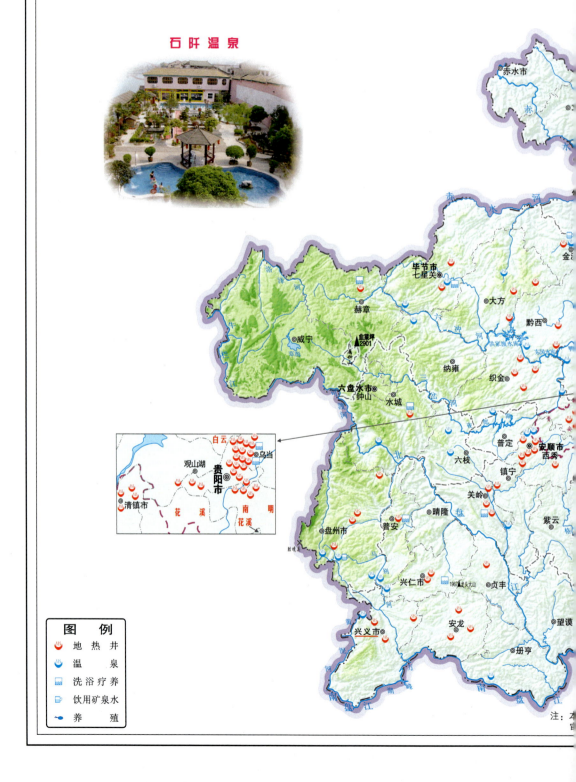

**石阡温泉**

赤水市

毕节市
七星关
赫章
大方
黔西
威宁
韭菜坪
2901
乌蒙山
纳雍
织金
六盘水市
钟山
水城
普定
安顺市
西秀
六枝
镇宁
关岭
紫云
盘州市
普安
晴隆

白云
乌当
观山湖
贵阳市
清镇市
花溪
南明
花溪

兴仁市
1967 龙头大山
贞丰
兴义市
安龙
望谟
册亨

## 图 例

- 🔥 地 热 井
- ♨ 温 泉
- 📘 洗浴疗养
- 📘 饮用矿泉水
- 🐟 养 殖

注：本
官

乌当温泉群

道真

正安◎　务川◎　沿河

德江　　松桃

铜梓　　印江

绥阳　　思南　　碧江

汇川　凤冈　　　　　江口　铜仁市

遵义市　湄潭◎　　　　　万山

开阳　余庆　　石阡　　玉屏　岑巩

瓮安　施秉　镇远

黄平◎　　三穗　　天柱

福泉市　　　台江　剑河　锦屏

凯里市

贵定◎　麻江◎

龙里　　雷山◎　　黎平

都匀市

平塘◎　独山◎　　丹寨

三都　　榕江

荔波　　从江

**思　南**

**印　江　口**

石阡

**镇　远　岑　巩**

## 各市（州）温泉、地热井数量统计

（个）

| 市（州） | 温泉 | 地热井 |
|---|---|---|
| 贵阳市 | 5 | 42 |
| 六盘水市 | 6 | 5 |
| 遵义市 | 14 | 30 |
| 安顺市 | 3 | 15 |
| 毕节市 | 9 | 14 |
| 铜仁市 | 25 | 27 |
| 黔西南州 | 4 | 10 |
| 黔东南州 | 8 | 11 |
| 黔南州 | 7 | 9 |

🟦 温泉（全省81个）
🟥 地热井（全省163个）

温泉(地热)资源分布及勘察开发现状图
15号

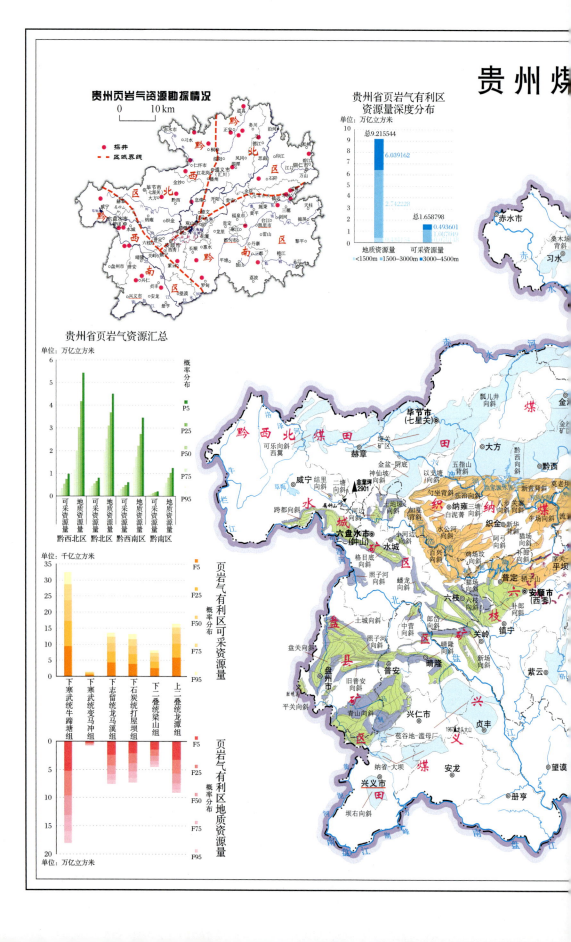

贵州煤

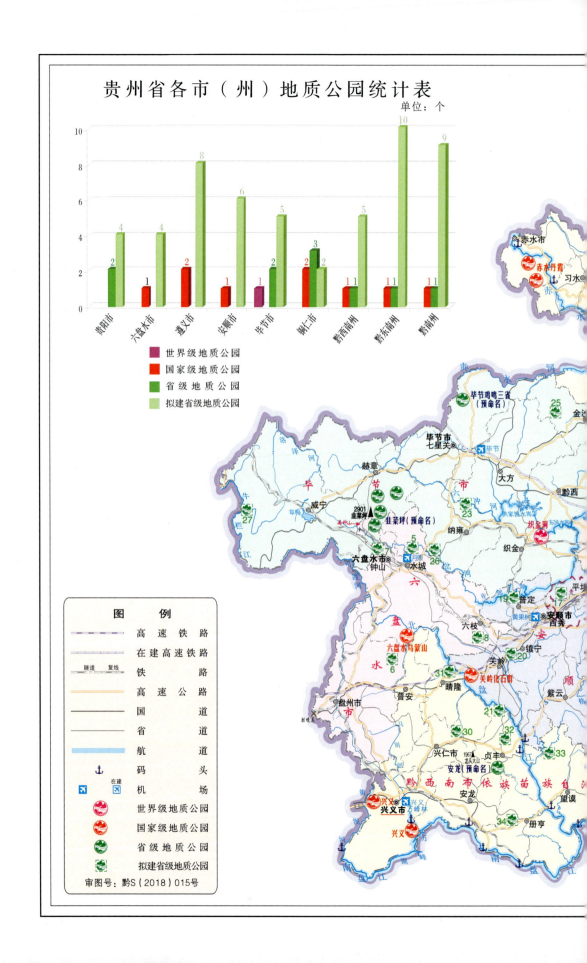

# 贵州省各市（州）地质公园统计表

单位：个

图　例

| | | |
|---|---|---|
| ▬ | 高 速 铁 路 | |
| ▬ | 在 建 高 速 铁 路 | |
| 隧道　复线 | 铁　　　　路 | |
| ▬ | 高 速 公 路 | |
| ▬ | 国　　　　道 | |
| ▬ | 省　　　　道 | |
| ▬ | 航　　　　道 | |
| ⚓ | 码　　　　头 | |
| ✈ 在建✈ | 机　　　　场 | |
| 🔴 | 世界级地质公园 | |
| 🔴 | 国家级地质公园 | |
| 🟢 | 省级地质公园 | |
| 🟢 | 拟建省级地质公园 | |

审图号：黔S（2018）015号

# 贵州地质公园分布

0　30　60 km

## 贵州省拟建地质公园

1.喀斯特石林省级地质公园
2.香火岩省级地质公园
3.六广河省级地质公园
4.西望山省级地质公园
5.阿勒河省级地质公园
6.娘娘山省级地质公园
7.梅花山省级地质公园
8.洋洞江省级地质公园
9.仙人山省级地质公园
10.水银河省级地质公园
11.七彩溶洞省级地质公园
12.让坝石林省级地质公园
13.九天母石省级地质公园
14.仙谷山省级地质公园
15.飞龙湖省级地质公园
16.丹霞谷省级地质公园
17.小路沟省级地质公园
18.平坝省级地质公园
19.夜郎湖省级地质公园
20.果寨省级地质公园
21.花江省级地质公园
22.格凸河省级地质公园
23.大方省级地质公园
24.黔西省省级地质公园
25.冷水河省级地质公园
26.纳雍省级地质公园
27.牛栏江省级地质公园
28.江口省级地质公园
29.印江省级地质公园
30.兴仁省级地质公园
31.晴隆省级地质公园
32.双乳峰省级地质公园
33.羊架河省级地质公园
34.万重山省级地质公园
35.冷屏山省级地质公园
36.高过河省级地质公园
37.龙鳌河省级地质公园
38.天柱省级地质公园
39.金洲银滩省级地质公园
40.黎平省级地质公园
41.都柳江省级地质公园
42.从江省级地质公园
43.苗疆省级地质公园
44.龙泉山省级地质公园
45.凯口溶洞群省级地质公园
46.福泉省级地质公园
47.七彩桫椤谷省级地质公园
48.贵定省级地质公园
49.瓮安矿山省级地质公园
50.大贵州滩省级地质公园
51.长顺省级地质公园
52.猴子沟省级地质公园
53.燕子洞省级地质公园

# 贵州旅游资源大普查优良级旅游资源分

0　　30　　60km

## 贵州省旅游资源大普查成果分级统计

数量/处

| 18827 | 37943 | 18302 | 6359 | 1033 | 215 |
|---|---|---|---|---|---|
| 13924 | 24802 | 10211 | 2488 | 178 | 33 |

5000
4000
3000
2000
1000
0

未获等级　一级　二级　三级　四级　五级

6359　旅游资源数量

2488　新发现旅游资源数量

三级　旅游资源评价等级

赤水市

习水

毕节市
[七星关]

赫章

大方

黔西

威宁

韭菜坪
2901

纳雍

织金

六盘水市
[钟山]

水城

普定

安顺市
[西秀]

六枝

镇宁

关岭

晴隆

紫云

盘州市

普安

兴仁市

贞丰

兴义市

安龙

册亨

望谟

遵义会议会址

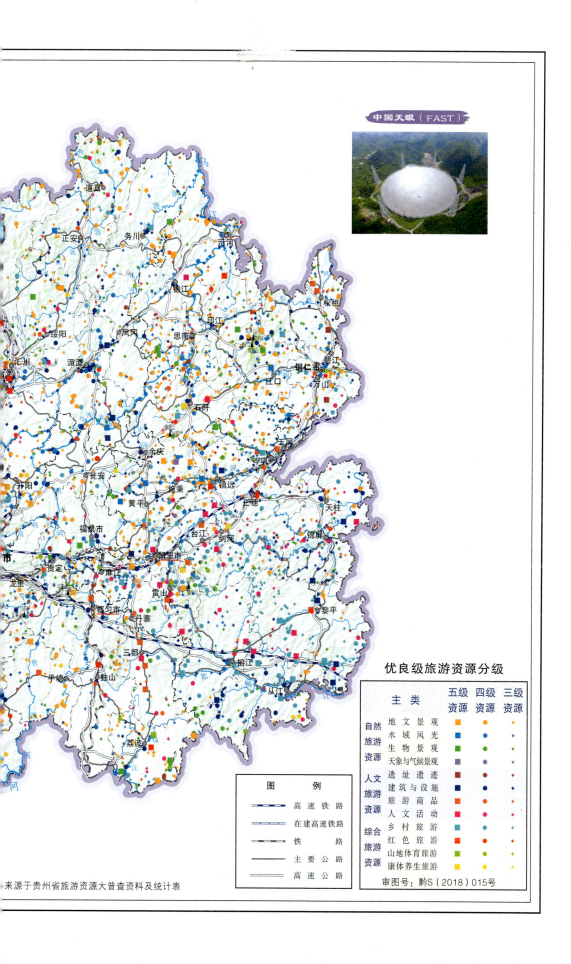

中国天眼（FAST）

优良级旅游资源分级

审图号：黔S（2018）015号